文登博物馆区域文化研究丛书

昌阳古城

——两汉东陲城邑解读与昌阳文化遗存探究

姚留国　李彦红　姚志娟　著

九州出版社
JIUZHOUPRESS

图书在版编目（CIP）数据

昌阳古城：两汉东陲城邑解读与昌阳文化遗存探究 / 姚留国，李彦红，姚志娟著． -- 北京：九州出版社，2020.11
    ISBN 978-7-5108-9756-6

Ⅰ．①昌… Ⅱ．①姚… ②李… ③姚… Ⅲ．①古城遗址（考古）－研究－莱阳－汉代 Ⅳ．① K878.34

中国版本图书馆 CIP 数据核字（2020）第 217142 号

昌阳古城：两汉东陲城邑解读与昌阳文化遗存探究

作　　者	姚留国 李彦红 姚志娟　著
出版发行	九州出版社
地　　址	北京市西城区阜外大街甲 35 号（100037）
发行电话	（010）68992190/3/5/6
网　　址	www.jiuzhoupress.com
电子邮箱	jiuzhou@jiuzhoupress.com
印　　刷	武汉市卓源印务有限公司
开　　本	710 毫米 ×1000 毫米　16 开
印　　张	14
字　　数	228 千字
版　　次	2021 年 1 月第 1 版
印　　次	2021 年 1 月第 1 次印刷
书　　号	ISBN 978-7-5108-9756-6
定　　价	68.00 元

文登区域文化研究丛书编委会

主　　编　洪　涛

副 主 编　张　芳　郭传敏

编　　委　姚留国　李彦红　姚志娟　刘　辉　刘　洋
　　　　　刘子玉　孙　民　吕晓东　张英会　肖志刚
　　　　　周晓惠　费建文　徐爱娣　徐　阳　马绪红
　　　　　刘　通

摄　　影　姚留国　李彦红　姚志娟

昌山（回龙山）北望昆嵛山　（李彦红摄）

昌山（回龙山）西望爬山口外　（姚志娟摄）

今日昌水（昌阳河）石羊大桥段（姚志娟 摄）

龙海路穿古城而过（姚留国 摄）

昌阳城东门外屯兵古寨遗址，今大寨村 （姚志娟 摄）

刘宪庙旧址（原康王庙，宋村大礼堂即今宋村村委左侧建筑）
（姚留国 摄）

刘宪墓遗址 （李彦红 摄）

钟湾遗迹 （李彦红 摄）

刘宪墓出土彩陶壶（三级文物 山东省博物馆藏品）

昌阳侯刘宪及夫人墓出土部分随葬品（一）

昌阳侯刘宪及夫人墓出土部分随葬品（二）

昌阳侯刘宪及夫人墓出土部分随葬品（三）

昌阳侯刘宪及夫人墓出土部分随葬品（四）

前　言

　　历史上的文登县是胶东地区少数几个千年县之一，至今已有1451年历史（虽说县制已于1988年被撤除设市，2014年再次撤市设区，名称多次变更，但行政级别并未发生变化），可是，文登的历史远不止此，你可知道，两千年前，这里是大汉东陲富庶之地，胶东颇具盛名的东莱郡昌阳县在此坚守了差不多五百年呢。

　　两千多年前，在这片古老大地上曾经生活着一位昌阳侯，他的名字叫刘宪。刘宪身世显赫，为汉高祖刘邦八世孙，其五世祖即第一代胶东王刘寄与汉武帝是同父异母兄弟。刘宪来自三百多里之外的胶东国首府即墨（今山东平度古岘大朱毛村一带）。他的父王是第四代胶东王，名叫刘音。刘宪大约四十多岁被封昌阳侯来到东陲重镇昌阳城。他身材魁伟，患有腿疾，生活中离不开拐杖。那么，这位侯爷还有什么样的生活习惯和爱好？他一生最喜欢做什么事情？他与废帝海昏侯刘贺又是什么关系？刘宪祖母，也就是当时的王太后，是个什么样的人，为什么会遭到指责，什么人如此大胆，竟敢指责王太后？结果又是怎样的？如今我们熟知的昌阳之名是从什么时候兴起的？哪些历史名人与昌阳有关联？东汉大学者郑玄一生弟子近千人，在今文登米山境内长学山讲学近二十年，他众多弟子都来自何地，有无文登人？《文登县志》说郑玄弟子崔琰避难昌山，他们在今米山长学山授课，为什么会绕道跑到宋村昌山避难？秦始皇文山召文士登山论功颂德一事《史记》《汉书》等正史皆无记载，那么，古人凭什么认定此事为真实的，并用来给县命名？他们的真凭实据是什么？这诸般令人好奇的问题都可以在《昌阳古城》这本书中找到答案。

　　这本书最大的特点，也可以说最大的贡献是填补了地方史研究中两汉东莱郡昌阳专题研究的空白，包括对昌阳县、昌阳城以及昌阳侯的全面深度解读，为人们展示了一副两千年前胶东地区社会画面，揭示了两千多年前封建社会王国与侯国条件下古昌阳地区百姓的生活状态。在胶东历史上，昌阳是个颇具盛名的古县。根据《汉书》记载，高祖时期于东部边陲即今山东威海境内即置三县，昌阳县即其中之一。昌阳县是东部边陲这三县当中持续时间最长的县，与两汉相始终，存在了471年，可视为小五百年；东汉初期不夜县并入，昌阳县成为东陲辖区面积最大的县，也是这一区域唯一的县。然而，长久以来昌阳的这段历史几乎悉被湮没，险些成为被历史遗忘的角落，《汉书》仅用10个字予以记载："昌阳，有盐官，莽曰夙敬亭。"后世史籍也只记载汉代东莱郡辖域内曾经置有昌阳县及昌阳城的大致位置，其余近乎一片空白，竟致金朝进士、被誉为东方学者"泰山北斗"的二品大员郭长倩亦不详其本，在《文登县县学记》中谬言"文登在汉为不夜县，后并其地为牟平"。作者在浩如烟海的古籍中披沙沥金，一点一滴寻觅遥远昌阳的历史碎片，一块一片拼缀对接，终于基本恢复了两千多年前古老昌阳的面貌，使今天的人们看到两汉时期的昌阳县曾经繁华一时，显赫一方，辉煌一世。

昌阳县治昌阳城，位于今文登区宋村镇驻地城东村西侧。始建于何时史书没有记载，或许建于高祖置县之时，以后近五百年间昌阳城自始至终一直是昌阳县治所。昌阳城是今威海境内时代稍晚于不夜城的第二古老城堡。遗址周边诸多的汉代古墓群也证实着它曾经的辉煌。"石羊""二马"两村就是因古墓神道的石刻而得名。根据威海市第三次文物普查数据显示，这些古墓群以昌阳城遗址为中心，在周边呈环状分布，有遗址南北的石羊汉墓群，遗址东南二公里的二马汉墓群，遗址西二公里的九顶埠古墓群、集西汉墓群，遗址西北的宋村汉墓群以及遗址之东的大寨汉墓群，等等，总数多达7处，分布于10多平方公里范围内，墓冢现存有封土和封土已除、尚知墓址及已经挖掘的汉墓总计近60座，是威海境内最大的汉墓群。

武帝始设昌阳盐官，《荣成市志》记载"清代以前史书记载，早在汉元封元年（前110年）即设昌阳盐官"，是当时全国37处盐官之一，是昆嵛山以东地域唯一一处朝廷设置盐务管理衙署。昌阳城遗址未发掘，昌阳盐官衙署遗址尚未发现，不过，根据西汉盐官应在出盐之县设立衙署的相关规定，理应就在昌阳城，因为历史上昌阳城就是个濒海之城。

本书还首次揭示了西汉东莱郡昌阳侯的真实身份，纠正了方志相关记载张李之误。昌阳侯由于《汉书》的失载，致其隐身两千零一十八年，光绪版《文登县志》甚至对其做了谬误的记载，直到1987年一部题为《西汉政区地理》

的著作问世，昌阳侯、昌阳侯国才走出历史的迷雾，这段历史才明晰起来。西汉末年，刘邦八世孙、第四代胶东王刘音之子刘宪被成帝敕封为昌乡侯（昌乡自此更名昌阳），原县成为"昌阳侯国"。刘宪在位30年，哀帝元寿二年（前1年）被免除侯爵，昌阳侯国除，恢复县，历史上首称昌阳县，县治首称昌阳城。

作者在距离昌阳城遗址不足一里的宋村中学工作了20年，接触过许多了解古昌阳故事的人。《昌阳古城》一书是作者30多年来对两汉时期昌阳城及昌阳文化遗存研究成果的最终集中展示，此书依据近年来学界相关的考证成果、对历史典籍的考辨并结合石羊西汉晚期木椁墓的考证一一详加解读，揭示了一个立体的、有深度的，且又真实的昌阳，为你呈现一个两千多年前真实、鲜活而辉煌的昌阳。

不光这些，本书还披露了作者对于两千多年前昌阳地文化遗存诸多历史悬疑的探究，首次考证出"昌阳盐官"与不夜县设置年代；举证了即墨老酒两千多年历史的实物证据，结束了千百年来这段历史只流于口头传说的历史尴尬；秦始皇文山召士歌功颂德本是个真实的历史事件，可是，到了清代人们对此事是否真实发生过存有严重怀疑，增生宋允和的《召文台记》对此态度含混。本书经过考辨，论证了秦始皇文山召士是一件毋庸置疑的真实历史事件；另外，这本书还基本理顺了文登昌阳、海阳昌阳、莱阳昌阳之间的关系；考证了昌阳神龙移祀柘阳山的历史原因；追溯了母猪河名称的渊源……

自 序

    早在两汉时期,东莱郡昌阳曾经繁华一时,显赫一方,辉煌一世。西汉三代皇帝垂青于此,一位侯爵在此托身并为其更名;东汉不夜县并入使之成为东陲辖区面积最大、唯一的县。两汉时期的昌阳县为初置阶段,初置昌阳县与两汉相始终,共存在了 471 年。然而,长久以来,昌阳的这段历史几乎悉被湮没,成为被历史遗忘的角落,《汉书》仅用 10 个字予以记载:"昌阳,有盐官,莽曰夙敬亭",后世历代史志也只记载汉代东莱郡辖域内曾经置有昌阳县及昌阳城的大致位置,其余近乎一片空白,或者说模糊不清,竟致金朝进士、被誉为东方学者"泰山北斗"的二品大员郭长倩亦不详其本,在《文登县县学记》中谬言"文登在汉为不夜县,后并其地为牟平"[①];昌阳侯更是隐身两千零一十八年,光绪版《文登县志》甚至对其做了讹误的记载,直到 1987 年一部题为《西汉政区地理》著作的问世,昌阳侯、昌阳侯国才走出历史的迷雾,汉代昌阳的这段历史才明晰起来。

    那么,初置时期的昌阳县真的曾经辉煌过吗?答案是肯定的。岂但辉煌,还应当冠以"相当"二字。

---

① 威海方志编委会:《威海市志》,北京:方志出版社,2017 年,第 3010 页。郭长倩,字曼卿,金朝皇统六年进士,文登郭家庄(今文登米山镇郭格庄村)人,官至秘书少监兼礼部郎中,正二品,食邑三百户、赐紫金鱼袋(官服分别颜色,从唐代开始,三品以上紫袍、佩戴金鱼袋。鱼袋以金装饰,内装鱼符,为唐、宋、金诸朝官员身份证物)。

西汉，三代皇帝垂青于此

一、高祖置县

西汉建立之初昌阳即得到高祖刘邦的垂青。根据《汉书》记载，今山东威海境内早在西汉初年即置育犁、昌阳和不夜三县。昌阳县初置之时称昌乡县，属胶东郡（国）。治昌乡城（后改称昌阳城，位于今山东威海市文登区宋村镇驻地城东村西侧），是以县治命县的。而昌阳县与两汉相始终，是三县当中存续时间最久，也是辖区面积最大的县。

1956 年文物普查时，县治昌阳故城曾被列为省级文物保护单位，20 世纪 80 年代第二次文物普查时，地面已经见不到故城的任何痕迹了。从此，昌阳故城淡出了人们的视线。

昌阳城始建于何时史书没有记载，或许建于高祖置县之时，以后的近五百年间昌阳城自始至终一直是昌阳县治所。昌阳城是今威海境内除了荣成市不夜城之外位居第二的古老城堡。故城遗址北部出土的遗物和发现的遗迹有汉砖、汉瓦、瓦当、陶罐、陶壶、镂空陶豆、铜车饰、石臼、柱础、陶井和窑址等。遗址被辟为耕地后，耕作时常可见到刀币、五铢钱等物，汉砖、汉瓦可以说随处可见，昭示着昌阳古城曾经的存在。

遗址周边诸多的汉代古墓群也证实着它曾经的辉煌。"石羊""二马"两村就是因古墓神道的石刻而得名。根据威海市第三次文物普查数据显示，这些古墓群以昌阳城遗址为中心，在周边呈环状分布，有遗址南北的石羊汉墓群，遗址东南二公里的二马汉墓群，遗址西二公里的九顶埠古墓群、集西汉墓群，遗址西北的宋村汉墓群以及遗址之东的大寨汉墓群，等等，总数多达 7 处，分布于 10 多平方公里范围内，墓冢现存有封土和封土已除、尚知墓址及已经挖掘的汉墓总计近 60 座。

二、武帝始设昌阳盐官

汉武帝始设昌阳盐官，昌阳城是当时盐官衙署所在地。《荣成市志》"盐业"条记载："清代以前史书记载，早在汉元封元年（前 110 年）即设昌阳盐官。"根据上海复旦大学教授、著名历史地理研究专家周振鹤先生的研究，直到西汉末年成帝年间全国共有 37 处盐官，今山东辖域内有 11 处，昌阳盐官即为其中之一。

成帝比武帝元封年间晚了近一百年，按一般规律年代越靠后官府管理应该越周密，官署的布局也就越密集，所设衙署应该越多，而更晚的成帝时期昆嵛山以东地域盐官只有昌阳一处，至少说明西汉直到成帝时期昌阳盐官一直是昆嵛山以东地域唯一的盐务管理衙署。

三、成帝敕封昌阳侯国

西汉末年，昌阳第三次受到西汉皇帝的青睐，成帝封刘宪为昌阳侯，昌阳成为侯国。

汉成帝建始二年（前 31 年），成帝刘骜敕封刘邦八世孙、第四代胶东王刘音之子刘宪为昌阳侯，昌阳县成为"昌阳侯国"。根据"王国不辖侯国"的分封规定，昌阳侯国从胶东国析出始归属东莱郡辖下。昌阳侯刘宪在位 30 年，哀帝元寿二年（前 1 年），被免除侯爵，昌阳侯国除，恢复县，历史上首称昌阳县，仍属东莱郡。30 年昌阳侯国"首府"的历史结束了，县治首称昌阳城。

西晋泰始元年（265 年），昌阳县被废除，辖地归属长广县；昌阳城县治资格自然被终止，彻底结束了其县治的历史使命。

先是御批置县，再是钦点设盐官，然后敕封侯国，西汉皇帝对昌阳县可谓念念不忘、频频注目，可见昌阳在西汉之时有多么惹眼。

后汉，东陲独立大县

光绪版《文登县志》记载："东汉，昌阳县省不夜，入之。属东莱郡。"民国版《莱阳县志》记载："光武建武二年，伪梁王刘永、大将军张步徇胶东，步据胶东、东莱等十三郡叛，永自称齐王。五年建威大将军耿弇击张步，降之。"不久，腄、平度、育犁、昌阳、不夜、阳乐、阳石、徐乡八县合并，就在这一年，育犁并入东牟，不夜并入昌阳。从立县到撤并，育犁县存续了 235 年，不夜县存续了 230 年。

不夜的并入，使昌阳县辖区直达东海边，昆嵛山以东地区全部纳入其统辖之内，辖域相当于今威海市环翠区、文登区及荣成市辖区面积总和，昌阳县独踞汉境东域。昌阳县开始了作为汉代东陲最大县的历程,至西晋泰始元年昌阳县被废除,辖地并入长广县,东汉时期的昌阳县存续了 236 年,成为汉东陲辖区最大、持续时间最久的县,没有之一。

纵观与两汉相始终昌阳县 471 年的历史,由"置县""盐官""侯国""大县"几个关键词贯穿,可谓繁华一时,显赫一方,辉煌一世。

昌阳之所以能够持续五个世纪的繁华与辉煌,完全得益于这里厚重的文化底蕴。这里是东方太阳神文化的源头,是太阳崇拜的圣地,四季在此诞生,龙神敬仰发先声;祖龙东巡两践本土,汉武祭日登临成山……

历史上的昌阳曾经留下诸多不解之谜,又演绎出一幕幕活灵活现的人文故事。本书将就此依据近年来学界相关的考证成果、对历史典籍的重新释读并结合石羊西汉晚期木椁墓的考证进行全新解读,为你呈现一个两千多年前真实、鲜活而辉煌的东陲重镇昌阳。

目 录

第一章 昌阳侯与昌阳侯国

一、1955 年城南石羊挖毁列侯大墓

1955 年 6 月份，山东省文物管理处先后两次接到文登宋村一位叫作殷成信老先生的来信反映汉代昌阳城南石羊村挖毁了两座大墓，来信还附有一副十分规整的墓葬示意图。示意图显示大墓为砖室三椁一棺，在当时来说这么大型的古墓葬即便在全国范围也十分罕见。山东省文物管理处十分重视来信反映的情况，当即派出蒋宝庚、台立业两位专家赶到石羊进行实地调查。

大墓位于石羊村西北距离约半里的一个土坡之上（今石羊村后加油站西北侧约百米左右），经勘察土坡被确认是一处新发现的原始社会遗址，大墓就在遗址中央，往北里许就是汉代昌阳故城址。遗址上原有东、北、西南三角相对的 4 个大封土堆，东面的 2 个连在一起，各有墓顶，人们统称其为"康王冢"。光绪版《文登县志》对此墓记载说，昌阳故城"土人讹为'康王城'……南城外曰石羊村，有社稷坛遗址，各高一丈五尺，土人讹为'康王墓'"。说明直至清末，这些墓的封土还有一丈多高。

时值六月天，"调查时，墓地已挖成大坑。适大雨初过，坑内满水，除出土文物外，无法见到墓葬遗迹。只有从殷成信先生的两次来信中，提供了手绘的草图和全部出土情况"。[1] 匆匆赶到文登石羊被挖毁大墓现场的两位专家眼前看到的只有一个积满雨水的大深坑，墓室砖墙大部分已被掘倒，只从坑边还可以依稀看得见露出水面部分残剩的砖墙。坑外面堆放着从大墓里挖出的一拃厚的上了漆的棺椁木板和杂七杂八堆放的乱木头。专家把混放在里面的文物一

---

[1] 蒋宝庚，殷汝章：《山东文登县的汉木椁墓和漆器》，《考古学报》，北京：科学出版社，1957 年，第一期，第 127 页。

件一件小心分拣出来，有破碎的就把碎块（片）找全，并做了仔细统计；又把墓主的骸骨捡起来，在地面按人体部位一块一块摆放好。

由于大墓遭到彻底毁坏，想了解大墓原貌只有找目击者进行调查。两位专家首先找到了来信的殷成信先生。看得出，老人露出几分激动，紧握着专家的双手不停地颤抖："这么说，我写的信你们都看到啦？""对的，谢谢你，老先生。"

图 1-1 石羊汉墓群标志碑
（李彦红 2017 年摄）

专家从文件包里拿出老先生写的信给他看，老人眼睛有些湿润。专家向殷老先生询问的时候，旁边有个年纪稍轻的人也讲了一下棺椁的大致情况，这人就是时年 35 岁的石羊村木匠于杰三；文登三区的郭姓文教助理员听说省里来人了，也赶到了现场。为了全面掌握情况，专家又找到了十几位参与掘墓者，举行了一个小型的现场调查会。大家七嘴八舌把自己所见的大墓被挖毁的情况一股脑儿全部讲给专家听。听着大家的讲述，两位专家了解到这么大的古墓且非同一般的葬制，当时在全国并不多见，可惜已被毁，他们感到深深的痛惜与遗憾。

"挖到 3 米多深，发现墓葬群，中有两墓遭到破坏。墓葬共有 5 座，南北分布，成一直线，相距各约数米。被破坏的为正中一墓和南边临近的一墓，其余三墓未动。"（蒋宝庚 殷汝章：《山东文登县的汉木椁墓和漆器》）

依据殷成信老先生两次提供的手绘大墓草图和现场详细调查，专家们才大致弄清了被破坏大墓的基本情况。正中一墓较大，东西长约 3.8 米，南北宽约 3.7 米，深约 1.7 米。墓室四面砌成一道单行砖墙，北墙的砖都是两砖平放砌，间隔一砖竖立砌，其他墙则全都是竖立砌，砖型较薄。墙的顶部放一方形木框，框上盖着一层木板，东西放置，板的上面平铺一层砖，砖上下都有放过席子的痕迹，因为年代久远席子已经腐朽掉了，只剩下痕迹。全部看大略似一个方形大盒子。紧贴着砖墙内壁，有一道木墙，与外面的砖墙同用一个木板盖子。再向内，周围有一道长方形木墙，与外面紧贴着砖墙的第一道木墙之间南北都留有空间，第二道木墙的南北面各留一门二窗，窗是直棂方格的。木墙上顶部仍平覆木板，南北放置，低于上盖约 10 厘米，全部还是大略似一个长方形套盒。再向内，紧贴着第二道木墙。还有第三道木墙，上面仍平覆木板，东西放置，低于第二层盖约 10 厘米左右，又似一个第三重套盒。它们的底部，通用一层木地板，地板四周皆在砌砖墙以内，其下约隔 20 厘米的空间，又铺着一层砖地。总共有三层木盖、三重木墙、一道砖墙、一层木底、一层砖底。这一墓的形制，好像盒子套盒子，是重椁与墓室相结合的一种类型，叫砖室三椁一棺墓。

　　由第三重套盒再往里，就是墓主的棺。棺为长方形，上覆一层布，只存残迹，两侧各有五个菱形镂孔，骨骸头东脚西。棺底周围垫了四根条形木板，不直接放在地上，人们说那叫"抱裙"。最奇的是棺四周放着八个牌位（棺两端各 1 个，两侧各 3 个），素木未漆，上有墨书文字，形状和近代牌位差不多。专家经过详细询问，接受调查的掘墓者都言之凿凿，专家感到这种形式很是新奇，以前没有听说过，想弄清楚是怎么回事，可是，所有牌位已经全部被搬出扔进了碎木板堆里，

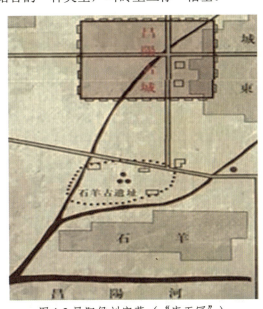

图 1-2 昌阳侯刘宪墓（"康王冢"）
位置示意图

专家在堆积的破碎木板里仔细寻找，却毫无收获。南边临近的一墓比中墓稍小，葬制、随葬品与中墓大致相同，只是二重椁只在北面（相对中墓的一面）留有门窗、一个椁室。两墓内棺和第二三层套椁及木盖都是表面黑漆，内面红漆，最外面的那层套椁无漆。全部都是用楸木做成，榫卯扣合。在木板与木板的相接中间，无论大小厚薄都用胶质黏合，外又加漆，从表面看，像一块整板做成

的一个木头盒子，密闭极其严谨。

两墓随葬品丰富，中墓第二道木椁门外有一漆案，上放漆羽觞（双耳杯）、漆奁。内棺脚端放一铜镜、一椭圆三格漆盒（内放木梳、木篦各一，一支造型玲珑的木镊子）和一支漆杖。中墓还有彩陶壶12件（见前彩色插页），在画中竖作长方形界框，内墨书汉隶文字，有2件书"白酒器"三字，1件书"醴"字，其他壶上字迹已经漫漶不清。南边临近的一墓相对中墓的一面也有一漆案，上放一铜鼎、一铜壶（见前彩色插页）和二漆碗。漆案两端地面上各放一只彩陶壶。两墓漆器计有漆碗、椭圆三格漆盒、漆奁、漆案2件、大小漆盘3件、漆羽觞多件、虎形漆器、漆杖，还有一支玳瑁发簪和3根都是长22厘米的铅条等。铜器、漆器是墓中出土最多的文物，漆器分木胎和夹纻胎两种，绘彩工整、绚丽，有朱、墨、黄、红、铁、酥六色，造型别致，制作精致。出土的文物稀有珍贵，对昌阳乃至胶东地区的历史研究具有很高的文物价值。

专家赶到时大墓已被毁坏，部分随葬品亦可能丢失，没有找到有价值的文字，未确定墓主身份，专家根据部分随葬品上的文字与葬制断定墓葬的年代为西汉晚期。从葬制与收集到的部分随葬品却可以看得出墓主身份高贵。专家在调查报告里写道："这种类型的墓葬和出土漆器，在山东还是第一次发现，就是陶器上面的题字，在山东也属初见。而其彩画、题字的格式，也和他省出土的有些不同。"那么，这么高级的墓葬，墓主是什么人呢？

在揭秘之前，我们不妨先来做一番比较，因为这是区别的最好方法。在此，我们把近些年发掘的几座汉代墓葬与石羊大墓做一个比较，通过比较可以凸显石羊大墓的特殊。2017年青岛市考古部门在青岛西海岸新区土山屯村发掘一处汉代刘姓家族墓葬，其中有两座墓葬制比较高级。一

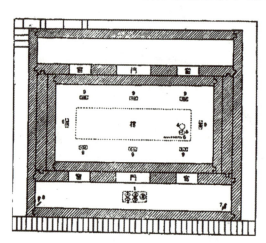

图1-3 石羊刘宪墓室平面示意图

1.漆案 2.漆羽觞 3.漆奁 4.铜镜 5.漆三格盒 6.漆杖 7、8鱼刺骨 9.牌位

（选自 蒋宝庚 殷汝章：《山东文登县的汉木椁墓和漆器》）

座墓主为西汉晚期琅琊郡堂邑县县令刘赐，元寿二年去世。墓为砖室一棺（无椁），出土的随葬品有木梳、木篦子、铁剑（1米长）、口含玉蝉、乌纱帽、兽头枕、墨盒、毛笔两支、印章三枚（一枚墓主名字龟钮铜印，两枚专为殉葬做的木胎官印）、四只贴金箔木虎螭、多枚木牍（公文与名刺，名刺即今之名片）、许多铜钱、玉席（琉璃）及遣册（随葬品名单）。另外一座墓稍晚，是东汉时期曾经在朝廷做过"左曹郎中"官职叫作刘娇君的墓，此墓葬制较县令刘赐墓要高级一些，为砖室一椁（有一窗）一棺墓，随葬品却不及刘赐墓，只有遣册、漆盘、瓷酒壶、一支竹杖（石羊刘宪墓出土的是漆杖）、一把木琴、一支漆案等，明显要低于县令刘赐。这是因为葬制是由身份地位决定的，而随葬品则是个人经济实力的体现。京官与县令葬制及随葬品差别说明西汉朝廷京官经济实力远不如地方官。

左曹郎中，左曹，西汉加官名号，武帝时置，东汉省。与右曹合称诸曹，秩二千石。加此号者每日朝谒，在殿中收受平省尚书奏事，亲近皇帝，典掌枢机。郎中，即帝王侍从官，其职责原为护卫、陪从，随时备顾问及差遣。

1975年初，湖北荆州文物考古工作者在城外凤凰山发掘了一座西汉文帝时期的墓葬，墓主叫婴遂，是个有着五大夫爵位的人。五大夫爵位居二十等爵的第九级，地位比县令要高。墓为一椁两棺，椁室带门窗；出土文物500多件，大多为精美漆器，还有人俑、牛车、船等明器。

这几座墓的葬制都比较高级，有县令、五大夫、京官等，其中五大夫墓葬制较为高级一些，随葬的漆器可以与石羊大墓媲美，但是，可以看得出石羊大墓三椁一棺葬制规格与彩陶壶等随葬品要比五大夫墓高级许多。

那么，比县令、五大夫和京官墓葬制与随葬品都要高级的石羊大墓主人究竟是谁呢？级别再高的只有帝（皇帝）王（诸侯王）与列侯了。处于远离政治中心的昌阳之地出现帝王陵寝可能性可以排除，那就只有一种可能，就是列侯一级墓葬。你还别不信，古代昌阳城就曾经生活过一位列侯，那就是西汉昌阳侯刘宪。难道是昌阳侯刘宪的墓葬？答案是肯定的。

读到这里，读者朋友不免会产生疑问：是不是天方夜谭？做出这样的推断有根据吗，是不是作者信口开河呀？

二、推断为昌阳侯刘宪墓有何根据

断定石羊西汉晚期木椁墓主为西汉晚期昌阳侯刘宪是有着坚实历史依据的。虽说这个结论来得稍微迟了些，但是，毕竟还是来了。石羊大墓葬制高级，传闻亦颇神秘，当年省里来的专家从一开始就十分注意寻找能反映墓主身份的文字及随葬品，比如，印章、遣册之类。在古代，印章是常见随葬品之一，是判断墓主身份的最直接证据；遣册，也称告地书，就是随葬品清单，也是古代墓葬常见随葬品。可是，遗憾的是既未见到印章，也未见到遣册等其他能确认墓主身份有文字的随葬品，墓主身份没有结论。最终，专家只是根据出土文物和彩陶壶上所表明器具用途文字书体推证出大墓的时间：属于西汉晚期。

图1-4 刘宪墓出土的铜器

令专家感到大惑不解的是，在山东首次发现这种类型的墓葬、出土漆器以及并不多见的陶器题字等方面来看墓主身份高贵，葬制似有王侯规制特点，然而，昌阳之地为远离帝都的东部边陲之地，这位疑似王侯墓主究竟是谁，此人为何选择在这远离政治中心东陲边远之地安寝？64年之前专家产生这种疑惑不足为怪，因为那时候昌阳侯还没有现身，今天已经有了答案。据上海复旦大学教授、著名历史地理研究专家周振鹤先生的考证，东莱郡昌阳曾经是昌阳侯刘宪的封地，昌阳城就是昌阳侯国首府，两千多年前刘宪就在这里生活长达30余年。我们据此推断这座大墓就是昌阳侯刘宪长眠之所。

根据五墓同葬一墩式双顶封土之下，呈直线南北分布，相隔各约数米，且挖毁的两墓正中一墓较大南邻一墓较小，而两墓都是三椁一棺葬制以及大墓位于中间，其余四墓分葬两边这些特点来看，可以确认五墓为昌阳侯刘宪与四位夫人异穴合葬墓，异穴合葬正与汉代葬制相符合。做出这个推断有以下几个理由：一是合乎情理。西汉末年昌阳曾经是昌阳侯刘宪的封地，昌阳侯刘宪来自西汉胶东国首府即墨（今山东平度古岘镇），在昌阳侯国首府昌阳城生活了一辈子，去世之后应该葬于封地（尽管他去世之时封地被除）。二是人物身份吻合。墓主身份高贵，与刘宪昌阳侯身份吻合。三是位置符合。大墓在昌阳城之南里许，而生活于侯国首府昌阳城的昌阳侯刘宪有可能选择在此安葬，而葬于侯国首府城南或城西为西汉侯墓通例。四是时间吻合。此墓为西汉晚期，这与昌阳侯刘宪于成帝建始二年（前31年）被封昌阳侯、哀帝元寿二年（前1年）被免爵，直到去世，在时间上是吻合的。五是随葬的牌位有玄机。专家当年的考古调查报告称："最奇的是棺四周放着八个牌位（棺两端各1，两侧各3），素木未漆，上有墨书文字，形状和近代牌位差不多。"[1]上面的文字，可能有墓主的身份和姓名信息，可惜的是，一个也没有找得到。那么，这八个牌位都是谁的？著者推测，极有可能是刘宪的先祖八代帝王，也就是从其太祖汉高帝刘邦到其父第四代胶东王刘音，四帝四王，正好八代。他们是：高祖刘邦 —— 惠帝刘盈 —— 文帝刘恒 —— 景帝刘启 —— 一代胶东王刘寄 —— 二代胶东王刘贤 —— 三代胶东王刘通平 —— 四代胶东王刘音。

牌位"素木未漆"，可能系遵刘宪临终遗言而临时赶制的。随葬先祖牌位，刘宪墓是迄今为止全国发现的古墓葬唯一一例。之所以这样做，可能是刘宪家人对爵位被免逝者在天之灵的一种慰藉。爵位被免除，印绶被收缴，被降为庶民，刘宪及家人受到沉重打击。刘宪下葬的时候没有侯印随葬，只得临时赶制了八位先祖的牌位，让他们在阴间陪伴这位被朝廷抛弃的子孙。表明墓主身份的侯印未见出土，最大的可能性是与刘宪被免爵有关；当然，也不排除大墓被挖毁时丢失的可能，虽说这种可能性极小。

六是切合历史真实。墓主一定长期生活于此地或为当地人，而在古代昌阳地面上生活过的西汉晚期贵族，除了昌阳侯刘宪再无其他人。七是符合人类遗传学原理。据宋村村八十岁的村民刘术生老人及石羊村几位老人回忆称，此墓曾经出土了墓主粗大的股骨，当时见到股骨的人都倍感吃惊，给人留下深刻的

---

[1]蒋宝庚，殷汝章：《山东文登县的汉木椁墓和漆器》，《考古学报》，北京：科学出版社，1957年，第128页。

印象。人们纷纷猜测此人一定是体型高大，身材健硕。据史书记载，刘宪八世祖刘邦身高七尺八寸，约合现在 1.8 米，也是大汉。而《汉书·武五子传》记载，西汉废帝刘贺被废为庶人回到故地昌邑之后，汉宣帝特令张敞为山阳郡太守（山阳郡原为昌邑王国，刘贺被废，昌邑国被除，降为山阳郡），命其暗中监视刘贺。张敞在给汉宣帝上奏章禀报去故昌邑王宫见刘贺看到的情况说，地节"四年（前66 年）九月中，臣敞（张敞）入视（废帝刘贺）居处状，故王（刘贺曾为昌邑王）年二十六七，为人青黑色，小目，鼻末锐卑，少须眉，身体长大，疾痿，行步不便。衣（穿）短衣大绔，冠（戴）惠文冠，佩玉环，簪笔（插笔在头）持牍趋谒。"[1]张敞描述刘贺"身体长大"，并非虚言，正传达了他们刘家的遗传密码。刘宪与刘贺有着较近的宗族关系，刘贺是武帝刘彻的孙子；而刘宪的五世祖、第一代胶东王刘寄与汉武帝是同父异母亲兄弟，刘宪的祖父刘通平与刘贺是未出五服的堂兄弟，按辈分，刘贺是刘宪的堂祖父。刘宪高大的身躯，正是遗传了其先祖的基因。从人类遗传学的角度来考察，墓主粗大的股骨也与刘宪遗传族宗生理特征相符。

另外，从石羊汉墓群遗存下来的石刻羊来看，具备汉代石雕特有的那种古朴、粗犷、传神的特点，与同是西汉的霍去病墓前的石像生有相同的风格。有人或许会猜测，是不是哪位贵族人物路过此地突发意外而做的应急处置，抑或是当时某位昌阳县令的坟墓？恐怕都不大可能。"路过意外死亡，应急处置"的说法根本不靠谱。从古至今没有半路意外死亡而就地处理逝者的风俗，特别是在"事死如事生"、十分重视葬仪的汉代，在外乡处理死亡亲人，并且是死亡的贵族人物更是不可想象的。至于说是否为某县令墓也无任何依据，前面已经做过比较，一个普通县令根本享用不起"一棺三椁"这样高规格的葬制。

那么，为什么墓前无碑，墓里无铭？

这个问题牵涉到葬制的演变。东汉时期才逐渐兴起在墓前立碑、建祠堂等的风俗，墓志铭是从墓碑发展而来，也不会早于东汉。西汉墓葬都无墓碑、无墓志铭，像满城西汉中山靖王刘胜墓、南昌西汉海昏侯刘贺墓以及昌阳城遗址大寨两座汉代墓都如此，也都是意外发现的。

---

[1]班固：《汉书》，北京：中华书局，1962 年，第 2767 页。

综合以上诸点，确认石羊西汉晚期木椁墓为西汉末东莱郡昌阳侯刘宪与四位夫人异穴合葬墓毫无疑义。

三、成帝敕封昌阳侯

《汉书·王子侯表》记载："昌乡侯宪，胶东顷王子。建始二年正月封，三十年，元寿二年，坐使家丞封上印绶，免。"[1]西汉成帝建始二年（前31年）的正月，胶东王刘音六子刘宪被封昌乡侯。

封刘宪为昌乡侯的西汉成帝刘骜虽说知名度不及其先祖高帝刘邦和武帝刘彻，但是，说到与他相关的两个女人你就知道了。这两个女人是姐妹俩，人称"皇妃姐妹花"，姐姐叫赵飞燕，妹妹叫赵和德，姐妹俩都是汉成帝刘骜宠爱的女人。对，这个"赵飞燕"，就是那位在历史上大名鼎鼎的传奇美女皇后。

上海复旦大学教授、历史地理研究专家周振鹤《西汉政区地理》考证："汉代东莱郡昌阳县，或原为'昌乡'，因置侯国而改'乡'为'阳'"，"昌阳侯国，即胶东顷王子宪昌乡侯之封地。"[2]

图 1-5 汉成帝刘骜

据此我们得知，昌阳原来叫昌乡，刘宪被封胶东国昌乡，昌乡从此更名"昌阳"，昌乡县成为昌阳侯国。也就是说，刘宪是昌阳的"祖师"。刘宪的父亲刘音为第四代胶东王，在位54年，谥号"顷"，史称"胶东顷王"，生有十一子。嫡长子刘授于成帝河平元年（前28年）继承王位做了第五代胶东王，谥号"恭"，是为"恭王"。其余十子，先有四子于元帝永光三年（前41年）同年被封侯。王子刘回被封于北海郡羊石，王子刘理被封于北海郡石乡，王子刘根被封于北海郡新城，王子刘歆被封于北海郡上乡。羊石、石乡、新城、上乡诸地今皆已

①班固：《汉书》，北京：中华书局，1962年，第505页。
②周振鹤：《西汉政区地理》，北京：人民出版社，1987年，第117页。

不可考。根据上海复旦大学副教授、西汉侯国历史研究学者马孟龙博士《西汉侯国地理》一书考证,四地皆在今山东昌邑市东南胶水、潍水之间。十年后,即成帝建始二年(前31年),尚余之六子,同年被续封。《汉书·王子侯表》这样记载六人当时封侯情况:"昌乡侯宪,胶东顷王子,建始二年(前31年)正月封,三十年,元寿二年(前1年),坐使家丞封上印绶,免。顺阳侯共,胶东顷王子,正月封,三十九年免。乐阳侯获,胶东顷王子,正月封,三十九年免。平城厘侯邑,胶东顷王子,正月封,节侯珍嗣,侯理嗣,免。密乡顷侯林,胶东顷王子,正月封,孝侯钦嗣,侯敞嗣,免。乐都炀侯诉,胶东顷王子,正月封,缪侯临嗣,侯延年嗣,免。"王子刘共被封琅琊郡顺阳侯(首府在今河南省淅川县李官桥镇一带),三十九年后孺子婴初始元年被免爵除国。王子刘获被封乐阳侯(首府在今山东莱州市西南二十里),三十九年后孺子婴初始元年被免爵除国。王子刘邑被封平城侯(首府在今山东省昌邑市南偏东),谥号"厘";长子刘珍世袭二代平城侯,谥号"节";长孙刘理世袭三代平城侯,后来被免爵除国。王子刘林被封密乡侯(首府在今山东省昌邑市围子镇一带),谥号"顷";长子刘钦世袭二代密乡侯,谥号"孝";长孙刘敞世袭三代密乡侯,后来被免爵除国。王子刘诉被封乐都侯(首府在今山东省潍坊寒亭区眉村镇罗都屯西)谥号"炀";长子刘临世袭二代乐都侯,谥号"缪";长孙刘延年世袭三代乐都侯,后来被免爵除国。

话说公元前31年正月的某一天,一支十几辆马拉轿子组成的队伍,从坐落于墨水(今称城子河)之滨的即墨城东门出发,一路向东逶迤疾驶。他们就是刚刚被成帝敕封为东莱郡昌乡侯的刘宪的轿队,正赶往三百里地之外的昌乡。

前面5顶轿子,最前那顶轿子坐着刘宪,紧跟着的几顶里面分别坐着他的四位夫人。再后面的车里装着些生活用具,包括几个盛满酒的彩陶壶。紧跟着的几辆棚车里坐着刘宪新组建的家臣,有家丞、右仆、行人、门大夫、洗马、中庶子,其中还包括一名新任命的都尉,要去昌乡侯国募兵组建侯国兵卒营寨;还有两位造酒师傅。90个婢女紧随轿后徒步而行。组建家臣,是按照朝廷有关封侯者享有特权的相关规定来操办的,也就是说,侯爵在自己的封地有一套专门负责生活起居的私人行政班子,这些人的官职与所在封地的朝廷官僚机构是等同的。

三百多里地,一直走了十多天,路上还遭遇了一场大雪。刘宪这位新侯爷刚刚落脚东莱郡昌乡城，就被这里依山傍水环境、平坦的地势及南濒大海开阔的视野所吸引，他一下喜欢上了这里。

他，生活无忧无虑：生活起居有专人负责，侯爵衙府位居昌乡城正中心，是经过重新收拾布置一新的原来昌乡县衙门，这是按郡太守之命刚刚腾出来的。

他找来昌乡县丞，想了解一下昌乡县风土人情和可游玩之处。县丞告诉他，昌乡县民风淳厚，昌乡人热情好客；好玩的地方多了去了。近的，昌乡城北四里地就有一座不大却是很有名气的土山——昌山。说它有名气，是因为山上建有一座神龙庙，而且，烟火兴盛，香客不绝。神龙庙不大，是当地渔民们为了祈祷龙王保佑他们上海捕捞安全而拔股子（集资）修建的，据说很是灵验，有求必应。

稍远点，昌乡城北偏东四十里侯国北缘有一座非常著名的小山——文山，山上建有秦庙和召文台。那是当年秦始皇去天尽头祭日路上最后的驻跸之地，是其召集文人雅士歌功颂德的所在。

再远一点儿的，就是侯国北邻距此百里之外本郡不夜县地界，那里东海边的悬崖上有个叫"成山头"的地方，又称"天尽头"，三面环海，一面接陆，是大地上最早看见海上日出的地方，自古就被誉为"日头启升的地方"。秦始皇曾经两次去往那里，武帝爷更是三顾成山。

还别说，真是来着了。刘宪听罢县丞的介绍，满心喜悦，十二分满足。其实，在来此之前，他已经对自己将要托身的昌乡及周边做了详细了解，他知道胶东国的东端早在汉初就已经设有育犁、昌乡、不夜三县，自己所封之昌乡是三县中地盘最大也是最为富庶的。往后一定追寻着先皇足迹，到处走走，他已经打定主意。尽管朝廷规定，侯爵不得与诸侯王交通（交往），不过，不夜既非王国，亦非侯国，也不属胶东国所辖，不过是同郡一个普通之县，去做个出游性造访也不犯忌吧。

刘宪身材魁梧，长发飘飘，是个爱美之人，爱美之人心细若丝，注重细节，喜爱琢磨事儿。闲暇之余，他琢磨起"昌乡"这个名字来了。

昌乡，昌乡，名字里透出几分土气，听起来有些欠雅。孔老先生有言："名不正，则言不顺；言不顺，则事无成。"他决定要为这座自己将要托身一生的海滨之城改一个文雅一点儿的名字。想到改名字，不知怎的，他立刻联想到了秦帝都咸阳，昌阳城位于昌山、昌水之阳就如咸阳之于九嵕山与渭河之阳，都是阳，故名。不过，不可再称"咸阳"。那么，叫个什么名字又上口又顺耳呢？"昌山……昌水……之南……之北……"几天以来，刘宪一直在为昌乡城的新名称而绞尽脑汁。用膳的时候，手举杯盏，凑到唇边，也在想：昌山……昌水……之南……之北……睡觉之前，侧卧在榻，还在想：昌水……昌山……之北……之南……甚至蹲在茅坑里，也在想：昌山……昌水……之南……之北……

　　这一天，刚刚从睡梦中醒来的他又在想：昌水……昌山……之北……之南……"对，就叫'昌阳'！城在昌山昌水之阳嘛。"他突然大叫了一声，透过窗户看看，天还没有亮。正在这时，恰巧传来一声鸡叫，公鸡刚叫头遍。刘宪喊来婢女，婢女从隔壁间走来，刘宪叫她点上鎏金雁鱼灯。这灯是从即墨父王那儿带过来的，灯的主体是大雁的身体，里面有盛油的油碗儿，外面有个可以转动开合的圆筒灯罩；大雁的颈项向着后背，是个中空的通烟管，大雁的嘴里叼着一条鱼，就是灯的烟火罩子，吸纳灯火冒出来的烟。灯一点，屋宇里立刻变得亮堂起来。"做什么呢？经宿半夜的！"夫人被惊醒，埋怨说。兴奋至极的刘宪，披上衣裳，坐在案前，口哈冻笔，屏息而书，用宿墨第一次写下"昌阳"俩字。他放下笔，左看，右看，案上看，举过头顶看，看着，看着，不由自主笑了。欣赏完了，他满意地伸了个懒腰，走回榻边。一直侍立在旁的婢女走上前，帮他吹灭灯，拉上灯罩，离开。刘宪仰卧榻上，和衣而眠……

　　没过几天，刘宪便派出使者把他的第一本奏请折送到东莱郡府太守大人手里，通过太守送达长安朝廷大司空，申求把昌乡旧称更换为经过他反复琢磨、推敲而出的"昌阳"。不久，就得到大司空"已籍案"的回复。

　　昌阳侯刘宪在位期间，应该是昌阳城最为繁荣昌盛的时期。据周振鹤先生的考证，西汉成帝时期，全国设立三十七处盐官，昌阳就是其中之一。武帝元封元年始置昌阳盐官，到刘宪来昌阳为侯已经过去了79年，盐税为西汉朝廷主要的经济支柱之一。可想而知，那时的昌阳光盐税这一项收入就十分可观，这可观的收益就出自昌阳侯的封地。虽说据现代科学研究得知刘宪昌阳侯在位期间是个雨水充沛、水灾多发的时期，这必定会或多或少影响到煮盐业的收益，但是，我们有理由相信，昌阳的繁盛不会因天气欠佳而逊色。

　　那么，这位堪称昌阳始祖的昌阳侯刘宪究竟有着怎样显赫的家庭背景呢？

四、昌阳侯刘宪家世

咱们暂且按下侯爷刘宪的身份不表，再来说一个女人的故事，一个女人的传奇故事。又是女人？对，这个女人与一对姐妹花有亲缘关系，不过，这对姐妹花不是上文提到的成帝时期那对有名的"皇妃姐妹花"，而是比她们更早的另外一对姐妹花。

汉文帝后元四年（前159年）因为出于皇权继承人的考虑，皇室决定要为太子刘启再进行一次民间选妃。时年二十九岁，已经做了二十一年的太子刘启此时已经拥有了薄氏、栗姬、程姬等几位妃子。

选妃的范围就限于帝都长安附近。话说太子选妃的消息一经公布，长安附近各县纷纷积极响应，都想方设法把自己辖地的美色女子举荐到郡府里参选。距离长安百里属内史的扶风槐里（今陕西兴平）有一个女人也听到了这个消息，这使她立刻振奋了起来，她敏锐地感觉到这是个机会，是个改变自己命运的机会，是个千载难逢、稍纵即逝的机会，她决定要抓住这个难得的机会做点什么。

这个女人有着一根遗传自其爷爷特别敏感的神经和一股不达目的誓不罢休的执着劲儿，她叫臧儿。

臧儿的爷爷曾经是一位响当当的人物，就是那位曾经被项羽封为燕王的猛士，后来，刘邦得胜，又投降了刘邦，再次被封燕王，为汉初七位异姓王之一的臧荼。不久，因谋反罪被杀，臧荼是七位异姓王被杀六人中的第一个引颈者。

失势后的臧家生活贫困而坎坷，臧儿过着颠沛流离的日子，她先嫁王仲，王仲死后又改嫁田姓，先后生下了三男二女。

太子选妃的时候，臧儿的长女王娡已经嫁人。听到太子选妃的消息，臧儿当即决定要把两个女儿一并送进宫里，借此改变命运。她逼迫大女儿从娘家金家逃了出来，亲自领着一双女儿去了官府。臧儿之所以敢于这么孤注一掷，就是她觉得自己的一双女儿论长相那可真是无与伦比，别看大女儿已经嫁人好几年，还生了孩子，可

图 1-6 汉景帝刘启

是风韵不减。

你还别说，官府的人见了王家二女都被震住了，当即拍板直接将她们送进宫里备选。结果，王氏姐妹一路绿灯。被送进宫以后，一下子全被太子看中了，太子决定照单全收。就这样，这个叫王娡的女人与妹妹王皃姁（也叫"王儿姁"）同时进了宫。从此，无人不知太子宫里来了一个外号叫"王美人"的妃子王娡。没过几年，姐姐为太子生下了唯一的儿子彻儿，妹妹为太子生下了越儿、寄儿。

前156年，太子刘启即位做了皇帝，史称汉景帝。后来，景帝废掉了无子的薄皇后，王娡便成为景帝第二任皇后。之后，妹妹王皃姁又为景帝生了乘儿和舜儿。景帝一共有十四个儿子，王家姐妹生了最后的五个：姐姐生了后来大名鼎鼎的汉武帝刘彻，妹妹生了后为广川王的刘越、胶东王的刘寄、清河王的刘乘和常山王的刘舜。

司马迁《史记》将妹妹王皃姁与栗姬、程姬、唐儿、贾氏并称"五宗"，不幸的是，景帝还在世的时候，王娡登上皇后宝座之前王皃姁就去世了。是不是扯得有点儿远了，言归正传。

这里要说的景帝第十二子刘寄就是昌阳侯刘宪的五世高祖，下面我们就聊一聊刘寄做胶东王的事儿。景帝前元四年（前153年），年仅四岁的刘彻（即后来的汉武帝）被册立为胶东王，因年龄太小没有就国（赴任），前元七年（前150年）七岁的时候刘彻被册立为皇太子，胶东国撤除。景帝中元二年（前148年），再次置胶东国，胶东王的位子景帝没有给别人，而是给了与第十子刘彻关系最亲密的第十二子，也是既为其异母弟弟，也为其姨表弟弟的刘寄，彻、寄俩从小一起长大，在众多的兄弟中两人的感情是最好的。景帝之所以这么做，当然考虑到两人母亲这种特殊关系，姐姐的儿子做了太子，将来是皇帝，妹妹的儿子就封王，将来也是皇帝哥哥的得力臂膀。

从此，刘寄开启了持续150多年、承袭六代的胶东王国的辉煌史。不曾想，刘寄是个不大安分的人，并没有如父皇景帝所愿成为哥哥的臂膀，反而给哥哥带来了麻烦。

汉武帝元狩元年（前122年），淮南王刘安谋反，刘寄曾与他暗地有勾结，并私造武器，准备响应。淮南王刘安，西汉初年汉宗室、武帝的叔辈，西汉时期思想家、文学家。他所著的《离骚传》是中国最早对屈原及其《离骚》作高度评价的著作。他曾招宾客方术之士数千人，编写《鸿烈》也称《淮南子》，这是我国思想史上划时代的学术巨著。刘安还是中国豆腐的发明者。

关于胶东王刘寄暗中勾结淮南王刘安谋反这段历史，清同治版《即墨县志》这样记载："时，淮南王安谋反，寄微闻之，私作兵、车、镞、矢，战守诸器以备其变，及吏治淮南事辞侵及之。寄与上最亲，自伤莫白，发病而死，不敢置。后上怜之，以其长子贤嗣胶东王，次子（应为'少子'，即最小儿子——著者注）庆别封六安王。"

也就是说，淮南王刘安谋反曾秘密联络过胶东王刘寄，刘寄也暗地里私造武器准备响应。事发后，淮南王刘安被镇压，刘寄与刘安秘密联系的信件也成了他参与谋反的铁证，刘寄暗中私造兵器之事也被揭露出来。刘寄本来与哥哥武帝关系非同一般，此事被上报武帝，刘寄既自愧又恐惧，没有脸面与理由为自己辩白，不久即"发病而死"，又未敢立太子传王位。刘寄为什么要参与这场谋反？大概他一厢情愿地认为，按照"兄终弟及"的规律，哥哥刘彻死了，作为关系密切弟弟的他很可能可以继承皇位，因此，他私下里做了战备。此次，淮南王刘安谋反被牵扯到的人多达数万，全部被杀头，但是，汉武帝考虑到自己与弟弟刘寄的特殊关系，并未按参与谋反罪给予严惩，而是对他的这位关系不一般的弟弟网开一面，让其长子刘贤按照常规承继了胶东王位，又听说刘寄很宠爱小儿子，就把他的小儿子刘庆封为六安王。西汉时期，一个诸侯王死后，其儿子两个被封王的，刘寄是个特例。

刘寄胶东王在位28年，逝后谥号为"康"，世称"胶东康王"，后人称"康王"。刘寄及其胶东王子孙与家族都葬于王城以北十多公里远的山脉上（今山东平度古岘镇六曲山）。该墓群有古墓400余座，大部为汉墓，其规模宏大、分布广阔，为山东省所罕见。1978年公布为省级重点文物保护单位，2001年公布为国家级重点文物保护单位。

西汉胶东王世系表（前148年—西汉亡）

代序	名字	在位时间	谥号
第1代	刘寄	前148年—前120年	康
第2代	刘贤	前120年—前106年	哀
第3代	刘通平	前106年—前82年	戴
第4代	刘音	前82年—前28年	顷
第5代	刘授	前28年—前14年	恭
第6代	刘殷	前14年—王莽时	

昌乡（阳）侯刘宪之父是第四代胶东王刘音。刘音薨逝谥号"顷"，史称"胶东顷王"。胶东王从第一代刘寄传到刘音这一代，他们家族胶东王的历史已经走过了66个年头。胶东顷王刘音共有十一子，长子刘授世袭王位，其余十子全部被封侯。一门"一王十侯"这在当时一定是件有着轰动效应的"新闻事件"，是件了不起的家族荣耀。别说同胞兄弟，就是一个家族当中堂兄弟几个都被封侯也是件了不起的荣耀。而成帝一朝共封王子侯62人，刘宪兄弟六人于建始二年同年被封侯，几乎占了整个成帝一朝24年间封侯总数的10%，你说牛不牛？

刘音兄弟五个，刘音为长，世袭王位，四个弟弟有两人封侯，大弟刘强，封柳泉侯；五弟刘偃，封新利侯。

刘宪祖母王氏活着的时候喜欢外出游猎，此举被认为是不当行为，遭到当时胶东国相张敞的指责并上书劝阻。刘宪父亲刘音初袭父爵为胶东王时，年幼无知，政务松弛，王国治理混乱，胶东国盗贼横行，时为山阳郡太守的张敞自动请缨上书汉宣帝刘询愿往治之，得到批准被任命胶东国相。《汉书·张敞传》记载：张敞到了胶东国"居顷之，王太后（刘音母）数出游猎，敞奏书谏曰：'臣闻秦王（秦昭襄王）好淫声，叶阳后（华阳王后）为不听郑、卫之乐；楚严（楚庄王）好田猎，樊姬为不食鸟兽之肉。（她们）口非恶（不是不喜欢吃）旨甘（美味），耳非憎（不是不喜欢听）丝竹也，所以抑心意，绝耆（通'嗜'，喜好）欲者，将以率二君（以此为两位国君做表率）而全宗祀也。礼（按规定），君母出门则乘辎軿（极为舒适而又装饰华丽的高级马车，专供贵族妇女乘坐），下堂则从傅母（保姆），进退则鸣玉佩，内饰则结绸缪。此言尊贵所以自敛制，不从（同'纵'，放纵）恣之义也。今太后资质淑美，慈爱宽仁，诸侯莫不闻，而少以田猎纵欲为名，于以上闻，亦未宜也。唯观览于往古，全行乎来今，令后姬得有所法则，下臣有所称颂，臣敝幸甚！'书奏，太后止，不复出。"[1]

刘宪昌阳侯在位三十年，哀帝元寿二年（前1年），也就是哀帝驾崩的那一年，"坐使家丞封上印绶"被免除了爵位，个中细节史书未予披露，刘宪爵位被免与哀帝驾崩二者之间是否存在关联不得而知。

至于被免爵后的刘宪其他情况，譬如，被免侯爵后是仍留在昌阳，还是去了别处；逝于哪一年，葬于何处，以及有无子孙，子孙叫什么名字，史书上没有留下任何记载。今天我们得知，被免爵后的他并未离开昌阳，而是仍旧生活在昌阳城里，直到离世，葬于城南。

需要说明的是，至刘宪被封昌阳侯之时，昌阳已经立县175年了，只不过之前称"昌乡县"。

五、昌阳侯刘宪故事

石羊双顶墩式西汉晚期木椁墓主今天我们可以确认为昌阳侯刘宪。虽说由于挖毁，有一部分随葬品不清楚摆放的位置，还丢失了不少，可是，根据当时出土留存下的部分随葬品，我们仍然可以大致了解到昌阳侯刘宪的一些生活细节。

昌阳侯刘宪身份档案：

祖籍：西汉沛县丰邑中阳里（今江苏省徐州市丰县）

八世祖：刘邦，谥号：高皇帝

六世祖：刘启，谥号：景帝

六世祖母：王皃姁（陕西扶风槐里，今陕西兴平人氏，汉景帝皇后王娡之妹）

祖父：刘通平，谥号：戴。备注：第三代胶东王

父亲：刘音，谥号：顷。备注：第四代胶东王

叔父：四人

---

[1] 班固：《汉书》，北京：中华书局，1962年，第3220页。

二叔父刘强，封柳泉侯

五叔父刘偃，封新利侯

（三叔父、四叔父无考）

本人姓名：刘宪

性别：男

出生年月：未知*

排行：行六

兄弟：（十人：五兄，五弟）

长兄：刘授，成帝河平元年（前28年）袭父爵为第五代胶东王，成帝永始三年（前14年）薨逝，谥号"恭"，史称"胶东恭王"

二兄：刘回，元帝永光三年（前41年）被封北海郡羊石（今山东昌邑市东南胶水、潍水之间），具体地点，无考

三兄：刘理，元帝永光三年（前41年）被封北海郡石乡（今山东昌邑市东南胶水、潍水之间），具体地点，无考

四兄：刘根，元帝永光三年（前41年）被封北海郡新城（今山东昌邑市东南胶水、潍水之间），具体地点，无考

五兄：刘歙，元帝永光三年（前41年）被封北海郡上乡（今山东昌邑市东南胶水、潍水之间），具体地点，无考

七弟：刘共，成帝建始二年（前31年）被封琅琊郡顺阳侯（侯国首府在今河南省淅川县李官桥镇一带），孺子婴初始元年（公元8年）免爵除国

八弟：刘获，成帝建始二年（前31年）被封东莱郡乐阳侯（侯国首府在今山东莱州市西南二十里），孺子婴初始元年（公元8年）免爵除国

九弟：刘邑，成帝建始二年（前31年）被封北海郡平城侯（侯国首府在今山东省昌邑市南偏东），谥号"厘"；长子刘珍袭二代平城侯，谥号"节"；长孙刘理袭三代平城侯，后免爵除国

十弟：刘林，成帝建始二年（前31年）被封北海郡密乡侯（侯国首府在今山东省昌邑市围子镇一带），谥号"顷"；长子刘钦袭二代密乡侯，谥号"孝"；长孙刘敞袭三代密乡侯，后免爵除国

十一弟：刘诉，成帝建始二年（前31年）被封北海郡乐都侯（侯国首府在今山东省潍坊寒亭区眉村镇罗都屯西），谥号"炀"；长子刘临袭二代乐都侯，

谥号"缪";长孙刘延年袭三代乐都侯,后免爵除国

　　姐妹:未知

　　出生地:胶东国首府即墨(今山东平度古岘镇大朱毛村一带)

　　爵位:侯爵

　　封地:东莱郡昌乡(昌阳)

　　受封时间:成帝建始二年

　　免爵时间:哀帝元寿二年

　　去世时间:未知

　　家庭成员:夫人四位

　　子女:未知

　　葬地:昌阳城南里许高地之上

　　* 刘宪的年龄,史籍无载,不过,我们可以根据其亲属结合历史做一大致估算。其父刘音胶东王在位54年,假设其父是15岁继王位并成婚,那么,成帝河平元年(前28年)薨逝那年是69岁,而这一年袭王位的长子恭王刘授大致为53岁。刘宪在兄弟11人中排行第六,被封昌阳侯那年(成帝建始二年,早于其长兄袭王位3年)大概为44岁左右,刘宪在位30年,他去世当在74岁以后。当然,这里的估算是以正常情况为依据的,实际上,估算与其父胶东王刘音的成婚年龄、继位情况、王妃数量及生育情况等相关,故这里的估算只是一个大概。

　　汉代盛行厚葬之风,汉人崇信"事死如事生"的丧葬理念,就是按照逝者生前的生活环境营造墓冢,所以刘宪墓棺椁的格局其实就是其生前侯爵府居室布局的缩影:中间棺为其寝室;南北两椁室,南边放漆案椁室为客厅兼生活房间,北边椁室为后室,为前堂后室格局;随葬品就是刘宪生前的生活用品。通过随葬品可以看到刘宪生前诸多生活细节与生活习惯。

　　第一,好酒,喜欢喝两口。

　　中墓,就是那个有前后两椁室,且有门窗的较大墓。出土了14件彩画陶壶,壶体上大都写着字,能够看清的,有两个写有"白酒器"三字,一个写有"醪"字,其他壶上的字迹已经看不清了,隐约可以认出"器"字,应该都是盛酒器。

另外，还出土了多件漆羽觞（双耳杯），这也是古代用来喝酒的。

随葬酒器，说明昌阳侯刘宪生前喜欢喝两口；而且，根据随葬酒器并非一件、两件，可以看得出，刘宪不仅爱喝，酒量可能还不小。

汉朝的"白酒"不同于后世用蒸馏法酿出的白酒，据专家研究，汉朝的白酒度数较低大致与今天啤酒的酒精度数差不多；"醪"，也是汉朝酒的一种，就是米酒，也称"浊酒"，今天称为"黄酒"，是用黍米发酵做出来的，度数也不高。

图1-7 石羊西汉晚期木椁墓（康王冢）
调查部分受访人（右起）：林均明、于正新、郭永欣与作者（姚志娟 摄）

三十多年，他每日必喝，这么多酒，不可能全从老家即墨运来。那么，酒从何来？当时的昌阳城侯爵府里一定设有造酒坊，造酒工艺传承于即墨，所用黍米必是产自昌阳本地。

第二，喜腥，爱吃鱼。

中墓二重椁外东南、西南两角分别放有"鱼骨刺（鱼刺骨）"，几只漆羽觞里也盛有"鱼骨刺（鱼刺骨）"，有的羽觞和两小漆盘里还盛有谷粒。昌阳侯刘宪下葬的时候绝不可能用鱼骨刺随葬，这一定是随葬所用的鱼朽腐而遗存下来的。这又透露出墓主昌阳侯刘宪生前另一个生活细节——最爱吃的，或者说其饭食的主要食谱就是鱼下小米饭。

第三，爱美，重视仪表。

中墓还出土了一套化妆用具和化妆品，包括铜镜一面，漆三格盒一只和漆奁一只，还有3根都是长22厘米的铅条。前二者放在棺内西端；漆奁放在第二道木椁门外的漆案上。

漆奁，是精美的化妆盒子。漆奁木胎朱里，表面上下黑色，绘红色变形云纹图案，中部红色，用黑黄二色绘成复道卷云纹。奁底径长24厘米。漆三格盒，椭圆形，夹纻胎，朱里黑表，放在棺里。盒内分三格：一格盛放一梳一篦，皆木质，梳长6.2厘米，篦长7厘米；一格盛一小镊子状物，木质，上鼻横穿一孔，下刻弦纹，全长5.6厘米，制作玲珑小巧；一格空着。还出土了一只长24.5厘米，宽1.5厘米的七齿玳瑁发簪。

汉代，男人都是长发，不但梳洗，还流行化妆，奁盒就是化妆用的。从这些随葬的化妆用具来看，昌阳侯刘宪是个十分重视仪表的人，且是个身材魁梧、风度翩翩的美男子。每次外出之前，都必须让奴婢仔细梳妆打扮一番。

铅条，应该是刘宪或夫人生前用来制作化妆品铅粉用的。铅粉，古人也称"胡粉""铅华"，是用来化妆用的。曹植《洛神赋》中有"芳泽不加，铅华不御"的句子。这里的铅华，就是指铅粉，是古人化妆搽在脸上用于增白的一种粉。其制作方法，是把铅块悬挂在酒缸中，封闭49天，铅块即可化为粉。

今天的我们可以想见，梳妆打扮一新的刘宪头上插着一支长长的玳瑁发簪，跽（跪）坐在窗前漆案旁喝着他最喜爱的小酒，远眺窗外今天的我们也同样能见得着的太阳、阴雨或其他美景，心情一定很愉悦；有时还能与夫人聊聊。

虽说昌阳侯刘宪这么爱漂亮喜欢打扮，可是，他头上经常生有虱子，一生都没有摆脱虱子的困扰。随葬的篦子就是他生前为了解除虱子烦恼使用的物证。

第四，高个，体形魁硕。

中墓棺里还出土了一只长104厘米的手杖，也放在棺里。手杖是木头做成的，髹了漆的，六棱、两端一粗一细，粗端径长2.6厘米，细端径长2.4厘米，从断折处可以看得出是裹绢后再髹漆的。这么长的手杖，与当时挖出的巨大股骨共同印证，昌阳侯刘宪是个体型魁硕的大个子；也可能说明他生前患有腿痛或腰痛的毛病（从其堂祖父海昏侯刘贺"行步不便"就可以得到佐证，腰腿病痛或许是他们刘氏家族遗传病）。

第五，佩戴护身符。

墓中还出土了3件长方形木块，长2厘米，宽1.5厘米，高3厘米，竖穿一孔，这东西叫"刚卯"。是古人佩在身上用作避邪的饰物，依等级用玉、犀牛角、象牙、金或桃木制成，孔可穿绳，挂在身上做身符。因制于正月卯日，故称刚卯。刚卯大约开始出现于西汉后期，王莽时曾一度废止，东汉时又恢复使用，汉以后又废除不用。刘宪墓中出土的刚卯为木质，应该是用桃木做成的，尽管出土时看不出为可佩戴刚卯，但是，不排除刘宪曾经佩戴过这种护身符的可能，尽管专家赶到时大墓已被毁坏，刚卯原来的位置不明，调查报告也未交代刚卯出土时的位置。

第六，常去昌山神龙祠祭祀。

我们可以展开丰富的想象，不妨来个今古大穿越：相隔 2050 年之后，作为今人的我们徜徉在古昌阳城的土地上，说不定哪一步走得恰巧合适，我们脚上的"金猴"正好踩在了两千多年前昌阳侯刘宪足登之"屦"曾经留下的印痕上。

这也算是说笑了。不过，昌阳侯刘宪在此生活了三十多年，虽说在古代，有身份的人都是乘轿出入，可是，三十多年里（看来，被免爵后降为庶民的刘宪仍旧生活在昌阳城里，直到去世）昌阳侯刘宪一定参与过不少徒步活动，比如，登上昌山，去神龙祠祭祀、祈福等。

光绪版《文登县志》记载："昌山，俗名回龙山。《金史·地理志》：'文登县有昌山'，《一统志》作'昌阳山'。一名巨神山（或作巨神岛），在城西南三十里，山有巨神龙，自汉已著灵异，建祠山上。《寰宇记》引宋永初《山川记》云：'《郡国志》：昌阳县有巨神龙，有祠，能兴云雨。'"①昌山上巨神龙"自汉已著灵异"的这句话也许当初曾经得到刘宪的亲身验证。

刘宪在昌阳为侯的三十年里，天气必定有旱有涝，农田里的收成肯定有丰有歉，而作为依靠收缴封邑内农民粮食与税收生活、与年成好坏有直接关联的侯爷他必定极度关注农田里的生产及海上的捕捞，希望自己的生活和家人一切平安幸福。因此，逢年过节或上天降灾之时，他亲往昌山神龙祠烧香祈祷是情理之中的事情。而据史书记载，刘宪在昌阳为侯的那三十年，当时的昌阳县乃至全国的确灾情频发。

《汉书·五行志》记载：成帝建始"三年（刘宪到昌阳的第二年——著者注）夏，大水，三辅霖雨三十余日，郡国十九（十分之九）雨，山谷出水，凡杀四千余人坏官寺、民舍八万三千余所。"②

《汉书·沟洫志》记载："后三岁（河平三年，刘宪到昌阳的第六年——著者注），河（黄河）果决于馆陶及东郡金堤，泛滥兖、豫，入平原、千乘、济南，凡灌四郡三十二县，水居地十五万余顷，深者三丈，坏败官亭室庐且四万所。"③

---

① 李祖年：《文登县志》，台湾：成文出版社，光绪廿三年，卷一上，第 11 页。
② 班固：《汉书》，北京：中华书局，1962 年，第 1347 页。
③ 班固：《汉书》，北京：中华书局，1962 年，第 1688 页。

"后九岁，鸿嘉四年（刘宪到昌阳的第十五年——著者注）……是岁，渤海、清河、信都、河（黄河）水溢溢，灌县邑三十一，败官亭、民舍四万余所。"①

《资治通鉴》也记载：成帝建始"三年，秋，关内大雨四十余日。京师民相惊，言大水至；百姓奔走相蹂躏，老弱号呼，长安中大乱"。

"四年（公元前 29 年），大雨水十余日，河（黄河）决东郡金堤。

"阳朔二年（公元前 23 年），秋，关东大水。

"鸿嘉四年（公元前 17 年），秋，渤海、清河、信都河水溢溢，灌县邑三十一，败官亭、民舍四万余所。"②

这里所选的几则史料所记事件均发生在昌阳侯刘宪在位期间。《汉书·五行志》一则，刘宪被封侯到昌阳的第二年，连绵大雨一个多月，引发大水，死人、坏屋。虽然记载的是都城长安的情景，但是，"郡国十九雨"，也就是说，全国有十分之九的郡和诸侯国都下了大雨，紧靠海边的昌阳也好不了哪去。《汉书》与《资治通鉴》所记的是同一年发生的事情，两书记载的肯定是同一场大雨。至于两者所记季节的不同，《汉书》记载为"夏"，《资治通鉴》记载为"秋"，那是作者叙述角度不同罢了，"夏"，所记的是大雨的起始，就大雨过程之长来着笔；而"秋"则记的是大雨的结束，从灾难的结果着眼。

以下，《汉书·沟洫志》所记载两则及《资治通鉴》所记载的四个年头的灾情，都是在这期间发生的水灾。可见昌阳侯刘宪在位的 30 年间，举国包括昌阳侯国在内可以说是灾害频发，百姓饱受饥、病、水灾之害。其实，并非刘宪运气不好，那些年，几乎年年如此。据现代科学家研究得出的结论是，自汉武帝至王莽时期，是我国水灾多发期，平均四年左右就有一次大的降雨。那个时候，国家本就生产力低下，技术水平差，抵御自然灾害及抗病的能力都很低，又因为封建统治者对百姓生活关注不足，更加剧了百姓生活的凄惨。面对病、灾，人们无能为力、无可奈何，最大的希望就是寄托于人们心目中无所不能的神灵。

可以想见，当昌阳侯刘宪登上昌山的时候，就如同两千年后的我们一样，总爱四处远眺，东面可见高耸的摩天岭，东南可以看到九顶铁槎山，往北可见

---

① 班固：《汉书》，北京：中华书局，1962 年，第 1690 页。
② 司马光：《资治通鉴》，北京：中华书局，2007 年，第 340 页。

到巍巍昆嵛山，当然，他最多的还是往西看，那里可以看到二十多里远今文登泽头镇与小观镇间的爬山，南端山口就是通往他故乡、他的出生地胶东国首府即墨的路。

第七，每年必去长安祭祖一次。

西汉文帝开始实行酎金制度，规定每年八月在首都长安祭高祖庙献酎饮时，诸侯王和列侯都要按封国人口数献黄金助祭，每千口俸金四两，由少府验收。作为昌阳侯的刘宪每年的这一次长安之行是必须的。并且，每年的清明节他还要去往城西一公里之外的今宋村集家庙祭祖。

第八，回老家即墨守孝。

成帝河平元年（前28年）刘宪父王刘音薨逝，这时候，刘宪已经在封国昌阳居住三年了。父王薨逝，刘宪或许要回老家丁忧。西汉规定，在朝廷供职人员需丁忧（离职，守孝）三年，至东汉时，丁忧制度已盛行，此后历代均有规定，而且，有品级的官员如果违反丁忧规定，若匿而不报，一经查出，将受到严厉惩处。按照相关规定，丁忧期间不能外出参加宴会，也不能住在家里，而要在父母坟前搭个小棚子，"晓苦枕砖"，即睡草席，枕砖头块，要粗茶淡饭不喝酒，不与妻妾同房，不听丝弦音乐，不洗澡、不剃头、不更衣。汉代以孝治国，由于朝廷的倡导，孝道盛行，"二十四孝"里就有9位汉代孝子入选，"亲尝汤药"的汉文帝刘恒、"卖身葬父"的董永、"为母埋儿"的郭巨、"刻木事亲"的丁兰、"拾椹供亲"的蔡顺、"行佣供母"的江革、"涌泉跃鲤"的姜诗、"扇枕温衾"的黄香、"怀橘遗亲"的陆续等。在汉代，不遵孝道会怎样呢？后果很严重！《汉书》记载，常山王刘舜（刘宪五世祖刘寄最小弟）生病时，王后和太子刘勃都不在床前侍奉，不亲尝汤药，被人告发。根据法律本应判处死刑，但是，汉武帝念及亲情，不忍心杀之，最后，刘勃落了个被褫夺爵位贬去房陵的下场。《汉书》还记载，深受梁平王刘襄宠爱的王后任氏与平王祖母李太后关系不好，李太后生病期间，王后任氏从不前去探望请安，元朔年间被人告发，汉武帝大怒，下令剥夺了梁王辖下的5个县，任氏的头被砍下来挂到城门上示众。慑于朝廷严厉的法律，父王病重至薨逝的这段时间，刘宪与他的兄弟们必定会回到即墨在父王身边服侍，至于是否要守孝满三年，那倒不一定，有时候也会灵活处理，特殊情况满百日就可以，或者免除丁忧（称为"夺情"）。

第九，爵位被免、印绶被收缴，郁郁而终。

墓里随葬了八个可能是其先祖的牌位，可以透露出昌阳侯刘宪对爵位被免除，印绶被收缴，被降为庶民的怨怼情绪。可以说，这突然而至的毁灭性打击几乎使曾经风光无限的侯爷刘宪精神彻底崩溃，原来前呼后拥、一呼百诺的无限荣耀不再，他一下子跌入冰冷孤寂的深渊。

封国被除，赋税终止。原来，整个昌阳县都是他的，子民们收获的谷子、小麦等粮食以及青草、庄稼秸秆（做饲料用）都需缴税，渔民出海捕捞来的部分鱼、虾、蟹、蛤、蛎、蛏等也要上交，供他及家人享用，就连昌阳县的百姓也都属于他的子民，都要为他服务。他和家人的花销都由子民们税赋提供。西汉末，按照朝廷的规定，封爵者可以从封地子民每年收缴200钱的赋税（武帝时，3岁儿童就需要缴人口税，元帝改为7岁）。

被降为庶民，风光不再。往日热闹的门庭冷落了，仆人也散去了；往日，他出门八抬大轿，有诸多仆从跑前忙后；居家，衣来伸手，饭来张口，吃喝拉撒，有侍女侍奉。那种滋润、富足、惬意的天堂日子一去不复返了，眼下的生活充满了不如意，甚至还有几分苦涩与艰难，事事需要自己动手，至多夫人儿女能够帮忙，日子也真是没有盼头。他整日里唉声叹气，默默地坐着，追忆已经渐渐远去的优裕生活。他整日里郁郁寡欢，不言不语，不声不响，不吃不喝，就连最喜欢喝的酒也失去了兴趣……他脑子里想的是自己显赫的帝王家世，思念的是八位先祖，念叨的是他们的名字。直到有一天，他，病了。夫人请来昌阳城里最好的郎中，可是，对生活早已失去信心、七十多岁的他，蜷缩在炕里边的旮旯里，郎中抓住他的手腕，要给他把脉，却怎么拉也拉不动，他硬是把胳膊紧紧地抱在胸前，拒绝配合郎中治病。只见他人在一天一天地消瘦下去，变得越来越憔悴。这天早上，夫人来到他的房间一看，不禁惊呆了：他，人已经归西了。为了给他在天之灵一个慰藉，解除他在阴间的孤独，家人为他做了在最后日子里他反复念叨的八位先祖的牌位，为其随葬。

不过，从高大封土和一棺三椁及精美漆、陶器随葬品来看，免爵后的刘宪生活上并非像光绪版《文登县志》描述的那么凄惨："是时，王莽篡汉，翦除宗室，故刘霸免爵，降为庶民。汉祚已终，霸无所居，或寄居于此（指侯庙）……"虽说这段记载错把刘霸当作了东莱郡昌阳侯，也把其免爵时间搞错，但是，文字所要表达的被除封爵后侯爵的生活遭遇是显而易见的。其实不然，被除封爵后的刘宪受到精神打击确实很严重，然而，生活上改变不是很大，因为毕竟他皇孙、王子的身份在那儿摆着呢，葬制与随葬品即可证明这一点。

虽说今天的我们可以大致上了解昌阳侯刘宪生前的部分生活情景，可是，因为大墓在专家介入调查时已被严重毁坏，所以留下很多遗憾。存疑的地方也有很多，譬如，作为一代侯爵，墓不见汉代墓葬所常见的铜钱、遣册（随葬品清单），出土的随葬品不见玉器，也没有金器，是丢失了，还是本来就这样？铜器也少，只有铜镜、铜鼎、铜壶各一，共三件，而漆器多而精美，又是什么原因？等等。

这些疑问，恐怕将成为永无答案的千古之谜了。

昌阳侯刘宪年谱

纪年	事件	皇帝纪年	公元纪年
昌阳侯元年	正月封侯，就国（东莱郡昌阳）	成帝建始二年	（前31年）
昌阳侯二年	夏，大水，雨三十余日	成帝建始三年	（前30年）
昌阳侯四年	父音薨 兄授继王位，为恭王	成帝河平元年	（前28年）
昌阳侯六年	河（黄河）决于馆陶及东郡金堤	成帝河平三年	（前26年）
昌阳侯十五年	渤海、清河、信都河水溢溢	成帝鸿嘉四年	（前17年）
昌阳侯十八年	恭王授薨，侄殷继王位	成帝永始三年	（前14年）
昌阳侯三一年	免爵，印绶被收缴	哀帝永寿二年	（前1年）
无考	辞世，葬昌阳城南里许（石羊村北）	无考	无考

六、侯是多大的"官"

侯，不是官职，是皇帝封给世宗（后被封者范围扩大至功臣、外戚等）的爵位名称，也就是给予的政治权利与生活优待等级标准。简单地说，侯就是其封地上的"君王"，其爵位为侯爵，封地称侯国，地位仅次于公爵。侯是周代五等爵位的第二等。《礼记·王制》："王者之制禄爵，公、侯、伯、子、男，凡五等。"公国是地位最高的诸侯国，例如鲁国是公国，君主爵位是鲁公，楚国早期是子国，君主爵位称楚子。这就是周代实行的分封制，周代最高统治者称为天子，周天子分封的下属就是各路诸侯。分封制，也称封建制，唐代柳宗元有一篇著名政论文章，题目叫作《封建论》，谈论的就是郡县制与分封制的问题，这里的"封建"并非我们今日所谓"封建社会""封建迷信"中"封建"之意。

秦代为了避免统一的天下再次遭遇分裂，选择了另外一条路，实行郡县制，对周代的封爵制进行了改革，爵位由五个等级改为二十等级，那就是（由低到高）：公士，上造，簪袅，不更，大夫，官大夫，公大夫，公乘，五大夫，左庶长，右庶长，左更，中更，右更，少上造，大上造，驷车庶长，左庶长，关内侯，彻侯。汉朝建立，刘邦在推行郡县制的同时还保留了部分有军事实力的封国，有七人被封异姓王，也就是实行郡国并行制。七个被封异姓王的是，齐王（楚王）韩信、梁王彭越、淮南王英布、赵王张耳、燕王臧荼、长沙王吴芮、韩王信（战国时韩襄王姬仓庶孙，封地在颍川）。汉承秦制，封爵制度仍沿袭秦代，实行的也是二十等爵制，后来，由于避武帝名讳，把最高的"彻侯"改为"通侯"，最后又改为"列侯"。列侯是汉代侯爵的最高级，再往上就是诸侯王与皇帝了。

侯爵，《后汉书·百官志》说："列侯所食县为侯国。承秦爵二十等，为彻侯，金印紫绶，以赏有功。功大者食县，小者食乡、亭。后避武帝讳，为列侯。"意思是在列侯中食邑在县、乡、亭的分别称为县侯、乡侯、亭侯；只有县侯封地才可以称"国"，名"侯国"，乡侯与亭侯封地不可以称"国"，即历史上没有"乡国""亭国"。吕后开外戚封侯先例，汉武帝又开恩泽侯（丞相子孙封侯），西汉 200 年间，共封侯 870 多人。

侯国的大小和县一样也以户口为衡量标准，但侯爵封地大小差别很大，大者可达万户以上（封地领属多个县），称"万户侯"，小的仅有数百户。侯国的封域就是根据列侯所封户数来划定。或者是以一县之地，或者是以一乡、一亭之地。若以一整县地置封，则侯国置封不影响县目的增减，也不引起该县地域的变动；若以一乡之地置封，则建立一侯国等于增置一个新县，而且使原县地域缩小。以乡聚之地所置的侯国一旦罢废以后，则相当于减少一县之建制；也可能仍保持县的建制；还可能保持一段时间县的建制以后又恢复为乡聚。侯国之外还有邑（即太后、公主的封地），同侯国可以世袭不同，邑不可世袭，太后这些人死了以后，封邑则被朝廷收回。

昌阳（原称昌乡）县原来属于胶东国，刘宪的父亲刘音就是第四代胶东王。

刘宪被封昌乡侯，昌乡改称"昌阳"，昌乡县更名昌阳侯国，同时，按照朝廷相关规定昌阳侯国也从胶东国属下划归东莱郡。

分封的爵位都是世袭的，没有特殊情况，譬如，被封者逆反被免除封号或死亡（无子）、朝廷发生重大政治事件、改朝换代等，世袭爵位一般情况下是不会被免除的。明代功臣徐达被封魏国公，子孙世袭11代续享270多年，直至明亡才被废除。

七、侯爵享有哪些特权

"粪土当年万户侯。"是1925毛泽东写的《沁园春·长沙》词里的句子，是当时只有三十几岁的毛泽东投身拯救灾难深重的中国、拯救处于水深火热百姓的中国革命而发出的藐视权贵的宣战誓言。

"王侯将相宁有种乎？"是秦末农民起义领袖陈胜起义时提出的十分具有震撼力的质问，表达了陈胜对权贵天生显贵的怀疑。

"当年万里觅封侯，匹马戍梁州。"是陆游词《诉衷情》里的句子，表达了青年陆游誓死报国的豪迈情怀。

"封侯非我意，但愿海波平。"戚继光用这样的诗句表明自己舍弃个人功名，驱逐倭患、保卫海防、拯救百姓于水火的伟大信念。

"封侯"，在封建社会一直是人们追求的人生终极目标，也是获封者引以为豪的最高称誉；而有人则借对此表示鄙视态度来表明自己的理想与志向。不管追求也罢，鄙视也好，说明在世人的眼里，"封侯"具有足够的分量，成为人们衡量人生的一个标准。

《汉书·百官表》云："列侯所食县曰国，皇太后、皇后、公主所食曰邑，有蛮夷曰道。"意思是侯爵所享受的县级封地称"侯国"，皇太后、皇后、公主所享受的县级封地称"邑"，有少数民族居住的县称"道"。

汉初，出于政治的需要，一改秦制，实行郡县与"封建"（分封）并存的制度（称"郡国并行"制）：一方面，朝廷直辖部分郡县，同时建立与县相当的侯国和邑。另一方面，实行"封建"，设置若干诸侯王国，这些诸侯王国有一部分是分封刘氏宗室，称为"同姓王"，比如，"七国之乱"中的七诸侯王；有一部分是分封功臣，称为"异姓王"，比如，韩信被封"齐王"。这样，西汉县一级政区实际上包括县、道、国、邑四种类型。由于侯国的出现使西汉一代县的总数频繁起落，县的区划经常变动。

这种郡县与分封并存制度的结构形式是：

朝廷 ——
　　　郡 —— 县（侯国、邑、道）
　　　王国 —— 县

很明显，"昌阳侯国"属于前一种情况，这个时期是作为列侯的食邑存在的，也就是朝廷给胶东王之子刘宪的封地。

侯国所用的官吏制度与一般县级官吏制度不同：侯国并行着"公""私"两套官僚机构，就是以侯国相（相当于县令）为代表的地方行政系统和以侯家丞为代表的家吏两大系统。国相作为王朝的职官，职掌治民，并以户数为限向侯征收租税，不属于列侯的私臣。家吏主要包括五官，即职掌列侯家事的家丞、中庶子各 1 人，负责侯爵起居住行的行人 3 人、门大夫 3 人、洗马 14 人。西汉中后期，侯国行政系统中的相、丞、尉等官和家吏系统中的侯家丞都是二百石以上的官员，必由朝廷统一任免；两个系统中的百石佐吏，如，乡有秩、官有秩、仆、门大夫、行人等都是由郡统一调配。家吏系统中的洗马、中庶子为斗食小吏，列侯才有权调补。

侯国两套官僚结构关系是这样的：

侯国
　　（公）相、丞、尉
　　（私）家丞、庶子、行人、洗马、门大夫

侯国受命于所在郡守，也就是直接受所在郡管辖，郡太守时时巡察之。

"侯国"，是朝廷封赐给列侯作为供给生活来源的县一级土地和城堡（包括土地上的劳动者在内）。也就是说，侯爵是侯国的所有者，不但具有这块土地，还拥有在侯国里征收赋税、征兵等权利，就连生活在这里的百姓都属于侯爵，是为侯爵提供生活保障的。其实，所谓"侯国"与王国一样就是一个独立王国，而侯爵就是侯国的"土皇帝"，相当于侯国之君。

汉代推行郡国并行制，被封爵者在其封邑内无统治权力，食禄改为按封邑内民户生产所得来征收赋税，但是，食邑仍可以世袭。

侯爵享受特殊待遇，这些特殊待遇有哪些呢？一是可以参与朝政。西汉初期，列侯可以同诸侯王一样，直接参与中央王朝政治生活，比如，可以参与拥立皇帝、议定某些诸侯王有罪等重大事项。后来，在朝廷的有意限制之下，这种权力虽说逐渐消失，可是仍旧拥有地方上的治理权力。同诸侯国一样，虽说侯国的国相由中央任命，可是，其他的一些中下级官僚侯爵也有调配的权利。列侯还有在侯国自行审判处理案件的权利。

二是列侯还有举荐、朝聘（面见皇帝、参加皇帝宴会）、助祭（参与朝廷举行的祭祀活动）等权利，可以分得皇帝的赏赐，这也是一笔不菲的收入。

三是列侯的特权还表现在所用官吏体制上。侯国同时运行着以国相为首的为朝廷工作的"公"吏与以家丞为主为侯爵服务的"私"臣两套官僚体系。虽说作为列侯的私臣，家吏必须尽忠于列侯，但对于列侯的不法行为，家吏也有检举揭发的责任。所以，列侯与家吏的关系有时比较紧张。《汉书》记载："葛魁嗣侯刘戚坐缚家吏恐吓受赇，弃市。"意思是列侯刘戚因为捆绑家吏恐吓，又接受贿赂，被处死。又记载"陵乡侯刘䜣坐使人伤家丞，又贷谷过息律，免"，意思是，列侯刘䜣因为唆使人打伤了家丞，又高息放贷，被免爵。

四是列侯的特权也表现在经济方面，这种特权包括享用侯国的税收。税收分"公"与"私"，"公税"，来源于地（田）税、人口税，主要用于官吏俸禄发放、养活军队、政务开支等；"私税"，来源于山川园池的税收及铸钱、冶铁、煮盐等的收入，用于侯爵私家的开支。

五是列侯还享有法律的特权。如果侯爵犯了罪，需要先告知宗正，由宗正上报皇帝，再进行裁决和处罚。这样，皇帝的爱恨亲疏无疑会影响到判决的公正。

按照西汉封侯制度，侯爵若没有得到皇上的许可，必须前往侯国居住，在国期间还要定期赴长安朝见。而居留长安的侯爵，其封国租税也要转运长安。

正因为封侯者享有特权，所以，封侯拜爵自古以来就是人们梦寐以求的人生最大荣耀。"封侯"也成为富贵、腾达的代名词。用"封侯"表明心志也成为人们表达心迹的最常见的方法。直到今天，"马上封侯""封侯拜相"仍旧是艺人们制作艺术品的不朽题材，深得人们青睐，也是人们常常用以自励的警语或作为恭贺吉言赠予他人。

正所谓责任与权力并存，待遇与制度同在。享受特殊待遇也必定受到严格的管束。西汉朝廷设立很多法律约束列侯行为，包括列侯需要定期朝觐聘享；在国内不得擅兴（擅自增派与征收）徭役、赋税；不能藏匿亡命、群盗等罪人，不能篡死（私自处死）罪囚；不能随意弃印绶出国，不能私留他县；不得与诸侯王交通（交往）；还要定期供奉给皇帝一定数量的祭祀用钱（酎金），等等。

虽说侯国的地位比王国、公国的地位低，可是，与被封诸侯王一样被封侯者也绝不是等闲之辈，要么是功臣，要么是身份特殊。功臣封侯则为异性侯爵，诸葛亮被封"武乡侯"就是异姓侯；宗室封侯靠的是身份，譬如，曾经因墓葬出土文物而轰动一时的"海昏侯"刘贺就是以汉武帝刘彻之孙、昌邑王刘髆之子及废帝的特殊身份封侯的。刘宪被封昌阳侯显然也是因为他皇孙、胶东王子的身份。

那么，刘宪封侯 30 年后为什么会被免爵？那一年发生了什么事情？

查《汉书·哀帝纪》有这样的记述：（元寿二年）"六月戊午，帝崩于未央宫。秋九月壬寅。葬义陵。"哀帝刘欣终年二十五岁。不知刘宪的被免爵与哀帝的驾崩是否有关，也不知道刘宪使家丞封藏上交皇帝封印、绶带一事，也就是《汉书》所说的"使家丞封上印绶"，与皇帝的驾崩及被免爵是否有关联。

另外，根据《汉书·佞幸传》《资治通鉴.哀帝纪》的记载，哀帝去世时，太后王政君（元帝皇后、王莽姑姑）还在世，她听报皇帝驾崩，立即赶到未央宫收了皇帝的印绶，召来大司马（太尉，军事主管——著者注）董贤询问有关皇帝丧事的安排，董贤不知所措，"不能对"，太后就推荐自己的娘家侄子、新都侯王莽进宫帮助料理。王莽一进宫，就假借太后的名义以哀帝病重期间董贤不能亲尝药汤尽心伺候皇帝为由弹劾董贤，收了他的印绶，并禁止他进宫。董贤很害怕，回到家就同妻子一起上吊自杀了。这种宫廷斗争的事情是否涉及刘宪被免爵，今天，我们也已经很难说清楚了。

八、追寻昌阳侯

昌阳曾经是侯国，这个论断曾经是不确定的，这是因为古代典籍对东莱郡昌阳的记载或彼此抵牾，或与史实悖谬，莫衷一是。

《汉书·地理志》只是记载昌阳县为西汉初年所置之县，却对昌阳一度成为侯国的史实失注；《汉书·王子侯表》对昌阳侯的记载又使用了昌阳被封侯国之前的旧称"昌乡"；光绪版《文登县志》又错误地把临淮郡昌阳侯"泗水戾王子霸"错记为东莱郡昌阳侯（该志卷一"古迹"："成帝封泗水戾王子霸为昌阳侯"；卷四"祠庙"："《汉书·诸侯王表（王子侯表）》：'成帝永始四年封泗水侯戾王子霸为昌阳侯'，二十一年免"）。

那么，到了现代各类方志对此又是如何记载的呢？请看，《文登市志》：昌阳古城址，位于宋村镇石羊。宋村、石羊、城东三村之间，北依昌山（回龙山），南临昌水（昌阳河），总面积约17.5万平方米。1957年文物普查认定，为汉时建筑。40年前故城西南的"寨角子"和西北的"城角子"及部分残垣可见，至1958年，全辟为耕地。城北内外出土的遗物有汉砖、汉瓦、陶罐、陶壶、铜车饰、石臼、石柱、陶井和窑址等。光绪版《文登县志》载："昌阳故城，汉县。莽曰凤敬亭。"宋《元丰九域志》载："文登县有昌阳，汉县，以文登昌山、昌水得名。"又元代《齐乘》载："昌阳故城在文登县西南三十里。"文献记载与昌阳故城遗址相合。[①]

《威海地名志》：昌阳，古县名。在今文登市南境。设治于宋村镇城东村西。因地处昌山（今回龙山）、昌水（今昌阳河）之阳得名。《前汉书·地理志》卷二十八：东莱郡辖县十七，内有昌阳，并云"昌阳有盐官，莽曰凤敬亭。"东汉时，省不夜县入昌阳，辖境大致相当于今山东荣成市和今威海市文登区、环翠区全境。至魏时，昌阳县属长广郡；西晋初，省昌阳县并入长广县。元康八年（298年）复置，设治于长广地（今莱阳市境），原昌阳县（今威海文登区南部）属之。北魏复置观阳县（治所今山东海阳县发城），昌阳县南部（今威海文登区南部，马山为界）属之。[②]

现代方志所记大致相同，只是记载昌阳为西汉设县，却没有提及"昌阳侯"或"昌阳侯国"。这个问题自打《汉书》之后再无人可以说得清楚，困惑了人们长达近两千年之久，直到1987年，中国著名历史地理研究专家、上海复旦大学教授周振鹤先生《西汉政区地理》一书的问世，这个问题才出现了转机。

---

①文登地方史志编委会：《文登市志》，北京：中国城市出版社，1996年，第794页。
②威海市地名委员会办公室：《威海市地名志》，济南：山东省地图出版社，1995年，412页。

在这本著述中，周教授考证认为："昌乡，即东莱郡昌阳，亦因置侯国改'乡'为'阳'。""昌阳侯国，即胶东顷王子宪昌乡侯之封地。"[1]

周教授在此后出版的《汉书地理志汇释》一书中"东莱郡"下"昌阳"条这样推断昌阳侯以及昌阳侯国汉代以后史书失载的缘由："胶东顷王子宪国，成帝封。《王子侯表》作昌乡侯。即以昌乡置侯国，而改名昌阳。如鲁王子宁阳侯国以宁乡地封之例。此侯国地望历来无人提及，盖因昌阳县下失注侯国，而又无人注意到地名中'阳''乡'之转换关系的缘故。有盐官，莽曰凤敬亭……治今山东文登市南。"[2]正是由于《汉书》对东莱郡昌阳侯国史实记载的讹误，导致了人们在"昌阳侯"与"昌阳侯国"这个问题上困惑了近两千年。

可以毫不夸张地说，在学界，致力于昌阳城研究的学者专家可以说凤毛麟角，也可以说昌阳城研究才刚刚迈入门槛。周教授的考证无疑为昌阳城的研究树起了一座指路标识。不过，这路标起初并未发挥其指路作用，也就是说周教授关于昌阳侯文字考证成果未能与昌阳城的实地历史研究或说考证结合在一起。昌阳像深藏于地下的一个矿井，尽管矿藏丰富，但是，一直没有被人发现；而周教授对昌阳的考证更像是指示这一矿藏的矿苗。著者侥幸发现这一珍贵矿苗，得以详知昌阳这座富矿 —— 首次循着周教授的考证揭开了昌阳这方神秘圣土的面纱，解读了昌阳城与昌阳县尘封了近两千年的秘密档案，走近了隐身近两千年的昌阳侯刘宪及其昌阳侯国，尽管这种解读或许还只是肤浅与不完整的。

著者是在周教授这一考证结果披露30年之后才拜读到的，看似有些晚了，却有几分幸运与偶然在里面。2016年底，著者为了撰写秃尾巴老李的传说故事而查找有关昌阳城资料的时候首次拜读了周教授《西汉政区地理》《汉书地理志汇释》等著作，看到了周教授有关东莱郡昌阳侯的考证结论。当时那种激动的心情真是难以用言语表达，就如同漂泊在茫茫大海上的小舟突然看到了灯塔，看到了希望。

说是幸运，其实蕴含必然。对昌阳城，著者是个热心探索者。自1986年

---

[1] 周振鹤：《西汉政区地理》，北京：人民出版社，1987年，第117页。
[2] 周振鹤：《汉书地理志汇释》，合肥：安徽教育出版社，2006年，第236页。

夏著者调入宋村中学至今，30 多年以来，利用业余时间、采取各种方法，利用多种手段，多方查找、搜集有关昌阳城的文字资料，收藏与昌阳城相关的文物；特别是刚调入宋村中学之初，昌阳城遗址周围尚未开发建设，多次只身去往遗址考察昌阳城的地形地貌，只要看到那里有基础建设，比如开沟渠或挖房基什么的，著者都要抽出时间到现场勘察一番，也曾经有些收获，捡到几块挖出来的古陶器碎片，有绳纹陶片，有的还能从上面看得出泥条盘塑的痕迹……可惜，这些宝贝后来搬家全部丢失了。

为了彻底查清昌阳侯刘宪的身份与家世，著者曾经查阅了大量古代典籍，多次反复阅读包括《史记》《汉书》《三国志》《资治通鉴》《太平寰宇记》《东观汉记》《汉纪》等在内的历史文献相关章节；为了弄清昌阳城的历史及其迁徙年代与迁徙背景，又广泛查阅了与此有关的古今地方志，譬如各种版本的《文登县志》《文登市志》《莱阳县志》《即墨县志》《平度县志》《海阳县志》《荣成县志》《黄县志》《牟平县志》、增修《登州府志》《靖海卫志》以及元代于钦编撰的《齐承》，还有晋代伏琛编撰的《三齐略记》（部分）及叶圭绶编撰的《续山东考古录》，等等，为了寻觅"司马长元石门"墓主司马长元有关背景，著者甚至查阅了甘肃《临洮县志》的相关章节；上海复旦大学教授、著名历史地理研究专家周振鹤的《西汉政区地理》《汉书地理志汇释》，上海复旦大学副教授、马孟龙博士的《西汉侯国地理》等著作都反复阅读过；还多次去威海档案馆、威海图书馆、威海文物管理办公室等单位查阅相关资料。还在网上下载并浏览了葛剑雄教授的《西汉人口地理》，周晓陆、路东之的《秦封泥集》，王令波、乔中石的《临淄新见战国两汉封泥展图录》，刘创新的《临淄新出汉封泥集》及清代瞿中溶的考证古代官印 17 卷本的《集古官印考》等封泥、印章研究著述。另外，著者还充分利用互联网便捷、容量大等优势，从网上下载或在网上阅读学者专家、研究生们大量有关秦汉社会制度，特别是有关西汉典章制度、侯国历史、官吏体制乃至地理、气候等的研究论文，了解秦汉时期，特别是汉代的郡县官吏设置及乡里民聚等社会结构特点，留下笔记多达三万多字。

为了实地感受古昌阳城的周边环境，已经移居威海的著者先后多次特意回到宋村，踏勘昌阳城遗址；为了了解石羊西汉晚期大墓被毁前及被毁的过程，著者又先后多次特意从威海赶到文登石羊村，找到那些曾经见过大墓、已经是七八十岁老者的石羊等村民询问相关情况。还通过学生、朋友寻找、联系知情者，打电话向他们了解内情。

　　著者常常思考，昌阳城历史悠久，背后一定有着今人未知的生动故事。正所谓"精诚所至，金石为开"，多年的坚持，终于获得丰厚的回报。周教授对昌阳城的考证终于成就了一个探索者的梦想，著者借此揭示了昌阳侯国的秘密，向世人展现了昌阳侯刘宪帝王血统的高贵身份与显赫家世。

　　随着昌阳侯刘宪的身份被披露，64 年前，被挖毁的石羊西汉晚期"一棺三椁"墓主的身份也才有了合理的解释。

第二章　昌阳城及其传说

一、两汉重镇昌阳城

到了今天，昌阳建县已两千多年，时间消磨掉了许许多多。昌阳城就属这"许许多多"中的一项。如今，昌阳城遗址地表没有留下任何实物印记，你走过那里目光所及看到的都是时尚与光鲜。但是，你若懂得点点地方史，还是寻得到昔日记忆的蛛丝马迹，比如，街头一些名称中遗留的"昌阳"，比如，当地一些老人的回忆与传说，比如，当地志书的相关记载，等等。拂去历史尘埃，我们仍旧可以感受得到它曾经的存在。《汉书·地理志》记载："东莱郡，高帝置。属青州。户十万三千二百九十二，口五十万二千六百九十三。县十七……育犁。昌阳，有盐官，莽曰夙敬亭。不夜，有成山日祠，莽曰夙夜。"①

昌阳县初置时属胶东郡，成帝建始二年之后属东莱郡。按《汉书》记载的数据平均算来，那时候的昌阳县大概有居民6760多户，约29570人口。汉承秦制，以万户为标准分大小县，大县置令，小县设长，昌阳县人口接近3万属大县。据学者研究，西汉时期百姓大多集中居住在城里，那时聚落（即今之村庄）比较少，县治集中了县域的大部分人口，用现在的话说，就是城市化率比较高。倘以城市化率50%计算，西汉昌阳城应有居民3000多户，15000左右的人口。

自打汉高祖置县，直到东汉至三国的近500年间，昌阳城一直是昌阳县治所在地。这里不仅聚居着数量众多的百姓，有县衙署，还有西汉朝廷设立的盐官衙署，城外也有昌山神龙祠，昌阳城为汉东境偏僻之地鲜见的繁华之都与重镇。

---

① 班固：《汉书》，北京：中华书局，1962年，第1585页。

　　数字没有温度，我们很难感受到昔日昌阳城的繁华。现在我们来看看这个繁华之都与重镇之外是一番什么样的景致，看看作为县治的昌阳城当时统领着的县域是什么样子的。昌阳故城周边如今是否尚遗存有自汉代一直延续至今的古村落呢？答案是否定的。还别说昌阳故城遗址周边，就是在今文登整个域内来说，也不存在这样的古村落。文登域内现有村庄大多为明清之际所建，以昌阳城所在地宋村镇及其周边乡镇为例来看看各镇建村情况：宋村全镇 53 个村，建于元代的 9 个，占 17%，不到两成；建于宋代的只有草埠一村，占 1.8%；余者皆建于明清之际。宋村镇周边镇：泽头镇，一村建于元代，一村建于南宋，余者皆建于明清；侯家镇，九村建于元代，一村建于金代，余者皆建于明清；小观镇，三村建于元代，两村建于隋唐，余者皆建于明清；张家产镇，三村建于元代，一村建于金代，余者皆建于明清；米山镇，四村建于元代，一村建于唐代，余者皆建于明清。其他乡镇大略如是。根据以上统计可知，今文登域内最早为隋唐代建村，没有隋唐代之前的居民孑遗，也就是说，在今文登地域内找不到汉代居民后裔，无汉代居民繁衍至今的古村落，那些沿用古地名而后徙入居民所建之村不在此列。那么，在故昌阳县范围之中，也就是今威海环翠区、文登区和荣成市域内有没有这种古村落呢？虽说今荣成境内有少数几个汉代延续至今的古村落，单凭这寥寥几个古村落也并不能反映出西汉时期昌阳县居民的分布情况全貌。

　　那么，难道我们对汉代昌阳县的居民情况就一无所知了吗？也不是。我们还有另外的路径，那就是依靠古迹进行探索，所谓古迹就是汉墓、汉代遗址或自汉时延续至今的古村落。墓地，是人死后的安葬之所，按照中国古代沿袭至今的风俗，墓葬不会离开居地太远；而且，已经入土，没有特殊情况一般不会移动，也就是说，墓地可以作为墓主曾经

图 2-1 昌阳城北二公里的古昌山（今回龙山），昌阳名称渊源地之一

在此生活过的证明。所以，墓葬能比较真实地反映当时人们曾经的居地情况。

人们生活过的地方，总会留下生活的痕迹，譬如，房屋基址、生活用火痕迹、遗弃的器具、生活垃圾等，即便因某种原因居住的人搬迁离开了，这些生活过的痕迹不会消失，也能确切反映当时人们的生活状况，这就是遗址。古村落，指的是在某个特定的历史时期由先人所建立的聚居之地，此后，历代继续在此繁衍生息、绵延不绝、至今仍存在的村庄。

虽说历经两千余年，至今尚存的汉墓、汉遗址和自汉时延续至今的古村落只是很少的一部分，也许并不能全面反映那时居民的面貌，可是，当下的我们也只能如此了。根据 2007—2011 年进行的威海市第三次文物普查数据显示，故昌阳县范围内留存至今的汉代古墓（包括今天已经消失的）、古遗址及古村落一共有 35 处，它们是：环翠区有大天东汉墓群、南曲阜汉墓群、壁子汉墓群、港头汉墓群、冢子庄汉墓群等；文登有石羊汉墓群、集西汉墓群、宋村汉墓群、二马汉墓群、九顶埠汉墓群、万家汉墓群、新权秦汉墓群、崮头集汉墓群、榛子崖汉墓群、汪格庄汉墓群、徐家秦汉遗址、林村秦汉遗址①、新权秦汉遗址等；荣成有梁南庄汉墓群、三冢泊汉墓群、成山头秦汉遗址等。消失的有环翠区的宋家洼汉墓群；文登的昌阳古城、大寨汉墓群②、大寨汉代营寨遗址③、何家店汉墓群、司马长元汉墓、冢子缝汉墓群、新权村汉墓群等；荣成的不夜古城、成山头庙西遗址、成山头酒棚土坛遗址、成山中峰建筑遗址④等。除此之外，在故昌阳县范围内发现的汉代延续至今的古村落，环翠区尚有石落村（今环翠区汉时旧称）等，荣成市尚有赤山（斥山）村等。

从以上统计可以看出，汉代昌阳县辖区内乡聚稀疏，居民不多。假设上文

---

①林村秦汉遗址，文登地方史志编委会：《文登市志》，北京：中国城市出版社，1996 年，第 294 页。
②大寨汉墓群，1992 年在昌阳故城东门外大寨村发现两汉墓，出土文物有大铜壶、席镇、陶罐及残铜鼎、铜壶、铜豆、铜灯等，专家推断墓与昌阳城相关。
③大寨汉代营寨遗址，《文登市志·村庄》记载：宋村"小寨村、大寨村：明末，王姓、孙姓分别建村。相传昌阳县曾在此设大、小营寨。"早年间村里还可见到古屯兵营寨寨墙遗迹，今已不存。
④威海市文管办：《追寻历史——威海市第三次文物普查成果巡礼》，青岛：青岛出版社，2012 年，第 358 页。

我们根据《汉书》记载计算出来的昌阳县 6760 多户、约 29570 人口数量是东汉时期户数和人口数的话，那么，我们不妨做个保守估计，假如当时的昌阳县有乡聚 60 多个，平均每个乡聚一百多户、平均每户五六口人，倒还接近《汉书》记载的数目。可是，为什么普查的数目仅仅只有半数呢？那是因为经过两千多年的时光，由于战争的毁坏、河流或水灾的冲蚀以及后人生活的侵袭等原因，能遗存到今天的汉代古墓、遗址、古村落恐怕仅仅只是其中的一部分。如果再加上目前尚未被发现的那部分，基本上还是接近的。

从西汉高祖立县到西晋泰始元年被废除，昌阳城作为县治所在地共计经历了 471 年（包括 30 年侯国首府、2 年两汉间战乱）的漫长时间，可以视为"小五百年"，是汉东境历时最长久的县治。昌阳盐官（始称"昌乡盐官"）署自汉武帝设立以来也与昌阳县相始终，至少延续了长达 375 年的时间，或许昌阳县被废，昌阳盐官尚存，倘若如此，那么，其持续的时间就更长了，遗憾的是如今查找不到这方面相关的史料。总而言之，昌阳城集县治、盐官署及侯国首府为一地，可谓两汉间东陲重镇。

那么，曾经辉煌的昌阳故城的具体位置在哪里呢？

二、昌阳城的具体位置

光绪版《文登县志》"建置沿革"记载："《续山东考古录》：昌阳故城在今县（指文登）西南三十里；《后汉书·光武十王传》：'章怀注'：昌阳故城在今文登县西南；《寰宇记》：莱阳县前昌阳县理在文登县西南三十里昌阳故城是也，又，'文登县.昌山'：宋永初《山川记》，昌阳县有昌山，又云，昌阳汤（俗称汤村汤）在县西南四十里（《文登县志·昌阳汤》记为：三十里，汉昌阳县东十里）；《九域志》：文登有昌阳水，是。汉县以文登之昌山昌水得名，故城在文登，明文如是。"[1] 本志"古迹"记载："昌阳故城，汉县，莽曰夙敬亭，在城西南三十里……按：今县西南三十里有古城基在昌山南。昌

---

①李祖年：《文登县志》，台湾：成文出版社，光绪廿三年，卷一上，第 1 页。

山今名回龙山，山之下即故昌阳城。"①《文登市志•村庄．城东村》记载："明成化年间，王萃（城东村王姓建村始祖）自北凉水湾来昌阳古城东门外立村。"城东村《城东王氏家谱》"城东村概况"记载："城东村因在古城之东而得名。"

图 2-2 昌阳城遗址查勘受访人（丛桦 摄）

昌阳城遗址查勘受访人（丛桦 摄）：王炳序（中）、王炳连（右二）、王炳初（右一）及《文登大众》报社 林涛（左二）、作者（左一）

根据古籍今志记载和当地人世代相传，昌阳城遗址位于今山东文登宋村镇回龙山（古称昌山或昌阳山）与昌水（俗称汤村河）之阳，具体位置即在今宋村镇驻地城东村西侧、石羊村北里许、台上村南、宋村村东，今文登龙海路宋村段就从古昌阳城穿城而过，宋村镇政府办公楼就坐落于昌阳城旧址北缘，楼前大道就是古昌阳城北城墙的位置所在。二十世纪五十年代尚可见的昌阳故城西南的"寨角子"和西北的"城角子"，遗存的部分土城墙尚存。可以大致看出故城呈方形的轮廓。为了弄清古昌阳城的具体位置和范围，2017 年 4 月 9 日，著者与《文登大众》报社的副总林涛、主任丛桦一起去宋村做了一次有关汉代昌阳城的田野调查。

虽说今天在这里古城的地面印记已踪迹难觅，当年的繁华已经散尽，可是，曾经的昌阳故城地面遗存、遗址内出土的大量汉代文物以及昌阳城遗址周边丰富的汉代墓葬、汉代屯兵营寨等遗存都足以使人领略昌阳城那曾经令人瞩目的辉煌。

我们去坐落于昌阳城遗址东侧的城东村找到了村里的老会计、《城东王氏家谱》责编之一、84 岁的王炳序及 87 岁的王炳连、74 岁的王炳初三位老人，

----

① 李祖年：《文登县志》，台湾：成文出版社，光绪廿三年，卷一下，第 1 页。

他们带我们顺着根据他们村里老辈人讲述的昌阳城城墙所在位置走了一圈。

城东墙：今城东村委大院东墙与昌阳故城东墙重合，从村委顺着村南北大街往南走过六排房子，来到村另一条东西大道，王炳序说"从此（城东墙垂线起点）往西三栋房的地方就是我们被称为'城里王'的老宅"，就是建在昌阳城遗址内的新民居。继续往南直行出村，走了大约百多米，有一方麦田，他们说过去在此下挖一尺深就可挖到昌阳城墙（东城墙）夯土层，黄土夯就，十分坚硬。

城南墙：东城墙夯土层南端，右拐90度往西有一条东西向小路，与村西边龙海路东边的二层贸易楼的南端呈直线，他们说这里老辈传下来就叫"城邦"，就是南城墙。南城墙外靠近城墙之处有一片面积不大的洼地，里面长满了青草，不见存水，但是，轮廓清晰，四周较高，中心低洼。王炳序告诉我们说，这里就是老辈子的"钟湾"，曾经在此捞出一口古铜钟，因而得名。

西城墙：宇宏家具厂大门的西边、镇便民服务楼的东边就是西城墙所在位置。

北城墙：镇政府办公楼大门前大道、城东村村北端一线就是北城墙。镇政府办公大楼所在的位置曾经是城东村的耕地，村里人沿袭前辈叫法习惯称那里为"城外"。

根据以上范围，昌阳城基本为方形，东西宽356米，南北长506米，总面积在18万平方米左右。

三、昌阳城作县治多少年

自从昌乡立县开始，昌乡（后改称昌阳）城就一直是县治所在地。两千多年前，在远离帝都皇城的东陲僻壤之地的昌阳城是个生活着众多人口、一度十分繁华的都市。

西汉初高祖（前206—前195年）置昌乡县，昌乡城就开始了其辉煌县治小五百年的历史，属胶东郡（国）辖下。汉武帝元封元年（前110年）始设昌乡盐官，昌乡城除了是县衙所在地，也是当时盐官衙署所在地。汉成帝建始二年（前31年），第四代胶东王刘音之子刘宪被封昌乡侯，昌乡改名为"昌阳"，为"昌阳侯国"，昌乡城也更名为昌阳城，成为昌阳侯国首府。昌阳侯国从胶东国辖下划出，始归属东莱郡统辖。至此，昌乡城经历了175年昌乡县治的历史。三十年后的汉哀帝元寿二年（前1年），刘宪被免爵，印绶被收缴，"昌阳侯国"撤除，恢复县，始称昌阳县，仍属东莱郡所辖。昌阳城结束了30年昌阳侯国"首府"的历史。

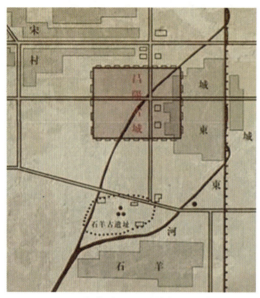

图2-3 汉代东莱郡昌阳城位置示意图

新莽始建国元年（9年），昌阳改称"夙敬亭"，县为夙敬亭县，县治未变，更名"夙敬亭城"，仍属东莱郡所辖。昌阳城又结束了昌阳县治最初10年的历史。西汉末，更始帝更始元年（23年），恢复旧称。昌阳县仍属东莱郡辖下，县治未变，昌阳城经历了14年"夙敬亭"的历史。至此，昌阳城在西汉期间，经历了昌乡县治175年——昌阳侯国首府30年——昌阳县治最初10年——夙敬亭14年，共计229年的历史。

接下来，昌阳县与昌阳城在改朝换代的战乱中度过了不安的两年，到了东汉建武元年（25年），刘秀建立了新的政权。昌阳县仍旧保留，县治还是昌阳城。

东汉建武五年（29年），不夜县并入，昌阳县进入了辖区面积最大的历史阶段，昌阳城仍为县治所在地，属郡未变，仍在东莱郡辖下。此后，直到东汉亡，昌阳作为汉代东陲独立大县，经过了191年的历程。三国期间，属北魏统辖的昌阳县归属长广郡，县治仍为昌阳城。这一时期，昌阳县在长广郡辖下历45年。

西晋泰始元年（265年），昌阳县被废除，辖地归属长广县；昌阳城的县治资格自然被终止，彻底结束了其县治的历史使命。

东汉、三国昌阳城作为县治共计历240年，其中，作为昆嵛山以东地域辖区面积最大县的县治时间为236年，占了昌阳县整个初置阶段471年的大半时间。

根据光绪版《文登县志》的记载，"东汉昌阳县省不夜入之""晋省昌阳县入长广郡"，等事件皆发生于原昌阳县，即今文登地，直至"惠帝元康八年复置（昌阳县）于长广地，在今莱阳市界（或今海阳庶村）"，复置昌阳县之治才徙往异地。显然，西晋初年废除昌阳县之前，原昌阳城始终为治所。

四、屯兵古寨与昌阳屯兵

昌阳城东门外偏北不足一公里的山埠上，有一处汉代屯兵营寨遗址，后来演变为两个民居村——小寨、大寨，大寨原称"东寨"，后改今称。据说，早年间村里还可见到古屯兵营寨寨墙遗迹。

《文登市志·村庄》"宋村镇"条目下记载："小寨村、大寨村：明末，王姓、孙姓分别建村。相传昌阳县曾在此设大、小营寨。"[1]

1992年，大寨村村民童家廷在村西掘房屋地基，意外发现两个形制相同的小型古墓穴。两墓都是长方形竖穴砖室墓，四周用双层青砖错缝垒砌，底铺方砖，墓内棺已朽，尚存木灰及朱漆皮。一号墓出土文物有大铜壶两只；龙形纹饰铜席镇两枚；残铜鼎一个；残小铜壶一个，残铜豆一个，残铜灯一个，残小铜勺一个，残铜蒜头瓶嘴一个，刻字残简一枚

图 2-4 大寨村汉墓出土的龙形铜席镇

等。二号墓位于一号墓东约十米。出土的文物有，残陶罐二个，残铜盆一个，残铜鼎一个，残铜镜片一块，残铜勺一个，残铜盘一个，较完整的玉璧一个，水晶杯一个，车马饰一件等。专家根据出土的随葬物判断，一号墓年代为西汉末，二号墓为东汉初。推断此墓与昌阳古城有着紧密的联系。所出大铜壶等为胶东出土文物所罕见，可证昌阳城在汉代曾经是一处繁华的城堡。

---

①文登地方史志编委：《文登市志》，北京：中国城市出版社，1996年，第44页。

根据两墓都是砖室一棺葬制，都用漆棺，及随葬大铜壶等葬品，特别是其中一墓甚至随葬玉璧、水晶杯等较为贵重的器物来推测，墓主身份绝非一般平民，很可能为昌阳侯国屯兵营寨两代武官（葬制与青岛发掘的西汉晚期堂邑县县令刘赐砖室一棺墓相当，见本书第一章第一节）。两墓随葬品基本数量相同，一号墓除了多出一枚残简以外，其他葬品两墓都为 10 件。但是，二号墓除了没有大铜壶之外，所随葬的玉璧和水晶杯似乎比一号墓要高级一些。为什么二号墓葬时间较晚随葬品却高级一些？或许两墓之间存在承续关系，即二人也许为父子。一号墓为西汉末，墓主或许为昌阳侯国期间屯兵营寨武官，大概死于昌阳侯国期间；二号墓主葬于东汉初，或许为一号墓主之子，其父逝后世袭父职为昌阳侯国第二代武官，后侯国废除，所屯之兵撤走了（或解散了），而武官本人并未离开，仍旧住在屯兵营寨里，直到年老离世。随葬的玉璧、水晶杯等贵重物品都是继承父亲而得来的。

图 2-5 大寨村汉墓出土的大青铜壶

西汉时期，分封的王国与侯国都有屯兵，王国之兵由中尉统领，侯国之兵隶属于郡。郡府设行政与军事两套官吏系统，行政系统有 27 位官吏，主要官吏为太守；军事系统有 12 位官吏，主要官吏为都尉。郡屯兵的主要职责是平时维持地方治安，战时听朝廷调遣。朝廷征调地方军力，需以皇帝"虎符"为凭。屯兵平时要进行训练，训练内容以张弩发矢为主，也掌握角抵（角力、摔跤）、手搏（拳技）、蹴鞠（古代足球运动）等武术技巧项目。

《汉书·王莽传》记载：始建国元年"四月，徐乡侯刘快（有记为'刘炔'者，《汉书》注者以为'炔'为'快'之误）结党数千人起兵于其国。快兄殷，故汉胶东王，时改为扶崇公。快举兵攻即墨，殷闭城门，自系狱。吏民拒快，快败走，至长广死。莽曰：'昔予之祖济南愍王困于燕寇，自齐临淄出（出逃）保于莒。宗人田单广设奇谋，获杀燕将，复定齐国。今即墨士大夫复同心殄灭反虏，予甚嘉其忠者，怜其无辜。其赦殷等，非快之妻子它亲属当坐（治罪）

者皆勿治。吊问死伤，赐亡者葬钱，人（每人）五万。殷知大命，深疾恶（十分痛恨）快，以故辄伏厥辜。其满殷国户万，地方百里。'又封符命臣十余人。"①《资治通鉴》记载："始建国元年，夏，四月，徐乡侯刘快结党数千人，起兵于其国。快兄殷，故汉胶东王，时为扶崇公。快举兵攻即墨，殷闭城门，自系狱。吏民拒快。快败走，至长广死。莽赦殷，益其国满万户，地方百里。"②《莱阳县志》也记载说："王莽篡汉，始建国元年徐乡侯刘快起兵讨之，攻即墨不克，走长广死焉。"③

这三则史料说的是同一件事情，就是西汉末年王莽篡汉时，已被降为扶崇公的第六代胶东王刘殷拒绝其弟徐乡侯刘快举兵讨伐王莽未竟身死的事件。三则史料均佐证侯国是有屯兵的，侯爵也有用兵权。

侯国有屯兵是不争的史实，那么，昌阳城当初是否会拥有青铜乐器呢？来看钟湾的故事。

五、钟湾与"齐康公乐器"

光绪版《文登县志》"祠庙"条目在记载古代文登县治文城文昌阁的文字里有一段介绍阁前古钟的文字，是这样说的："文昌阁前古钟原在县署，明人旧志以为出于宋村钟湾，为齐康公乐器，谬误殊甚。钟上四围铸佛像④，无年号而刻楷书阴文'宁海州文登县'等字。文登属宁海州自金元始，此钟非金元以前物矣。考《元史》'兵志'夜禁之法：'一更三点，钟声绝禁人行；五更三点，钟声动，听人行。有公事急速及丧病产育之类，则不在此限。违者笞

---

① 班固：《汉书》，北京：中华书局，1962 年，第 4110 页。
② 司马光：《资治通鉴》，北京：中华书局，2007 年，第 413 页。
③ 梁秉琨：《莱阳县志·兵革》，台湾：成文出版社，民国二十四年，第 1610 页。
④ 佛像，《康熙字典》："佛，《正字通》：'世传汉明帝永平七年佛法始入中国'，非也。汉武帝时，霍去病过焉支山得休屠王祭天金人以归，帝置之甘泉宫。金人者，浮屠所祠，今佛像即其遗法也……以是考之，秦、西汉知有佛久矣。"另，唐代和尚道宣在《感应记》中根据《列子·仲尼篇》"丘闻西方有圣人焉"之语断言"孔子深知佛为大圣"，也就是说春秋时期佛教即已传入中国了。

二十七，有官者笞七。准赎，元宝钞一贯。'据此，则元人禁夜以钟为令，故县署有钟楼。"①

　　这段记载所提到的"宋村钟湾"位于昌阳城东南角城墙外紧靠城墙根（即今文登宋村城东村南被称为"城邦"之处，也就是今城东村西龙海路边二层商贸楼南端折东100米左右的地方）。"湾"为方言，即水塘。此水塘今已淤塞，止余一片洼地，可见水塘遗迹。著者踏勘昌阳城墙四周时，城东村的王炳序老人还专门介绍过此水塘。老人说，这里原来是一个大湾，因为曾在此捞上一口大铜钟，就得名"钟湾"。老人没有说明古钟打捞出水的时间。

　　清光绪版《文登县志》否定了明人旧志认为古钟出于宋村钟湾"为齐康公乐器"的说法，而根据古钟上文字断定古钟为"元人禁夜以钟为令"，属文登县署所用。这个推断看似合情合理，可是，疑窦仍存，那就是清志根据古钟上所刻文字否定明志说法的理由并不充分：在钟体上刻字，肯定是钟铸成之后所为，而且可能是多年之后的行为。既然是文登县署所有，为什么元代铸钟时不把文字一并铸上，而要等到铸成之后再把字刻上？不是自找麻烦吗？仔细揣测，此说并不成立。著者倒是觉得根据昌阳城外有"钟湾"这一地名来看，古钟出于宋村钟湾，倒是可信的；人们绝不会因为一座古钟而故意编造出"钟湾"这么个地名来。那么，古钟是否是元代昌阳城报更所用呢？答案同样是否定的，因为元代时昌阳城已被废近千年，被废后的昌阳城是否还具有井然正规的城市生活秩序值得怀疑。光绪版《文登县志》记载说到清末的时候昌阳城是"水冲土裂，无数瓦砾"一片破败，而这种破败之状由来已久，大概为曹魏时王营造反留下的。所以，说古钟为被废之后的元代昌阳城所用说法同样难合情理。那么，既不属文登县署，也不属元代昌阳城，古钟原来属主究竟是谁？著者推测应该是汉代昌阳侯刘宪侯府（或墓享堂）。据说今山东平度古岘胶东康王冢前原来有建于汉朝的康陵寺，佛殿门前有壮观的大匾，宏伟的大山门，有和尚撞钟的钟楼，有塑佛像，有烧香火的香檀等，此庙毁于二十世纪四十年代。以此推证昌阳侯刘宪墓当初建有墓享堂，享堂置铜钟或有可能。

---

①李祖年：《文登县志》，台湾：成文出版社，光绪廿三年，卷四上，第3页。

这样看来，明旧志以为古钟"出于宋村钟湾，为齐康公乐器"的说法也并非无稽之谈。明人之所以有此推断，大概也是缘于古铜钟出水于齐康公城外，且距离康王冢不远。虽说我们今天知道把昌阳城认定为齐康公城与把石羊汉墓认定为康王冢都是错误的，可是，明代人并不清楚昌阳城与石羊大墓的真实情况。也就是说，明人以为古钟与康公城（昌阳古城）相关的看法是有道理的。

令人匪夷所思的是，古铜钟上赫然刻着"宁海州文登县"的字样，明人旧志却任性地以为是"齐康公乐器"，莫非明旧志修纂者不解"宁海州文登县"为何意？恐怕不会如此，修志者不会是白痴。著者推测，根据县志的记载与民间的证实，古钟出自宋村钟湾确凿无疑。造成明清人猜测古钟属主迥异的原因，最大的可能是古铜钟上原来并无文字，也就是说，明旧志修纂者看到的打捞上来的古钟上面没有文字，因而才有了那种推断。后来，有人在上面錾刻了文字。注意，县志记载古钟的文字使用的是"铸"佛像、"刻"字，用语很有分寸哦。

那么，这座古钟原来究竟是属于文登县衙所用，还是属于汉代昌阳城所有？实物已经无存，考证亦为空谈。不过，著者倒是觉得后一种说法却是更合情理些，古钟或许原为昌阳侯刘宪侯府所有，抑或为昌阳侯刘宪墓享堂旧物（其上铸佛像为据），东汉末至三国战乱期间被人扔进城外水塘。一千多年之后，昌阳城周边宋村、城东、石羊等村相继建立，明代时候有人偶然碰到并将其从水塘打捞出水，因水塘靠近旧康公城，所以人们就将其当作了齐康公乐器，再后来被文登县衙得知并将其搬去县署，又在上面錾刻了"宁海州文登县"字样以示其归属权。

六、昌阳古城遗址与周边汉墓

昌阳城遗址周边分布着众多的汉代墓葬，有遗址南北的石羊汉墓群，有遗址东南的二马汉墓群，有遗址之西的九顶埠汉墓群、集西汉墓群，有遗址西北的宋村墓群以及昌阳城东门外大寨汉墓群等。可以说，以昌阳城遗址为中心，方圆 10 多平方公里的范围内周边几乎各个山头及南部平原地都分布有汉墓。这些众多汉墓大多应该与昌阳城有关。

石羊汉墓群 位于宋村、台上、石羊、小泽头村之间，总面积约 60 万平方米。该墓群以昌阳故城为中心，分为南北两个墓区。南墓区墓葬较多，以石羊汉墓群为主墓群，但破坏严重，出土的遗物有汉画像石、石墓门、漆器、铜器及陶器等多种，时代自战国至汉时皆有。现存封土较大和封土虽去尚知墓址的大墓十多座。其中三座较大者位于石羊村西北，"品"字形排列，当地百姓称之为"三冢茔"，当地人世代讹传为"康王冢子"。位于东面、封土下部相连、上部各有顶的墩式大墓，1955 年被群众掘开，发现下面一线排开五个墓，中间一墓和南邻墓被挖毁。经省文物管理处派员到现场调查，确认为西汉晚期砖室一棺三椁墓，椁上有门窗，制作精细。出土的漆器保存完好，有漆案、漆碗、漆盘、漆奁、漆盒、漆羽觞、漆虎形器、漆手杖等，为当时山东省首次发现。

图 2-6 昌阳城北门外（今台上村）汉墓"观星台"（李彦红 2017 年摄）

之后，又相继发现了一批古墓，出土的重要文物有汉画像石，雕刻的神兽和人物，纹路清晰，形态生动；有白釉陶壶、绿釉陶盘等。造型规整，图形精美，陶胎内外施一层薄釉；有铜壶、双鱼铜洗、陶耳杯、刻有小篆"公孙"字样的陶罐等。

据石羊村民反映，早年间，每当大雨过后，村南的昌阳河床里，时常可见到被河水冲出的带花纹的墓砖以及青铜镜等古物。铜镜初出土时显得比较柔软，用手指用力可以搓成粉末，稍等几分钟后就变得很坚硬。

北墓区在台上村附近，现存较大的墓冢七座。其中一座位于台上村北、封土较厚被群众称为"观星台"的大墓，封土南侧被群众挖去大半，残存直径约 17 米，高约 4 米。另一座封土较大的墓位于台上村西北、原宋村文登第八中学校园后的足球场之北 100 米处的小山丘顶上，封土高约 4 米，直径 20 米，因村民在封土上耕地使封土变矮，群众称为"官帽子"。目前，这些汉墓残存面积约 10 万平方米。

石羊汉墓群为省级文物保护单位。

二马汉墓群 位于昌阳城东南 2 公里，即今威海市文登区侯家镇二马村。村北为昌阳河，西为文登到南海新区的公路，东 50 米是文登到泽库的公路，分布面积约 14 万平方米，大部分处于二马村下。可见封土墓两座。1988 年破坏掉砖室墓一座，砖有花纹，出土了五铢钱 30 枚和画像石，经鉴定属于汉代墓，墓群与昌阳故城有连带关系。

九顶埠古墓群 位于宋村镇原九顶埠村（1956 年并入郭家店村）北丘陵上，因原有九座墓冢而得名，又称"九顶山"，距昌阳城约 2 公里。现存墓冢八座，封土最大的高 4.5 米，直径 20 米；封土最小的高 2.3 米，直径 10 米。分布面积约 30 万平方米。现仅可见的八个墓冢分布在双顶子、单顶子、北顶子和闹顶子四个大小丘陵之上，其中双顶子在最南，单顶子在其北，北顶子在单顶子的东北方，为八个墓葬最北的一个，闹顶子在北顶子的西面靠南（即双顶子的西北丘陵顶上）。封土皆较大，因此处距离昌阳古城较近，墓冢形制与石羊汉墓相似，故推测为汉墓。多遭盗掘。1980 年被公布为县级重点文物保护单位。

集西汉墓群 在九顶埠古墓群之东不足 0.5 公里处。位于集西村西北 250 米的小山顶上，沿山脊呈"一"字形分布，共有封土墓冢 11 座，占地面积约 12 万平方米。其中封土直径最大者为 17 米，最小者 8.7 米；封土最高的 3.6 米，最矮的约 2 米。在封土断层处发现有青砖残片。根据墓葬形制和附近的汉昌阳古城分析推断为汉代墓葬群。

宋村汉墓群 位于昌阳城西北，几座较大墓葬分散于回龙山之南的潘家山上和回龙山西南的阁石山上。潘家山顶部一座墓冢封土高约 3 米，直径约 19 米，其西南的山上还有两座墓冢，高约在 2～3 米之间，直径页约在 17～18 米左右。阁石山的顶部也有两座较大墓冢，较大的墓封土高 5.1 米，直径 19.5 米，另一座

图 2-7 石羊汉墓群出土的铜镜

封土高 1.5 米，直径约 20 米。根据墓葬形制及出土文物判断为汉墓群。目前，汉墓群残存面积约 10 万平方米。

大寨汉墓群 位于城东门外不足一里，其中无封土的两墓为意外发现，已被挖掘。1992年1月，村民童家廷在村西掘房屋地基，发现两个形制相同的小型古墓穴。一号墓长方形竖穴砖墓，墓穴长3.15米，宽2.75米，深2.12米。四周用双层青砖错缝垒砌，底铺方砖，砖边长38厘米，厚5厘米。墓内一棺已朽，尚存木灰及朱漆皮。出土文物：大铜壶两只，高44厘米；龙形纹饰铜席镇两枚，高26厘米；残铜鼎一个，高23厘米；残小铜壶一个，残铜豆一个，残铜灯一个，残小铜勺一个，残铜蒜头瓶嘴一个，刻字残简一枚等。二号墓位于一号墓东约十米，形制相同，墓穴长4米，宽3.8米，墓内夯实五花土；穴下部四周用小砖砌椁，顶盖已朽，仅存朱漆皮；墓穴底部铺扁平青小砖。墓穴东南直角处相距一米凿有上下相距30厘米、深5厘米的脚踏窝两个。出土的文物有，残陶罐二个，残铜盆一个，残铜鼎一个，残铜镜片一块，残铜勺一个，残铜盘一个，较完整的玉璧一个，水晶杯一个，车马饰一件等。专家根据出土的随葬物判断，一号墓为西汉末，二号墓为东汉初。所出大铜壶等为胶东出土文物所罕见，证明昌阳城在汉代曾经是一处繁华的城堡。

威海市第三次文物普查的数据显示，昌阳城周边的汉墓群多达7处，墓冢现存有封土和封土已除、尚知墓址及已经挖掘的有近60座，还有很多无封土，不在统计数目之内的汉墓，譬如，大寨的两座汉墓就是本无封土而意外发现的，二马汉墓群也大多都压在村址之下。昌阳城遗址周边汉墓群为目前所知的威海境内最大的汉墓群。

这些古墓如此密集，而且大多封土高大，这些大墓应该与昌阳城有关。昌阳城作县治近500年，侯国首府30年，这些大墓底下长眠的人应该有不少曾经在昌阳城为官的达官贵族，比如，昌阳侯国相、丞、尉及昌阳侯府家丞、昌阳县令等人。

图2-8 石羊汉墓群出土的铜洗

由于时间太过久远，昌阳城还留下了很多传说，流传最广的莫过于有关康王城、康王庙和康王冢的传说。光绪版《文登县志》"古迹"记载："今县西南三十里有古城基在昌山南。昌山，今名回龙山，山之下即故昌阳城，土人讹为'康王城'，城北曰台上村，东城外有村曰城东，城西即宋村集。有庙，土人名曰'康王庙'，疑即汉昌阳侯霸庙也。南城外曰石羊村，有社稷坛遗址，各高一丈五尺，土人讹为'康王冢'"。那么，这些传说是不是靠谱呢，只从县志"讹"的用语足见其可信度是需要大打折扣的。县志虽说并未认可这些传说，却也并没有给出任何否定的理由。在此，我们结合现代考古与今人的考证辨析一下这些传说的真伪。

七.康王城纯系附会之说

先有康王城，后建昌阳城，昌阳城是在康王城的基础上建成的，这种说法的可信度到底有几分？昌阳城初始果真是康王所建么？

我们首先来了解一下康王其人，民间传说他又是如何建了昌阳城的？来看光绪版增修《登州府志》对此是怎么说的，该志"福山县"条记载："齐康公成（城），周安王十一年，齐田和迁其君康公于海上，食一城，一牢。"《旧志》云：在文登县南三十五里，宋村东，城内有天地坛遗址。《宁海志》云：东十里有莒城村，谓康公思莒而名其城。按：《城冢记》云：城在牟平城东十里，又二十里为清阳城。所谓牟平即汉县（即今烟台古现，古称古惵，汉为牟平县治），今古县社，清阳即今福山城。齐康公墓在之罘（芝罘）山，则此城当在福山无疑。

"齐康公城位置说法纷纭：《城冢记》《肇域志》皆云城在牟平城东十里，其错在以后来牟平县为地理坐标，而非以汉县牟平。"①

原来，康王，也称齐康公，指的是被齐国大臣田和废黜的末代姜姓齐王姜贷（前404年—前379年，为姜太公之后，名贷，也称吕贷，"康"为其谥号）。《史记·田敬仲完世家》载："（康公）贷立十四年，淫于酒、妇人，不听政。太公（田和）乃迁康公于海上，食一城，以奉其先祀。"②也就是说康公十四年（前391年）康公姜贷被齐国大夫田和废为庶人，五年后，被放逐到一个岛上，只给他一座城做食邑，以便供给其对祖先的祭祀。康公姜贷只好在斜坡上挖洞为灶，维持生活，七年后就去世了。《乳山市志》记载：齐康公十九年（公

①方汝翼 等：增修《登州府志》，光绪七年，香港：凤凰出版社，第61页。
②司马迁：《史记》，北京：中华书局，2014年，第2287页。

元前 386 年)，相国田和变姜齐为田齐，"将齐康公迁海滨（今烟台芝罘区西郊）。公元前 379 年，康公病逝，子孙将其葬于夹河下游公鸡岛[①]，后迁葬芝罘岛山顶（今芝罘岛老爷山顶），俗称康王墓，至今尚存。"这个说法与《城冢记》《肇域志》记载一致。《城冢记》《肇域志》记载康王城"在牟平城东十里"，所言牟平城指的是古代牟平县治古幄，即今烟台古现村，古现东十里为康王城，再往东二十里即今烟台福山区（夹河、公鸡岛皆在境内）。这样看来，《乳山市志》与《城冢记》《肇域志》的记载都指向了同一地点——烟台福山，两处地理坐标——夹河与公鸡岛。这为寻找康王城、康王墓提供了线索。

据说齐康公有个与老子拧着干的儿子，父亲叫他往东，他偏往西；父亲叫他打狗，他偏赶鸡。在胶东民间也因此留下"康王的儿子——要拗种"的谚语。康公去世后被埋葬到了山顶上，称为康王坟。据说，其实康公本想死后葬在山下，可他考虑儿子平日里总跟自己对着干，临终前故意说反话，说自己死后要葬在山顶上，这样，总跟自己对着干的儿子就会满足他的愿望。哪知这个拗拧儿子想："我平日里总与父亲对着干惹老人家生了不少气，父亲的临终叮嘱就听一次吧。"这次还真听了老子的话，果真将康公葬在了山顶。正是由于康公葬在了山顶才导致了恢复王位梦想的破灭，因为"康"与"糠"谐音，糠在山顶岂不被风吹散？

关于"迁康公于海上"的具体地点正史没有明确记载，胶东各地方志却是各有各的说法也都言之凿凿，《福山县志稿》说在烟台市郊芝罘岛，《宁海州志》说在牟平县莒城，《舆地名胜志》说在烟台市福山区境内，这些说法都没有详细而令人信服的考据，或许只是民间传说的记录，难以定论。后来，又有一个新的发现，据说山东省长岛县王沟古墓群发现一座大型墓葬，无论从古墓所处的地理环境与位置，还是发掘后获知的古墓年代、葬制、随葬品等信息来看都极其接近废康公，但由于缺乏直接证据最终也没有定论。真相究竟如何，只能等到康王墓开启的那一天。用《登州府志》的话来说就是"齐康公城位置说法

[①]公鸡岛，位于今山东烟台市西郊（福山区境内）夹河下游东岸，为一古海岛。居民原有宫、夏两姓，称"宫夏岛"，后改为宫家岛。夹河，今称大沽夹河，又称大沽河，位于烟台市福山区，上源两支流，东支名外夹河，亦称大沽河；西支名内夹河，亦称清洋河。

纷纭"，既然康王城究竟在哪里历来史无定论，说昌阳城是在康王城的基础上建成的，既无确切历史资料做支撑，更无考古文物为实证，这种说法只是民间口头传闻，难以令人置信。

虽说今天我们无法确知昌阳城始建于哪一年，不过，仅根据《史记》记载齐康公姜贷是个被废之王这一点，就可以断定康王建了昌阳城的说法是站不住脚的：且不论被废后的齐康公姜贷是否到过昌阳，只就被废后的他还有无实力与魄力修建一座城池来说就值得怀疑。一个被放逐的废王，连自己的生活都难以保障，怎么可能有那么大的经济实力与号召力组织人力建城？我们知道，修建一座城池是一项相当浩大的工程，若是修建国都，需要举国之力来完成；即便修建县城，也需动用全县民力与财力。别说经济实力，就一个废王来说，要想动员这么多人齐心协力来参与就很困难，而且是在被贬迁去的陌生之地，那更是天方夜谭的事情。

说来凑巧，昌阳侯刘宪的五世祖、第一代胶东王刘寄谥号也是"康"，也被民间称为"康王"，他的墓也被民间称为"康王坟"。至于说是胶东康王刘寄修建了"康王城"，那就更不靠谱了，因为单就时间上来看根本没有这个可能。之所以把胶东康王刘寄与昌阳城联系在一起完全是由于其五世孙刘宪被封昌阳侯。胶东王府一直在即墨，就是今山东平度古岘镇大朱毛村一带，刘寄做胶东王是在那里，并且，刘寄做胶东王的时候，昌阳县（当时应该叫"昌乡县"）已经设立58年了。按一般规律，置县即建城，或稍有延后，刘寄做胶东王之时，昌阳城怕是早就建成了吧。再者，说在即墨做胶东王的刘寄为已经立县近60年的昌阳建城，凭什么？那个时候他的五世孙刘宪还没出生呢，他不会预计到自己将来会有一位五世孙去往昌乡（昌阳）为侯，他就提前要为这位五世孙建好城。这岂不是又一个天方夜谭？如果说昌阳建城是在刘宪被封昌阳侯的时候，那就更不可信了，因为那一年，其五世祖康王刘寄已经去世89年了。

从以上考证可以看出，历史上两位可以称得上"康王"的人都与昌阳城的修建没有丝毫关联。至于说昌阳古城最早为战国时期齐国城邑，也是没有任何坐实根据的，既无古籍文字记载依据，亦无出土文物凭证，且遗址出土的尽为汉代遗物，所以，昌阳古城早期为战国齐国城邑的说法只是民间的传闻罢了。而相比之下，荣成不夜城则不然，不仅《齐地记》《太平寰宇记》等古籍都记载说城始建于春秋，近年，遗址还出土了一批包括青铜鼎、青铜壶、青铜尊等文物在内的西周时期文物。

根据以上分析，我们可以认定"先有康王城，后有昌阳城，昌阳城是在康王城的基础上修建"的传说完全是附会故事。不过，有关康王城的传说故事由来已久，且流传范围及其广大，其流传过程如今已无从考证，传说的背后是否还隐藏着其他故事，只有期待时光老人的解读了。真实的康王城也只能依靠考古的最终揭示。

传说中的"康王城"为附会之说，那么，传说中的"康王庙"又是怎么回事呢？

八、康王庙或为昌阳侯庙

康王庙，位于昌阳城之西大约一公里，在今宋村村旧时最著名的地标"老锅子桥"正北百多米左右的地方，也就是《文登县志》上说的"宋村集"。清末此庙尚在，光绪版《文登县志》记载了当时可见到的庙里的塑像："中坐王侯像，冕旒黼黻，二宫女执升龙扇立侍，实为王侯仪制。"[1]后来，辟为学堂，再后来拆除建起了"宋村大礼堂"。

光绪版《文登县志》这样记载此庙："昌阳侯庙在城西南三十里宋村集，无碑记，旧误为康王庙，盖因康王城而讹传……宋村之东即汉之昌阳县。《汉书·诸侯王表》（应为《汉书·王子侯表》——著者注）：'成帝永始四年封泗水侯戾王子霸为昌阳侯，二十一年免。'考永始四年至孺子婴居慑三年为二十一年，明年即新莽初始元年。是时，王莽篡汉，翦除宗室，故刘霸免爵，降为庶人。汉祚已终，霸无所居，或寄居于此，有德于人，后人立庙祀之与！"[2]

这段记载否定了庙为康王庙的讹传，这当然是对的，《文登县志》这种推断是基于康王城之说不可信，我们深切赞同，有关康王城，上一节我们已经做过剖析；而且，"康王冢"已被考古证实亦属谬传，下一节我们将对此进行详论。这些都可作为否定庙为康王庙的间接证据。当然，把此庙推断为"泗水侯戾王

---

[1]李祖年：《文登县志》，台湾：成文出版社，光绪廿三年，卷四上，第12页。
[2]李祖年：《文登县志》，台湾：成文出版社，光绪廿三年，卷四上，第11页。

子霸"庙同样也是错误的，因为远在今江苏泗水的戾王之子刘霸庙不可能在此，至少《莱阳县志》这么看。

莱阳因为是西晋初年从昌阳迁徙而来的，所以对其本源地格外关注。民国版《莱阳县志》对把此庙当作昌阳侯刘霸庙的看法提出了质疑，说："考《汉书》昌阳侯国属临淮郡，非东莱郡属之。昌阳县也，《文登志》以昌阳城俗讹康王城，遂以旧称康王庙为昌阳侯庙之讹为刘霸免爵降为庶人，霸无所归，或寄居于此。然以昌阳侯庙为昌阳侯国治文登之证兼证汉昌阳城之在文登或文登乃汉昌阳侯国由临淮郡徙治，抑或汉昌阳侯国置于文登遥属临淮，所未明矣。"①

显然，《莱阳县志》也并不认同《文登县志》把此庙认定为刘霸庙的说法，即便受到《汉书》失载东莱郡昌阳侯国影响，《莱阳县志》也未能考证清楚《文登县志》记载错误根源所在，只表示存疑。那么，说此庙为刘霸庙为什么不可信，否定这一说法有什么根据呢？

其实，刘霸与东莱郡昌阳城及宋村集庙没有关系。刘霸为"泗水侯戾王子"，说法是对的，泗水为西汉一个王国，《汉书·地理志》载："泗水国，故东海郡，武帝元鼎四年别为泗水国。莽曰'水顺'……县三：凌，莽曰'生凌'。泗阳，莽曰'淮平亭'。于，莽曰'于屏'。"②泗水国在今江苏泗阳、淮安一带。泗水戾王叫刘骏，为第五代泗水王，是汉景帝六世孙，在位三十一年。

《汉书·地理志》又载："临淮郡，武帝元狩六年置。莽曰淮平……县二十九……昌阳，侯国。"③《汉书·王子侯表》载："昌阳侯霸，泗水戾王子，永始四年五月戊申封，二十一年免。"临淮郡，治徐，在今江苏泗洪县南，其下辖的昌阳侯国的位置，据上海复旦大学副教授、西汉侯国历史研究学者马孟龙博士在其《西汉侯国地理》一书考证，在今天江苏省睢宁县境内。

西汉泗水国与临淮郡毗邻，距离东莱郡昌阳遥远。远在今江苏界的泗水国戾王，其子刘霸的封地不可能远在东莱郡属地。因为西汉自武帝开始实行的"推恩令"规定，诸侯王除由嫡长子继承王位外，其他诸子都只能在王国范围

---

①梁秉琨：《莱阳县志》，台湾：成文出版社，民国廿四年，第355页。
②班固：《汉书》，北京：中华书局，1962年，第305页。
③班固：《汉书》，北京：中华书局，1962年，第293页。

内分到封地作为侯国，这在《汉书》中记载是很明确的。所以，泗水戾王子刘霸的封地应在靠近泗水之地，比如临淮郡，不可能远离其父的封国而跑到千里之外的东莱郡昌阳。也就是说，"泗水戾王子霸"不是东莱郡昌阳侯。清末著名史学家王先谦先生也考证：临淮郡昌阳，侯国，"泗水戾王子霸国，成帝封。《续志》，后汉省。"

可以看出，依据《汉书》记载，西汉成帝时期册封了一东一西两个昌阳侯国——东莱郡昌乡（阳）侯国和临淮郡昌阳侯国，只是《汉书》对前者曾经为侯国失载，我们在前面已经辨明。东莱郡昌阳侯国首府位于今山东省文登宋村镇驻地城东村西侧，东莱郡昌阳侯刘宪，成帝建始二年正月封，哀帝元寿二年免，在位三十年。临淮郡昌阳侯国位于今江苏省睢宁县境内，临淮郡昌阳侯刘霸，成帝永始四年五月封，孺子婴初始元年免，在位二十一年。

既然刘霸不在此为侯，说此庙为刘霸庙自然没有道理。至于《文登县志》臆测说"王莽篡汉，翦除宗室，故刘霸免爵，降为庶人。汉祚已终，霸无所居，或寄居于此，有德于人，后人立庙祀之与！"更是无稽之谈，到王莽篡汉的时候，胶东王已经传至第六代，为刘宪的侄子刘殷在位，刘宪昌阳侯被免爵已经过去 10 个年头了，按照我们的估算，假如那时刘宪还活着，已是 80 多岁的耄耋老人了，恐怕在那之前早已去世。以往之所以把此庙或称"康王庙"，或作"刘霸庙"，这种种错误认知都源于《汉书》对于东莱郡昌阳侯国及昌阳侯失载，人们凭着传说附会故事，张冠李戴把这座庙时而说属于齐康公（康王），时而又归于临淮郡昌阳侯刘霸。现在，东莱郡昌阳侯刘宪已经走出了历史迷雾，还原了历史的真相，我们可以肯定地说，此庙既非康王庙，亦非刘霸庙，而应是昌阳侯刘宪庙，庙里供奉的王侯坐像应是昌阳侯刘宪无疑。

今天看来，历史上刘宪庙被误认，也许有一个错误演变的过程。这个过程可能是，起初为刘宪做昌阳侯时所建的家庙，里面供奉的应该是刘宪先祖的神主牌位；刘宪去世以后，后世子孙为感恩刘宪给他们带来优裕的"侯族"生活、追念他为家族带来无限荣耀的功德，起初在庙里供奉其画像；后来，子孙中有人根据画像为其塑了坐像进行供奉。过了许多年之后，也许是在刘宪后裔搬离昌阳城回到即墨老家之后，也许是从昌阳县被撤除、昌阳城荒废之后，后世人们不清楚此庙的来历以致产生错误认知。现在可以这样结论：原来传说宋村集庙为"康王庙"或"刘霸庙"都为误传。其实，起初或为昌阳侯刘宪的家庙，后来为供奉刘宪专用。

"康王庙"门前右边有一口留存至今的深井，原来属于庙上的财产，庙与井原来皆属昌阳城后寺所有（后来，顺袭属于今台上村），也就是说，原来都统属昌阳城刘宪侯爵府。直到 20 世纪 40 年代初期当地民主政府成立，因庙与井位于宋村地盘之上，所有权才进行了变更，由台上村归属宋村村。

康王城是附会之说，康王庙也为误传，那么，"康王冢"传说又是否可信呢？

九、"康王冢子"是汉墓

清雍正《文登县志》载："齐康公墓在县南三十五里石羊村东，碑碣无存，只有石羊一对。"[①]在当地民间也盛传石羊大墓为"康王冢"。其实，包括县志在内的所有史籍有关石羊康公墓记载和民间相关传言早在 64 年前就被考古结果否定了。1955 年，石羊大墓被挖毁，受山东省文物管理处派遣到现场考察的专家在撰写的调查报告《山东文登县的汉墓椁墓和漆器》一文中说，石羊大墓"土人讹为康王墓"，"康王指的是周代齐康公，与社稷坛说法都不正确"[②]最终专家给出的结论为：大墓为"西汉晚期"。

在昌阳城周边至今提起"康王冢子"无人不晓，人们最常叫的还是简称"冢子"。冢子今天已经不存在了，原址上连个印记都找不到，当年见过冢子的人如今大都已经是八九十岁的耄耋老人了，可是，说到"冢子"他们仍是记忆犹新。

那么，当年到现场做调查的专家是否看到了"冢子"的原貌呢？没有。1955 年六月份，山东省文物管理处先后两次接到文登一位名叫殷成信的老先生的人民来信反映石羊有两座大墓被挖毁。文物处当即派出蒋宝庚和台立业两位专家到现场作考古调查。赶到现场时，冢子已被挖毁，专家没有见过冢子的真容。专家在调查报告里称："调查时，大墓已挖成大坑。适大雨初过，坑内满水，除出土文物外，无法见到墓葬遗迹。""从他们三人所得的材料，又向十几位

---

①王一夔：《文登县志》，雍正三年刻本，卷一，墓冢，第 15 页。
②蒋宝庚 殷汝章：《山东文登县的汉木椁墓和漆器》，《考古学报》，北京：科学出版社，1957 年，第 127 页。

参加掘墓的人进行了解，才大体知道这墓的出土情况。”①

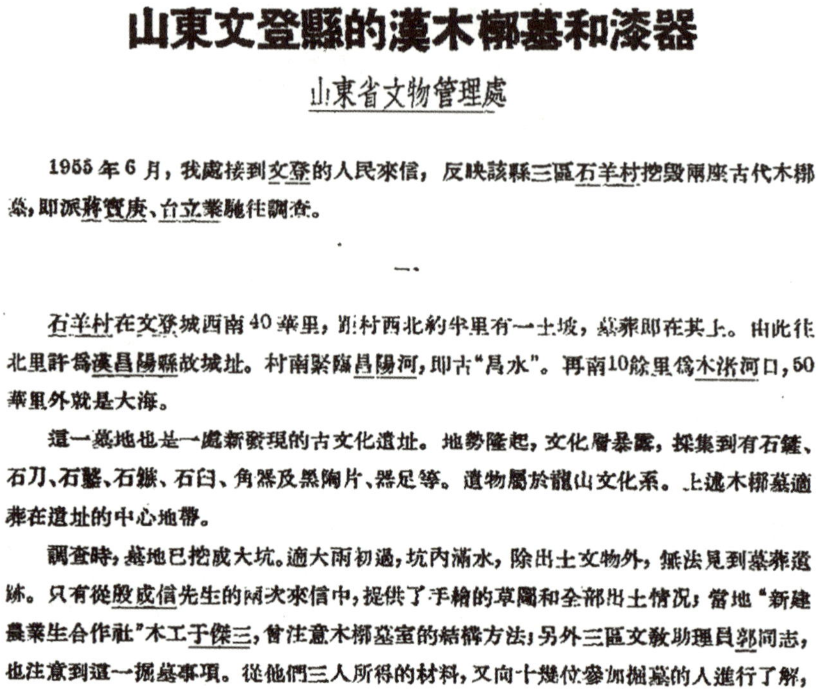

山東文登縣的漢木槨墓和漆器

山東省文物管理處

1955年6月，我處接到文登的人民來信，反映該縣三區石羊村挖毁兩座古代木槨墓，即派蔣寶庚、台立業馳往調查。

一、

石羊村在文登城西南40華里，距村西北約半里有一土坡，墓葬即在其上。由此往北里許爲漢昌陽縣故城址。村南緊臨昌陽河，即古“昌水”。再南10餘里爲木渚河口，50華里外就是大海。

這一墓地也是一處新發現的古文化遺址。地勢隆起，文化層暴露，採集到有石鏃、石刀、石鑿、石鐮、石臼、角器及黑陶片、器足等。遺物屬於龍山文化系。上述木槨墓適葬在遺址的中心地帶。

調查時，墓地已挖成大坑。適大雨初過，坑內滿水，除出土文物外，無法見到墓葬遺跡。只有從殷成信先生的兩次來信中，提供了手繪的草圖和全部出土情況；當地“新建農業生合作社”木工于傑三，曾注意木槨墓室的結構方法；另外三區文教助理員郭同志，也注意到這一掘墓事項。從他們三人所得的材料，又向十幾位參加掘墓的人進行了解，

图2-9 1957年1期《考古学报》刊载山东文物管理处专家撰写石羊汉墓考古调查报告

为了弄清冢子的原貌及其当年被挖毁的经过，2017年6月著者几次特意从威海赶往冢子所在地威海文登区宋村镇石羊村寻访了村里那些曾经见过冢子的老人。文登龙海路从石羊穿村而过，上午，在路东侧村边于文兴师傅的自行车修理铺著者寻访了90岁的邱仁堂、73岁的于正新和于正义等老人；下午，在路西侧药铺门前又寻访了94岁的于宜海、84岁的林均明等老人。

①蒋宝庚 殷汝章：《山东文登县的汉木椁墓和漆器》，《考古学报》，北京：科学出版社，1957年，第一期，第127页。

冢子：封土高大，孩童攀爬困难

于宜海、林均明等老人都证实，石羊村后原来有好几个冢子，西北方有三个，东北方也有一个。最大的还数西北那个双顶冢子，又高又大，占地接近一亩，两个顶子相距有 20～30 米，有接近三丈高，高度与今天石羊村西北加油站的钢球网架差不多。

冢子在台地上一处原始社会遗址的中心地带，台地高出地面大约一丈多。冢子上面长满杂草，还长有背草（一种山草，学名"燕尾草"），可是没有树；上面有时还有野鸡（野雉）做窝下蛋。他们小的时候常常结伴在上面玩耍，可是，要想从下面直接攀爬上顶部，门都没有，就得绕着走螺旋路线，因为冢子又高又陡。

雍正版《文登县志》记载："旧志：昔有人盗发康公冢及砖而止，规制堂皇。"据此可知，早在清初大墓就已经被人盗挖过。到了近现代，20 世纪 50 年代成立农业合作社之前就有人在那里公开挖土使用，那时候挖土的人不多；入社之后，挖土的人逐年增多。门口坑坑洼洼要填，鸡舍鸭窝得铺，最多的还是用来填到猪圈里沤粪或者直接搬到地里压土。只要需用，大家都推上车子或者挑着粪筐带上铁锹来这里挖土。不仅因为这里近便，就在石羊村边上，坐落于昌阳城遗址东部的城东村距此往远里说也不过二里地，距离宋村村算是较远的了，也不过三四里路；还因为道路平坦，推多挑少都成；还因为这里是一片坟场，这么又大又高的土堆，说是"康王冢子"，里面有没有埋着人谁也说不准，坟头谁没见过，哪有这么高的。可是，人们挖土有时候还能在土里见到方孔铜钱，人们都习以为常了，没人觉得奇怪。有一年，城东村的一个村民同闺女俩人在这里挖土，光顾着手里的铁锹，没注意头顶上，突然，上面塌滑下一块巨大土块，正好砸在那人身上。当人们把他从土里挖出来的时候，人已经有出气没入气了，送到家里第二天就去世了。

冢子的周围，常常发现小型墓，有的里面不见人的骸骨，挖出来的全是铜钱。有一个小墓里埋着一个人，侧卧，双腿蜷曲，两只胳膊抱在胸前；身边放着一支青铜剑。这些小墓是否是冢子的陪葬墓呢？老人们说不清二者的关系。

人们年年在冢子挖泥，没用几年就露出了里面的漆棺樟木。可是，人们还是不停地挖，泥坑越来越大，棺樟也越露越明显。好几年的时间，墓上的大坑就在那里敞着口，下雨了，墓坑里就进水；雨停了，等些日子，里面的水又干了。还有的老人证实说，冢子的封土里夹杂着草木灰、碎瓦片等东西，人们猜测说那是当初从外地买土做墓，因为送土路途遥远，人们在土里掺杂草木灰，图的是轻快。

古墓：殉葬童男童女？使用"黄肠题凑"？

老人们还证实，冢子被挖开的时候，看到椁木的两头各有一堆小孩骨头，有成人手指那么粗，说那是用来陪葬的童男童女的骨头。可是，当年到现场作考古调查的专家在考古调查报告中却说："第二重套盒（椁）东南、西南两角，皆有鱼骨刺。"也在调查报告的示意图上予以标明。老人们与专家所说的是不是同一物？是目击老人看得不准，还是专家调查有遗漏？

林均明老人的住处距离大墓比较近，当年大墓被挖开后他去看的次数较为频繁。他证实说，棺椁的漆皮至少有今天冰激凌木柄宽度那么厚，棺材的外面垛放着这么长（老人用手比画有 2 尺多长）的棱子木，是用树干加工成的长条方形木。这个描述很像是"黄肠题凑"。可是，专家的报告里并未提到，而且，"黄肠题凑"应是封建帝王的专享，列侯墓不大可能允许使用。那么，老人说的棺材外面垛放着的棱子木究竟是否属实，是做什么用的？

人们不停地挖，巨大的封土堆没用几年就挖没了。没有封土挖，人们接着往下掘，竟然往下挖了有三米深，发现底下是墓葬群，墓葬共有 5 座，南北分布，成一直线，相距各约数米。被破坏的是正中一墓和南边邻近的一墓，其余三墓未动。

被掘开的两个大墓，都是砖砌墓室，里面的三层椁木和最里面的棺木全部被人们用镢头砸开，棺椁木被拉出坑外，堆放在坑边上。里面的随葬品也被人们扔在了碎木堆里。

自从发现封土堆下的大墓，每天都会聚集很多来瞧热闹的附近的村民。大家围在墓坑旁，好奇地伸长脖子往坑里看，每个人心头都笼罩着一层浓浓的疑云：是什么人的墓，怎么会这么大，这么多层棺材，是个什么官？

看热闹的人群中，有两个特殊的人物，他们几乎每天必到。他们到来不是像其他人那样来看热闹的，而是特意关注墓葬的情况。这两个人，一个是宋村村西集西村的殷成信老先生，一个是石羊村木匠于杰三。殷成信老先生已经年过五旬了，他凭着自己较为深厚的学识，觉得此地难得一见这种封土高大、棺椁这么厚重的墓葬，墓主的身份肯定非同一般。惊叹之余，他也为大墓被严重毁坏而深感遗憾和惋惜，于是，他萌生一个大胆的念头，一定把此墓的情况向山东省有关部门进行反映。为了如实向有关部门反映情况，老先生每天都要起早赶四五里路从集西来到大墓现场。为了不遗漏每一个细节，他一连几天整天都待在那里，衣兜里装几片熟地瓜干算是晌午饭。他把人们从大墓里取出的随葬品一件一件都仔细记着，然后，偷偷跑到一个没人注意的地方掏出揣在衣兜里的笔和纸片悄悄地记下来。后来，又把大墓的葬式设置及随葬品的摆放画成了几幅草图。于杰三出于职业的敏感，则是格外留意棺椁的构成形制，用了几重套棺（椁木），是如何布置的，等等，他都铭记于心。

殷成信老先生的信很快就邮寄到了山东省文物管理处。山东省文物管理处接到殷老先生的信，十分重视，经研究决定派出蒋宝庚和台立业两位考古专家奔赴文登石羊村进行调查。专家还没有动身，殷成信老先生的第二封来信又寄到了。整个文物管理处所有的人都被这位先生特有的责任心、热情及可贵的文物意识深深感动了，两位专家怀揣殷老先生充满热情的来信与期许直奔文登石羊。

老人们还证实说，挖出的棺椁板子后来全被初级社使用了，有的用来做新盖饲养室的门窗过门（门或窗户上部的支撑构件），有的被饲养室煮猪食时候当柴火烧了，一直烧了好几年。那些做过门的棺椁板也在后来拆饲养室的时候弄没了。

大墓从挖土见到棺椁至封土被挖净又向下挖了三四米深，前后大约有十多年的时间。大墓被挖完后，只剩下一个大坑，夏天下雨，里面就积水；春天天干，没水就是个大土坑。

过了大概三四个年头，某天，有个人在坑边上走，看见水里好像有鱼，就跳到里面捉起来，结果，还真捉到一条一斤重的鲫鱼。看到水里还不止一条，就回家拿来铁锨和水桶，在水中间挡了个土坝，把一边的水倒到另外一边捉鱼。结果，又捉到 11 条鲫鱼，大小差不多。人们都很奇怪，这水里哪儿来那么多、那么大的鱼？有人猜测说，可能是"吊龙"（龙卷风）从别处水塘吸到空中，而掉到坑里的。究竟从哪里来的鱼，人们一直无法搞清楚。

"康王冢"为汉墓，是 64 年前专家的定论，今天更明确实为昌阳侯刘宪墓。

曾经的"康王城""康王庙"及"康王冢"流传千百年的传说随着昌阳侯刘宪的现身、石羊"西汉晚期"大墓考古结果的公布,证实皆为讹传。那么,这诸多谜题是如何形成的呢?

十、"康王"传说是怎么来的?

在昌阳,有关"康王"的传说由来已久。有多久呢?根据现在我们可以看到的较早关于康王的传说是清代《文登县志》的相关记载。雍正版《文登县志》记载:"齐康公墓在县南三十五里石羊村东,碑碣无存,只有石羊一对。按:'府志':墓在福山之罘(今作'芝罘')岛。但康公城实在文登,墓不应独在之罘。旧志:昔,有人盗发康公冢及砖而止,规制堂皇。其在文登无疑也。"[①]这段记载已经说得很肯定——石羊墓为康公冢。而且,该志在篇首所绘"县境图"标示:北部至东部半环依次绘有九个城寨拱卫着文登城,它们是威海卫、新汪寨、百尺所崖、温泉寨、不夜城、成山卫、寻山卫、宁津所、斥山寨。西部和南部唯有西南部的康公城(即昌阳城—著者注),康公城之稍西南有康公墓。

光绪版《文登县志》"冢墓"记载:"旧志载康公墓,《启堂随笔》曰:宋村东有废城,旧传为齐康公。按:《城冢记》云,康公城在牟平东十里,牟平属福山,西界即今牟城村。芝罘岛之康公墓或得其仿佛,文登不与焉。"[②]

该志"古迹"记载:"今县西南三十里有古城基在昌山南,昌山,今名回龙山,山之下即故昌阳城,土人讹为'康王城',城北曰台上村,东城外有村曰城东,城西即宋村集。有庙,土人名曰'康王庙',疑即汉昌阳侯霸庙也。南城外曰石羊村,有社稷坛遗址,各高一丈五尺,土人讹为'康王冢'"。[③]

该志"祠庙"记载:宋村集庙"《新登州志》作'刘公庙',差为近理而不能实言其人。"下文接着这样解释:"按:'公'字当作'侯'。宋村之东即汉之昌阳县。《汉书·诸侯王表》(应为《汉书·王子侯表》—著者注):'成

---

① 雍正版,王一夔:《文登县志》,卷一.墓冢,15 页。
② 李祖年:《文登县志》,台湾:成文出版社,光绪廿三年,卷四下,第 5 页。
③ 李祖年:《文登县志》,台湾:成文出版社,光绪廿三年,卷一下,第 1 页。

帝永始四年封泗水侯戾王子霸为昌阳侯，二十一年免。'考永始四年至孺子婴
居慑二年为二十一年，明年即新莽初始元年。是时，王莽篡汉，翦除宗室，故
刘霸免爵，降为庶人。汉祚已终，霸无所居，或寄居于此，有德于人，后人立
庙祀之与！庙三楹，中坐王侯像，冕旒黼黻，二宫女执升龙扇立侍，实为王侯
仪制。证以《汉书》当为昌阳侯庙，俟考。"[1]也就是说，县志认为，《新登州志》
把宋村"康王庙"记载为"刘公庙"，不妥，应是"昌阳侯庙"，而昌阳侯就
是"泗水侯戾王子霸"。

其实，按照今天已经明了的史实来看，不管是雍正版县志所记载的石羊大
墓为"齐康公墓"、光绪版县志记载昌阳城为"齐康公城"的传说，还是光绪
版县志所谓的"康王庙"应为"昌阳侯泗水侯戾王子霸庙"的诸般推测都是错
误的。之所以会产生这种错误的传说与推测，完全是由于史书相关记载语焉不
详所致。《史记》只记载"太公（田和）乃迁康公于海上，食一城，以奉其先
祀"，没有具体记载"海上"为何处；《汉书》在"地理志"中只把昌阳记载
为汉初一县，失载了昌阳曾经为"侯国"的史实，而记载王子世系的"王子侯表"
里记载东莱郡昌阳侯却用了昌阳原来的旧称"昌乡"，这一系列与史实相悖的
有关西汉东莱郡昌阳侯国的记载都是造成后世把昌阳城与康王传扯到一起、发
生臆想猜测的根本原因。

通过县志在相关记载中使用"传""讹"等字眼来看，撰志者也觉得这些
说法都不尽合理。他们同今天的我们一样，想查询昌阳侯及昌阳侯国信息只有
去翻史书，可是，查遍《史记》与《汉书》就是找不到有关东莱郡昌阳侯及昌
阳侯国的明确记载，看到的最有可能与本地有瓜葛的古代相关贵族人物记载只
有"齐康公"，所以，顺理成章昌阳城初始也就成了"康王城"，庙就成了"康
王庙"，大墓就成了"康王冢"；更传奇的是，《汉书》竟然记载有"昌阳侯"
刘霸！于是，宋村集庙又被认定为刘霸庙。

毋庸置疑，这种种谬误传说的形成经历了一段漫长的演变历史。西汉晚期，
昌阳侯刘宪逝去，葬在昌阳城之南。毋庸置疑，那时昌阳城的人们都是清楚的，

---

①李祖年：《文登县志》，台湾：成文出版社，光绪廿三年，卷四上，第11、
12页。

他们中的很多人可能还参加了昌阳侯刘宪的葬仪。那时，人们主要集中在昌阳城里居住，城外少有村庄（乡聚）。

可是，接下来的两汉之间两年的战争、东汉末年三国期间军阀纷争的战乱使得民不聊生。战乱之中，人们连性命尚且难保，谁还管他什么"昌阳侯""昌阳王"的，即便有人说，有几个人有那种闲情雅致去听？就这样，日复一日，年复一年，过了数十乃至百年以后，了解实情的人陆续去世了；之后，从前辈人口中知道点儿实情的人也一个一个离世而去，昌阳城的细节与大墓的实情在昌阳城民间逐渐失传了。后来的人们只看到高大的封土堆与神道边的石羊、石马等石像生（至明代已所剩无几，明初，刘姓来居，此处汉墓地尚有石羊两只，故村名"石羊"；明中期，宋姓来居，因北有汉石刻马两匹，村称"二马"）却并不知道下面是否埋葬了人，更不知道埋葬的是谁。

西晋以降，局势稍微平稳一些，近300多年的时光也已过去了，大墓成了当时人们心中的谜团。尽管昌阳旧城尚在，大墓仍存，可是，无人了解二者的联系；及至昌阳县被撤除，昌阳县衙迁走了，昌阳城昔日繁华尽失，本来就地广人稀的这一方古老大地人口也越来越少。昌阳城一年一年破败、倒塌、荒芜，到处野草深深，甚至成了野兽禽鸟的乐园，野兔、狐狸、郊狼、乌鸦、麻雀等成了昌阳城新居民……

日月照旧升落，昌阳城却少有生气。"泽葵依井，荒葛冒途。坛罗虺蜮，阶斗麏鼯。木魅山鬼，野鼠城狐，风嗥雨啸，昏见晨趋。饥鹰厉吻，寒鸱嚇雏。伏暴藏虎，乳血餐肤。"[1]——池沼里的水葵在街道上长起来了，荒野的葛藤爬满了大街小巷；土坛下趴满了毒虫，野兽在旧建筑间搏斗；山林中的妖怪，老鼠与狐狸，都在风雨里嚎叫，在夜里和早上乱蹿；饥饿的鹰磨快尖嘴准备攫食，鸱鸟得了食，害怕其他小鸟来抢夺，做声吓唬走它们；平时躲藏着不露面的野兽都跑了出来吃人。

这是南北朝时期鲍照描述被废后的广陵（今扬州）城而做的《芜城赋》中的一段，借来描述曾经繁华又被废弃的昌阳城有几分恰切。根据光绪版《文登县志》"灾异"中所记直到清末的昌阳城还是"水冲土裂，无数瓦砾"来看，

---

[1] 鲍照：《芜城赋》，上海：上海古迹出版社，1979年，第180页。

被废之后的昌阳城许多年一直都是一片狼藉，破败不堪。

　　尽管那时昌阳城里居民不多，周边也少有乡聚，很少有人谈论废城，大墓孤独静默，但是，受好奇之心驱使的人们对大墓的臆想猜测从未间断。

最后的"侯族"

　　为了寻找昌阳侯刘宪的后裔，著者曾经寻访了昌阳城周边许多村庄的刘姓人家，结果得知，这些受访者说他们都是先祖自明清时从外地迁来的；又寻查《文登市志》所载文登域内所有村庄，发现也无一村为汉时延续至今的土著刘姓村，也就是说，在昌阳城所在地今宋村周围乃至今文登域内都找不到刘宪后裔线索。《文登市志》对昌阳古城周边几个村庄建村史是这样记载的：宋村村：元初，昌阳古城之西有宋家、韩家、杨家3庄。天顺时，3庄合一。宋姓势盛，称宋村。石羊村：明初，刘姓自文城来居。此处临汉昌阳墓地，有石羊两只。清末，西侧林家庄并入。城东村：明成化时，王萃自北凉水湾来昌阳古城东门外立村。台上村：明正德时，刘姓自驾山来昌阳古城后寺土台上建村。郭家店村：明朝中期，郭姓自山后郭家来设酒店。1956年九顶埠并入。二马村：明中期，宋姓由九顶埠来居。村北原有汉代石刻马两匹。小寨村、大寨村：明末，王姓、孙姓分别建村。相传昌阳县曾在此设大、小营寨。[①]可见，这些距离昌阳城最近的村庄都建自元明之际，没有一个村是自汉代始建而延续至今的古村落，没有留存刘宪后裔踪迹。文登其他乡镇同样如此，也就是说，今文登域内找不到刘宪后裔的线索。那么，扩大寻找范围结果会如何呢？今荣成市为古昌阳县曾经的辖地，我们去那里找找看，同样没有。荣成倒是有不夜、斥（赤）山两村为自汉代或更早延续至今的古村落，可是，居民都非刘姓。与古昌阳县毗邻的今乳山市的情况又会怎样？乳山有万户、峒岭（后村被河水所冲，分为东峒岭、西峒岭）两村为早于汉时延续至今的古村落，皆为姜姓。根据《威海传统村落》相关介绍两村姜姓皆为姜太公之后，秦始皇二十六年（前221年），齐康公后世孙姜相伯为躲避追杀，由夹河下游公鸡岛迁往通天岭，三十七年（前210年）

---

① 文登地方史志编委：《文登市志》，北京：中国城市出版社，1996年，第41页、第43、44页。

相伯偕二子永泰、永通从通天岭再迁今址，分为两村而居。同样与刘宪无关。那么，是昌阳侯刘宪没有后裔吗？不大可能。不要忘了，古代王侯都是不止一房夫人的哦，根据石羊大墓反映的情况，昌阳侯刘宪应该有 4 位夫人，不可能一个子女没有。那么，其子孙都去了哪里？答案就是，或许他们都已迁回即墨老家。

当时，真实的情形也许是这样，由于战乱、疾病等原因，昌阳城的居民越来越少；昔日的繁华已然不再，昌阳废城失去了魅力，城里剩下的人也都投亲的投亲，靠友的靠友。最后，剩下的居民稀稀疏疏。这些剩下的居民中最为集中居住的是原来侯爵府周围的一些居民，他们都是昌阳侯刘宪的后代。他们之中的一部分人由于眷恋故土，已经相约陆续迁徙去了即墨；如今只剩下不多的几户人家。这几户人家之所以留下来，有两个原因：一是，等待心底那个愿景或许能实现，另一个是，每年的清明和春节都要去昌阳城西先祖庙、去昌阳城南大墓祭祀他们的祖爷昌阳侯刘宪。

可是，他们默默等待了一年又一年，又是几十个春秋过去了，恢复昌阳侯国的愿景越来越渺茫。终于，他们觉醒了，希望只是幻想。有一天，他们齐聚一起，商讨何去何从。后来，他们取得一致共识：投奔老家。就这样，一支由数百人组成的家族队伍，数十辆马车载着家当，从昌阳城出发，缓缓地向西而去，他们的终极目的地就是老家即墨。他们所行的回归之路与他们祖爷刘宪当年赴任之路并非同一条路，数百上千年的时间过去了，沧海桑田，老路早已没有了原来的模样。

他们的离去彻底带走了昌阳城与城南大墓的全部秘密。及至元、明之时，昌阳古城周边先后相继建起了宋村、石羊、城东、二马诸村。初来建村，人们只模糊知道汉代昌阳城，无人清楚昌阳城和大墓的真实故事。

昌阳城毕竟是座古城，城南里许还有几个高大的封土堆。肩负考据与对地方文化辩证重任的后来历代修志者都想弄清昌阳城与城南封土堆的底细与二者的关联，他们从古籍中获知，高大封土堆之北为西汉东莱郡昌阳故城，于是大胆猜测封土堆可能是昌阳城留下的祭祀坛；又在《史记》里看到司马迁关于"齐康公"的相关记载文字，说齐康公被迁海上，司马迁所说的环境竟然与昌阳城一模一样。

昌阳城就曾经是个濒海之城。元代的《一统志》记载说："昌阳山在文登西南三十里，一名'巨神山'（或作'巨神岛'）。山南有昌阳县城遗址。"
又说"昌山之南滨海，故亦可谓之'岛'。"①宋村村八十岁的刘术生老人回忆说，
他听老人说他们家早年分家的时候他的祖爷（记不清是哪一辈）是"二十一网"。
说明历史上的宋村确实靠海。

　　这样，他们就进一步推测加附会，是"齐康公"来此建了昌阳城，那城南
的高大祭坛是不是"齐康公"之墓呢？有人这样猜测。甚至"昔有人盗发康公
冢及砖而止，规制堂皇"挖到了墓砖，人们更加相信之前的猜测，除了齐康公，
在这远离王都的僻壤之地，谁能有资格享用这么高大封土的墓葬？猜测似乎很
合理，也自然就在民间传播开，并流传下来。

　　至于《文登县志》的相关记载那就晚多了，县志的撰写始于明代后期，所
记载的相关传说起初完全采集自民间。民间关于"康王"的传说就这样被县志
记载了下来。清末，撰志者甚至居然还在《汉书》的"王子侯表"里找到了
有关昌阳侯的"确切"记载："成帝永始四年封泗水侯戾王子霸为昌阳侯，
二十一年免。"于是，这段本是关于临淮郡昌阳侯刘霸的记载就被张冠李戴归
于东莱郡昌阳侯名下，出现在了《文登县志》里。

　　正如光绪版《文登县志·凡例》所言："纂修诸人沿革不证诸历代之史，
山川古迹不参稽唐宋之书，各凭目见耳闻俚语俗传著之于志，愈流愈舛。如邑
中昌阳故城讹为'康王'；山则根余（昆嵛）、昌山，马宾、牛耳、鹎鹕已泯
其迹；水则昌阳水，郭家河久失其名；温泉七所见于'乐志'（乐史撰宋地理
志《太平寰宇记》）、《齐乘》，今志非其旧数。以郭家河冒抱龙河之名，以
古桥河与木渚河为二（把本是一条河上下游两个名称古桥河与木渚河，错记为
两条河。'古桥河'是木渚河自今文登泽头镇南桥村以北上游的古称—著者注），
其载之历代诸志。及唐宋元书历历不爽者，或弃而不录，或更易其名，因陋就简，
不可枚举。"②

　　昌阳县被撤除、昌阳城县治被终止，至今已经过去了1754年，虽说时日久远，
但是，始置时期昌阳县县治昌阳城近500年的辉煌已是非同凡响。同任何文明

①李祖年：《文登县志》，台湾：成文出版社，光绪廿三年，卷一上，第11页。
②李祖年：《文登县志》，台湾：成文出版社，光绪廿三年，卷首，第9页。

都不是偶然出现的一样，昌阳城辉煌也不是上天的恩赐，而是靠着其深厚文化底蕴的滋养。

汉高祖刘邦又是因何独具慧眼垂青于东部边陲这方沃土，昌阳辉煌与繁华的历史画卷是如何奠定最基础的构想，翻开了华丽的篇章？

第三章　昌阳县

一、汉高帝御置昌阳县

秦代，胶东地统属腄县，先辖于琅琊郡，后归属胶东郡。统一天下之后，秦在齐地设置临淄（史学家谭其骧考证认为秦临淄郡即齐郡）、琅琊二郡，不久，又分琅琊置胶东郡（治即墨，今平度朱毛村一带），因地处胶莱谷地以东而得名，统领整个胶东半岛地区。"秦、汉初全国共有千三百多个县"，"这里的汉初指高帝五年汉王朝正式建立之时。这时的汉县基本上是秦县的沿袭，不会有太大的变动。秦灭齐，置临淄、琅琊二郡，后临淄分济北，琅琊分胶东。于秦到汉五年，齐地有临淄、济北、胶东、琅琊四郡，七十三县。"①《史记》记载秦始皇曾两度去往东陲成山，其中第一次就明确提到腄县，"始皇二十八年，东行郡县……乃并渤海以东，过黄、腄，穷成山，登之罘，立石颂秦德而去"。(《史记·秦始皇本纪第六》)②文中所言"过黄、腄"里的"黄"与"腄"，是秦东陲的两个县，即黄县与腄县，黄县（治今龙口市）在西，腄县（治今烟台福山）紧邻其东，当时的今威海全域统属腄县。始皇二十八年，为公元前219年，也就是秦始皇灭除六国统一天下的第三年。

光绪版《文登县志》载：（文登）"秦齐郡腄县地。《十道志》：'文登，汉腄县，有之罘（芝罘）山。'此据唐初言之，福山亦文登地，自福山以东皆腄矣……秦之腄东极于海，汉之腄则今福山县耳。"③民国版《牟平县志》记载得更具体："《元和志》云：'腄，即今文登县。'盖自今黄县、蓬莱以东，

---

①周振鹤：《西汉政区地理》，北京：人民出版社，1987年，第234页。
②司马迁：《史记》，北京：中华书局，1982年，第244页。
③李祖年：《文登县志》，台湾：成文出版社，光绪廿三年，卷一上，第1页。

直抵海滨，皆秦腄县地，其范围实跨有今福山、栖霞、牟平、海阳、文登、荣成等县。非若汉之腄县，只有今福山、栖霞县境已也。"①

汉朝建立以后，承继秦制，仍置胶东郡，后再分胶东置东莱郡（或曰分置于景帝时，治掖，今山东莱州）。《汉书·地理志》记载："东莱郡，高帝（前206年～前195年）置。属青州……县十七……育犁。昌阳，有盐官，莽曰夙敬亭。不夜，有成山日祠，莽曰夙夜。"高帝在全国不过一千多个县、整个齐地73县的情况下，于东部边陲之地设置昌乡（昌阳）、育犁、不夜三县，如此高的密度，又是如此迅速的决断，足见西汉朝廷对此地的重视程度，也足见此地之富庶。虽说昌阳、育犁二县设置的具体时间史书没有留下确切记载，但《汉书》记载东莱郡为高帝置，列举辖下县包括昌阳、育犁二县。光绪版《文登县志》记载："汉置昌阳、不夜二县，属东莱郡。"《乳山市志》"建县前境域归属"记载："汉高祖元年（公元前206年），置育犁县（治所在今育黎镇城阴村南），此为境内第一次置县，属青州东莱郡。"②我们从《汉书》与方志记载，推断昌阳县设置时间与育犁县同时，当在西汉初年，根据《牟平县志》的记载推测，昌阳、育犁二县当是分割腄县东部辖域而置。

图3-1 汉高祖刘邦

初置之时称昌乡县，属胶东郡。这一带为昌水、田滋河汇合而形成的冲积型平原、海边平滩及适合耕种的低矮丘陵，土地肥沃，利于农业的发展，而且，滨海而处，深得渔盐之利，在此设县说明当地农业、渔业经济较为发达。

"昌乡侯宪，胶东顷王子。建始二年正月封，三十年，元寿二年，坐使家丞封上印绶，免。"③这是《汉书·

①宋宪章：《牟平县志》，台湾：成文出版社，民国廿五年，第201页。
②乳山市地方史志编委会：《乳山市志》，济南：齐鲁书社，1998年，第39页。
③班固：《汉书》，北京：中华书局，1962年，第505页。

王子侯表》对刘宪被封昌乡侯的记载，文字里所提到的"昌乡"就是东莱郡昌阳改名之前旧称，也就是今威海文登区宋村。我们据此得知昌阳的前身叫"昌乡"，也就是说，置县之前，昌阳之地的行政单位应该是"乡"，置县初期沿袭旧称为"昌乡县"，这个名称从高帝置县开始使用一直到成帝建始二年，使用了175年。

　　刘宪被封侯，改"昌乡"为"昌阳"，昌阳也同时从原属地胶东国划归东莱郡。"东莱郡的沿革比较简单，武帝元朔二年，得淄川王子侯国：平度；成帝建始二年得胶东王子侯国二：昌阳、乐阳。"①析分的原因很简单：按照"推恩令"的规定"王国不辖侯国"，也就是说，诸侯王儿子受封所得的侯国地盘，只能在其老子王国范围内分割到，而儿子的侯国不能够归属其老子诸侯王所统辖，以防父子结盟联手谋反。汉武帝推行"推恩令"的初衷就是分割诸侯王的地盘，削弱其势力。

　　从西汉高祖时期始置"昌乡县"，到西晋武帝泰始元年昌阳县被废除，昌阳县经历了471年辉煌而繁盛的历史，成了昆嵛山以东地区坚守时间最久、辖区面积最大的县份。西晋惠帝元康八年（298年）恢复昌阳县，县治迁往长广郡（今莱阳照旺庄，或今海阳庶村），虽说异地仍称昌阳县，可是，从此，地处昌山、昌水之阳的昌阳故城风光不再，彻底失去了荣膺县治的头衔。

　　置县，首次得到皇帝的垂青。高祖皇帝的御批置县奠定了昌阳之后数百年的繁荣。推论原因想必是昌乡县因为在施行西汉初年实行的"休养生息"国策做出过非同一般的贡献，才吸引了高祖皇帝的关注。九十六年之后，西汉的另一位皇帝再次向这里投来关注的目光，这次是大名鼎鼎、有雄才大略的汉武帝。

二、武帝或亲莅昌阳考察过

　　昌阳县（时称"昌乡县"）在西汉武帝时期曾经首次设置盐务管理机构——盐官署。《汉书》对此记载："昌阳，有盐官"，没有具体记录下哪个皇帝何时所设。《荣成市志》"盐业"条记载："清代以前史书记载，早在汉元封元

---

①周振鹤：《西汉政区地理》，北京：人民出版社，1987年，第115页。

年（前110年）即设昌阳盐官。"①据此可知，汉武帝首置昌阳盐官是在元封元年。当时昌阳县属胶东国所辖，昌阳尚名昌乡，所以，盐官署应该叫"胶东国昌乡盐官署"。此后，至少直到成帝年间这一相当长的历史时期里，昌乡盐官署都一直是汉代东部边陲昆嵛山以东地域唯一的朝廷盐务管理机构，是今威海市境内唯一一处古代盐官署。而昌阳盐官设置的那一年，汉武帝有可能亲莅昌阳城考察过。

据上海复旦大学中国历史地理研究所教授、著名历史地理研究专家周振鹤先生的考证，西汉成帝时期，全国设立37处盐官，今山东辖域内占11处，它们是千乘郡（今博兴西北）、都昌（今昌邑）、寿光、曲成（今招远西北）、东牟（今烟台东南）、东莱郡眩（今龙口东）、昌阳（今文登南）、当利（今莱州）、海曲（今日照西南）、琅琊郡计斤（今胶州）、长广（今莱阳东）。

成帝比武帝元封年间晚了近一百年，按一般规律年代越靠后官府的管理应该越周密，官署的布局越密集，设置的衙署应该越多，而更晚的成帝时期昆嵛山以东地域的盐官只有昌阳一处，至少说明西汉直到成帝时期昌阳盐官一直是昆嵛山以东地域唯一的盐务管理衙署。

图 3-2 汉武帝刘彻

汉武帝从元狩五年（前127年）开始实行盐铁朝廷专卖制度，全国的盐铁全部收归朝廷统一管理，由中央大司农直接统辖。

大司农，又称"大农令"，汉时全国财政经济的主管。负责赋税的征收，经营盐、铁、酒的制作及专卖，从事均输、平准等商业活动，而且管理漕运和调拨物资，负责国家官吏的俸禄、军政费用等财政开支。

《史记·平准书》记载："使孔仅、东郭咸阳乘传举行天下盐铁，作官府，

---

① 刘远华：《荣成市志》，济南：齐鲁书社，1992年，第481页。

除故盐铁富家者为吏。"①也就是说，让孔仅、东郭咸阳两人负责全国盐铁事宜的管理与赋税的征收，设置官署，招收那些盐铁大家富商做管理的官吏。

孔仅（生卒年不详），西汉大臣、大冶铁商、财政家。原籍梁国睢阳南阳（今河南商丘）人。武帝元鼎二年（前115年），任大农令，领盐铁事，主管盐铁专卖。孔仅因为精通盐铁生产技术，又对朝廷有所捐赠，因而被汉武帝委以重任——掌握了当时国家经济命脉的掌管盐铁事务的"大农丞"。东郭咸阳，西汉齐国青州人，是资产累千金的大盐商。汉武帝时，为大农丞，领盐铁事。

刘邦灭楚立汉，虽然得到了天下，可因为经历了前面的长年征战，早已是国贫民弱，据说当时即便是皇亲国戚也有穷得叮当响的。为了彻底改变这种状况，才有了汉初七十余年的休养生息，那时，国家对老百姓的管治政策相当宽松，只要你有本事，你就自己寻找发家致富门路，想方设法赚钱去吧。包括山川、河湖开禁，人们自由做生意，不用缴纳赋税。没用几年，就有大批人积累了大量财富，成了一方富豪。他们凭着煮盐或开铁矿，获得巨大利益。一些富豪不仅财富越积越多，而且，势力也越来越大。他们中的某些人还企图通过手中的权力和经济实力，垄断国家的经济命脉。他们投机倒把，囤积居奇，操纵市场，贱买贵卖，牟取暴利；他们大量铸造劣质钱币，放高利贷，偷税漏税，加速商业资本的积累；他们还掠夺和剥削小生产者，兼并农民的土地，迫使一些破产农民沦为他们的奴隶。

到了汉武帝时候，连年征伐匈奴的战争使得汉朝廷中央财政不堪重负，费用浩繁，连年入不敷出，甚至减捐御膳，取出内府私帑，作为弥补，尚嫌不足。再加上水旱天灾，时常发生，东闹荒，西啼饥，货物供给出现缺乏。

元狩三年（前120年）的秋季，山东大水，漂没民房数千家，虽经地方官发仓赈济，也是杯水车薪，全无济于事，再向富民贷粟救急，亦觉不敷。无奈何想出移民政策，迁徙灾民统共约有70余万口去关西寻找生路，这些迁徙的百姓们沿途啼饥号寒。就是到了关西，也是谋生无计，仍须官吏贷给钱财，因此靡费越来越多，国库空虚，资材奇缺。

汉武帝被国家遭遇的困境深深地困扰着，一味地考虑如何开源，多次召集

---

① 司马迁：《史记》，北京：中华书局，1982年，第1723页。

群臣议事，商讨用什么方法尽快为国家积累财富。廷尉张汤是个很有头脑且善施计谋和手段的人，他提出许多新建议，想了不少行之有效的好办法，使汉武帝刮目相看，不久，就被提拔为御史大夫。

上任之后的张汤更是费尽心计定出数条新法，得到汉武帝的认可，接着逐条落实，很快收到了明显效果，这些新法主要包括以下几条：一，商人所有的舟车，限期必须如实上报，然后全部由国家统一管理，拥有者必须缴纳税金。二，禁止民间私自铸造铁器，禁止私自煮盐酿酒。所有生产盐铁的地区及酿酒等处，均收为朝廷所有，归朝廷统一管理，设官专卖。三，令郡县销毁半两钱，改铸三铢钱，质轻值重。四，作均输法，让各郡国把当地土产当作税赋，缴纳给朝廷；朝廷再让官吏以高昂的价钱转手卖出去，获得的收入支付朝廷财政开支。五，在长安设平准官，其职责就是平抑货价。当市场上货物价贱时大量买入，价贵时再卖出去，从而获得丰厚的利润，为朝廷积累大量的财富。

尽管如此，制度方面的不足，一直没有从根本上得到合理解决，使汉武帝大伤脑筋。元鼎五年（前112年），武帝号召列侯从军的指令没有得到响应，这使汉武帝坚定了打击列侯集团的决心，故于当年九月借"进献酎金成色不足"为由废免106位列侯，对列侯集团进行全面清算。案发之后，列侯人数只剩下原来的半数。显然，很多高帝功臣侯被废免的原因绝非"酎金成色不足"那么简单，而武帝的目的就是要侵夺他们封国的税收。武帝此举使得封地逾万户的大侯国基本上被消灭，中央财税收入大大增加，而列侯封户超越诸侯王的不合理现象也得到解决。在这种情况之下，朝廷又采取一些应对措施，使得山海之利重归国家。这些措施就是在全国推行冶铁、煮盐等行业由朝廷统一管理，在这些物资的产地设置管理机构，派出管理官员，强化管理，武帝趁热打铁在全国设置了一大批盐、铁、工、服等官，同时设置了相应的管理衙署。

元封元年，汉武帝任命桑弘羊为搜粟都尉并代理大农令，孔仅负责的盐铁事业全部由桑弘羊代理。桑弘羊设斡官，总管盐铁的专卖收入。还将地方划分为若干区片，由中央向这些地区派出大农部丞数十人领导各地方郡国的盐铁官，加强了对盐铁事业的领导和整顿，增设了许多新的盐铁官。这一年，汉武帝决定带领文武百官去泰山封禅，这是他登基以来首次举行泰山封禅。这次出行，汉武帝有三件大事要办：去成山头祭日、考察设立昌乡盐官和到泰山封禅。去泰山之前，这年的三月份汉武帝曾经去过泰山一趟，但是，见到山上花草树木的叶子还没有长出来，并未上山，更没有举行封禅，只是派人把一块石碑运上山，立在泰山顶上。接着，"上遂东巡海上，行礼祠八神"（《史记·孝武本纪》），就是说，他又从泰山出发东巡海上，行礼祭祀天主（祠在今山东淄博天齐渊水）、地主（祠在泰山梁父山）、兵主（祠在今山东东平蚩尤冢）、阴主（祠在山东莱山三山岛）、阳主（祠在今烟台芝罘山）、月主（祠在今山东龙口莱阴山）、日主和四时主八神，而"日主"祠就位于大地最东端的成山头。篇末，司马迁写道："太史公曰：余从巡祭天地诸神名山川而封禅焉。"四月份，武帝再次回到泰山，举行了封禅大典。正是这次出行，汉武帝和司马迁有可能都到过昌阳城。

昌阳（乡）县地界位于成山头之西。当年，秦始皇去成山头祭日半路上驻跸过的文山大约是后置昌阳县之北缘或贴近。这次，也许正是利用路过昌阳县、莅临昌阳城的机会，汉武帝通过对昌阳城各种条件包括地理优势的全面考察，通过与育犁、不夜两县的比较，才决定在昌阳设置盐官，扭转以往对该地区煎盐业管理不善给朝廷税赋造成损失的状况。置昌阳盐官与成山头祭日两件事发生在同一个年头，如果二者之间不存在相关点，则可视为巧合；然而，这两件事不仅存在相关点，即同年同地发生，并且关联紧密，必是有着内在的因果关系，因而我们推断当年汉武帝或许亲莅昌阳城考察过。总之，决定设立昌阳盐官，汉武帝无论是早有预计，还是临时起意，既然有了这个想法，怎可错过路经昌阳县亲往考察一番的机缘？不要忘了，昌阳城可是当时东陲繁华城邑呢，而且，三月份在成山祭日，四月份到达泰山封禅，中间有足够的时间；更值得注意的是八神中的四时主祠所在的琅琊台就在胶东半岛南部黄海边（今青岛黄岛区琅琊镇），若从成山去琅琊台再到泰山是最佳路线，途中必经昌阳城。也正是这年十月举行了登基后第一次封禅的汉武帝接受大臣的建议改年号为"元封"的。

那么，盐官有着怎样的职责，又有什么样的权力呢？

周振鹤教授在其《西汉县城特殊职能探讨》（1986 年）里考证说，西汉盐铁工服诸官署都是中央设在各郡国（而不是各县）的管理机构，这些官署的具体设置地点，并不都在郡治，而在郡中某个相关的县里，如铁官设在出铁之县。盐铁官署由郡直接管辖而不是盐官机构所在县所属的行政管理单位。盐铁官署的级别，《郡国志》记载说："随事广狭置令、长、丞，秩次皆如县、道"，说明盐铁官署与县级政区地位相当，管辖地区大的设"盐官令"，地区小的设"盐官长""盐官丞"等。盐铁官的地位、秩俸(薪酬)与县的官长同等,也就是说盐官令与县令是平级的,不是隶属关系。

当时,管理盐务的办法是,民制、官收、官运、官销,煮成的盐由官府按盆给以一定的工价,全部收归官有。盐官的主要职责是负责盐的开采,包括管理煮盐的"灶户""坨地"的划分、"盐引"(相当于如今的营业执照)的发放以及灶户间矛盾的协调与处理,最主要的是向灶户征收盐税。其次,盐官还负责盐业的运输、盐的贩卖权等。

坨地,是盐课司(盐务管理机构)划分给灶户用于制作、晾晒煎盐原料卤泥的海滩地。一坨地,标准坨地为边长120弓(合60亩)的正方形地面。

"灶户"(从事专业煮盐家庭)自备煮盐的费用,官府提供主要的生产工具牢盆(煮盐用的大铁锅),若无牢盆,则无法煮盐,其实,朝廷就是通过这种办法间接控制煮盐的生产。灶户生产出来的盐产品全部交由官府专门机构收购;百姓需用,再去官府购买。

海盐煎煮一般采用"刮泥取卤煎盐"的方法,这种方法主要分四个步骤,就是刮泥、淋卤、试卤、煎盐。

"刮泥"最劳累,就是引海水浸泡坨地里提前翻起的海滩泥,使大量盐分附着在泥上;潮水退去后,再用人力或牛力把浸泡过的海滩泥刮翻起来晒干,作为提取卤水的原料。要把一坨卤地翻刮完,需要包括孩子在内的全家人连续几天不停地劳作。淋卤,就是把晒干的富含盐分的海滩泥收集挑入坑中,以海水冲淋,盐溶于水,经坑底卤管流入卤缸,就是卤水。再用莲子试卤,测试含卤浓度:莲子下沉的为淡卤,浮而直立的为半淡卤,浮而横卧的为浓卤,原理和现代的比重计相同。获得的浓卤水用煎盐锅烧火煎熬蒸发掉水分获得结晶盐,这就是煎盐。

煎盐一事自古就为历朝历代的统治者所重视,特别是从汉武帝推行《盐铁法》实行盐官制和食盐专管制以后,朝廷对煎盐的管理更加严苛。西汉时期,盐业由官府统一管理,并统一招募百姓为之制盐,官府给予"牢盆"作为制盐工具,而敢擅自制盐者,将受到断左脚、没收制盐器具的惩罚。

唐明宗(933年)规定:(私自)刮卤煎盐一两至一斤,买卖人各决臀杖(用棍棒打屁股)十三;一斤至二斤,各决臀杖十五;二斤至三斤,各决脊(背部)杖十七;五斤以上者二十,以至处以死刑。

明代朝廷规定：灶户凭盐牌煎盐，无锅牌煎盐者以私盐论处。灶户世袭，不得弃灶归农，私逃者治重罪，严重者判死刑。

明正统二年（1437年）规定：灶丁（煮盐者）犯逃罪，除了要缴纳官府规定的煎盐数额之外，还要每天缴纳煎盐三斤；犯了死罪、流放罪等犯人可以各自按照不同的年限按照每天缴纳不同数额的煎盐来赎罪。

《史记·平准书》说：朝廷又往往在主要县份设立均输官和盐铁官。这样看来，作为西汉朝廷设置的盐官署所在地昌阳当时是被十分看重的。

整个西汉时期，三位皇帝可以说给了昌阳足够的荣耀，高祖御置县，武帝钦命盐官，成帝敕封侯国；而昌阳侯刘宪又在此生活了30多年，正是因为他的到来，"昌阳"之称才得以叫响并传世。到了东汉，由于不夜的并入，昌阳一跃成为东陲唯一大县。不夜县并入昌阳县是一种什么机缘呢？

三、后汉东陲独立大县

光绪版《文登县志》载："东汉，昌阳县省不夜，入之。属东莱郡。"[1]东汉光武建武五年（29年），不夜县并入昌阳县，昌阳县成为汉代东陲唯一一个大县，其辖域相当于今威海市环翠区、文登区与荣成市全部辖域；其实，要比这个范围还要大，因为原昌阳县辖区还包括育犁县的东部，原不夜县也包括东牟县（今牟平县）的东部。是什么原因促使历史做出了这样的选择，也就是说，当时发生了什么样的事件导致不夜县的并入呢？

民国版《莱阳县志》记载："光武建武二年，伪梁王刘永大将军张步循胶东，步据胶东、东莱等十三郡叛。永自称齐王。五年建威大将军耿弇击张步，降之。"[2]

张步，字文公（？—32年），琅琊郡不其县（治今山东即墨区）人。他平素喜欢结交各方人士，有一定威望。王莽地皇三年（22年）冬，刘縯、刘秀兄弟在春陵起兵后，天下豪杰纷纷起兵反对王莽。张步也乘机同其弟张弘、张蓝、张寿，在不其县聚集了数千人马起兵，接连攻下了邻近几个县城，声威大振，

---

①李祖年：《文登县志》，台湾：成文出版社，光绪廿三年，卷一上，第2页。
②梁秉琨：《莱阳县志》，台湾：成文出版社，1935年，第105页。

于是自称"五威将军",独霸琅琊郡。

建武元年,梁王刘永自称天子。实力越来越强的张步引起了梁王刘永的注意,刘永想拉拢张步,就利用自己"天子"的身份,任命张步为"辅汉大将军",加封忠节侯,总督青、徐二州,全权负责周边各个郡县。张步贪图爵位,于是接受了刘永的册封,接着他在剧县(今山东昌乐县西)整顿军队,任命自己的大弟弟张弘为卫将军,二弟张蓝为玄武大将军,三弟张寿为高密太守,又派手下将领出兵攻打并占领了太(泰)山、东莱、城阳、胶东、北海、济南以及齐郡(今山东淄博)等地。张步占领的地区逐渐得到扩张,武力也日复一日强盛起来。

建武三年(27年),刘秀任命伏隆为太中大夫,持节出使青、徐二州招降各郡国。张步派使者孙昱去和伏隆见面,还令孙昱随伏隆到洛阳上书请降,献上鳆鱼等土特产作为贡献礼物。刘秀拜张步为东莱太守。刘永听说伏隆到了剧县,马上派人飞马赶赴剧县,宣布立张步为齐王,张步就杀了伏隆而接受刘永任命。

当时,刘秀正在对付北方的彭宠和南方的刘永、秦丰,没有精力对付张步,所以张步得以趁机在齐地发展势力,齐地十二个郡都先后被张步占据。

建武四年(28年),刘秀想要发兵占据张步控制下的太(泰)山郡,于是拜陈俊为太(泰)山郡太守,代理大将军去攻占太(泰)山郡。张步听说之后,派遣部将去攻打陈俊,双方大战于嬴下,陈俊大破其军,一直追到济南郡的边境。

建武五年(29年),已经消灭了关东其他割据势力的刘秀把兵锋指向了张步,命建威大将军耿弇率太(泰)山郡太守陈俊、骑都尉刘歆讨伐张步。

耿弇(3—58年),字伯昭,扶风茂陵(今陕西兴平)人。23年,年仅20岁的耿弇代父进京上书,走到宋子县(今河北赵县东北)适逢王郎假冒汉成帝的儿子刘子舆在邯郸起兵。跟他一起来的郡吏都投靠了王郎。耿弇觉得王郎靠不住,恰巧听人说刘秀在卢奴(今河北定县),就独身一人前去拜见,刘秀任命他为门下吏。

刘秀被封为萧王后,被罢兵。在耿弇的建议下刘秀没有接受更始帝的征召,后来任命耿弇为大将军。耿弇跟随刘秀转战河北等地,破铜马、高湖、赤眉、青犊等农民军,又追击尤来、大枪、五幡等部,直抵元氏(常山郡所,今河北元氏西北),屡立战功。被刘秀比作韩信。刘秀称帝后,拜耿弇为"建威大将军",

时年 22 岁的耿弇成为刘秀手下一位最年轻的大将军。

接着，耿弇乘胜进击，先后攻下祝阿（今山东省齐河县东南）、巨里，进军画中（今临淄西南）。之后，声东击西，连克临淄、西安（今临淄西北）二城。

张步自恃兵多，准备与耿弇决一胜负。耿弇故意示弱，退入临淄小城内，严阵以待。后又突击出兵，大战张步。估计张步将要撤兵，预先在其撤兵必经之路设下埋伏，一仗击败张步二十万人。耿弇"震旅还京师"，为东汉开国立下赫赫战功。

为了迅速消灭张步、苏茂，刘秀巧施离间计。派出两拨使者，分别告诉张步和苏茂说你们谁能斩杀对方来投降，就封谁为侯。

建武五年十月，张步斩苏茂，派使者带上苏茂首级投降，耿弇接受了张步的投降，随后张步脱去上衣身负斧锧到汉军军门请罪，耿弇把张步送到刘秀的行辕，刘秀遵守诺言，封张步为安丘侯，张步的三个弟弟张弘、张蓝、张寿分别到各自所在的郡县投案自首，自系于狱，刘秀都一一赦免了他们。

不久，腄、平度、育犁、昌阳、不夜、阳乐、阳石、徐乡八县合并。也就是在此时，育犁并入东牟，不夜并入昌阳。从立县到撤并，育犁县存续了 235 年，不夜县存续了 230 年。

不夜的并入，使昌阳县辖区直达东海边，昆嵛山以东地区全部纳入其统辖之内。昌阳县独踞汉境东域，昌阳城仍旧是这个东部边陲唯一、最大汉县的县治所在地。

至此，昌阳县开始了作为汉代东陲最大县的历程，直至西晋泰始元年，昌阳县被废除，辖地并入长广县，昌阳城县治资格自然被终止。昌阳县作为汉代东陲最大县的历程长达 236 年。这个曾经两汉时期设置最早、存续时间最长、辖区面积最大、一度成为"侯国"封地、曾经繁华一时、显赫一方、辉煌一世的汉东陲大县与两汉相始终，两汉结束，昌阳的辉煌也暗淡了下去。

投降之后，张步与家属被迁到洛阳居住。建武八年（32 年），刘秀亲征陇西隗嚣，张步见关东许多地方在刘秀西征之后都发生了叛乱，也想乘机东山再起。九月，他携妻子儿女从洛阳逃回临淮，与弟弟张弘、张蓝商议之后，想招集旧部，乘船入海，但事情被琅琊太守陈俊得知，陈俊派兵追击并斩杀了张步。

这个汉代东陲唯一大县只存在了 236 年，后来竟然被废除，其中真正的原因是什么？

四、昌阳县坚守 500 载

就胶东历史而言，说"昌阳县坚守 500 载"是不确切的，其实，昌阳县一共存在了 1096 年，也就是从西汉高帝初设昌乡县始至后唐庄宗同光元年（923 年）皇帝李存勖改昌阳为"莱阳"终，除去中间昌阳县被废除到复置（西晋武帝泰始元年至惠帝元康八年）所空缺的 33 年。昌阳县存续的整个历程可分为始置（两汉时期，历 471 年，治今文登宋村）和复置（两晋、南北朝、隋、唐及五代期间，历 625 年，治初今山东莱阳照旺庄前发坊村或今山东海阳市庶村南，后徙今莱阳城）两个阶段。这里所称的 500 载指的是前者，即始置时期。

"昌阳"之称首次见于史书是成书于东汉的《汉书》，而成书于西汉的《史记》则没有提及。根据周振鹤教授的研究，"昌阳"之称是于西汉末成帝年间由原来的"昌乡"改称而来。根据现在发现的秦汉封泥来看，只有"昌阳丞印""昌乡之印"及"昌乡"，未见"昌乡丞印"。昌阳县始置阶段，即从汉初置县到西晋泰始元年被废除，基本与汉代相始终，一共存在了 471 年，其中经历了"昌乡县—昌阳侯国—昌阳县—凤敬亭—昌阳县"几次名称变更，其属郡也经历了从胶东郡（国）到东莱郡再到长广郡、最终回归东莱郡的变换；县治昌阳城的名称也曾随县名进行过相应变更，然而，地点始终未变。

汉初高帝（前 206—前 195 年）始置县，这个时期称昌乡县，县治昌乡（后改称昌阳）城，属胶东郡辖下。

汉景帝前元四年（前 153 年），复置胶东国（胶东国为西楚始封），刘彻（即汉武帝）被封胶东王。昌乡县属之。汉景帝前元七年（前 150 年），刘彻被册立为太子，胶东国除，恢复胶东郡，昌乡县属之。汉景帝中元二年（前 148 年），复置胶东国，封刘彻的弟弟刘寄为胶东王，昌乡县属胶东国。

汉武帝元封元年（前 110 年）在昌乡县始设盐官，昌乡城为当时盐官衙署所在地。

汉成帝建始二年（前 31 年），第四代胶东王刘音之子刘宪被封昌乡侯，昌乡更名"昌阳"，成为"昌阳侯国"，昌阳侯国始从胶东国辖下划归东莱郡辖下。至此，结束了昌乡县 175 年的历史。汉哀帝元寿二年（前 1 年），刘宪被免爵，印绶被收缴，"昌阳侯国"撤除，恢复县，始称昌阳县，仍属东莱郡所辖。昌阳侯国结束了其 30 年的历史。

新莽始建国元年（9 年），昌阳改称"夙敬亭"，为夙敬亭县，仍属东莱郡所辖。又结束了昌阳县最初 10 年的历史。

西汉末，更始帝更始元年（23 年），恢复旧称。昌阳县仍属东莱郡辖下，经历了 14 年"夙敬亭"的历史。

至此，昌阳县在西汉期间，经历了昌乡县 175 年 —— 昌阳侯国首府 30 年 —— 昌阳县最初 10 年 —— 夙敬亭县 14 年，共计 229 年的历史。

接下来，昌阳县在改朝换代的战乱中度过了不安的两年，到了东汉建武元年（25 年），刘秀建立了新的政权。东汉建武五年（29 年），不夜县并入，昌阳县进入了辖区面积最大的历史阶段，昌阳城仍为县治所在地，属郡未变。此后，直到东汉末年，昌阳县作为汉代东陲最大，也是唯一县，经过了 191 年的历程。

三国期间，属魏统辖的昌阳县归属长广郡。民国版《牟平县志》记载："《补三国疆域志》云：'长广郡，魏分东莱、北海置。何夔传：迁长广太守，下言郡县六：有长广、牟平、东牟、昌阳，其二县当即不其、挺'。"[1]据此可知，昌阳县在长广郡辖下历 45 年。此间，虽说属郡易为长广，但是，昌阳县本辖域未变。

西晋泰始元年（265 年），昌阳县被废除，辖地归属长广县；昌阳城的县治资格自然被终止。东汉、三国昌阳县共计历 240 年，其中，作为昆嵛山以东地域唯一的县、也是辖区面积最大时期时长为 236 年。

光绪版《文登县志·建制沿革》记载："东汉昌阳县省不夜入之"，"晋省昌阳入长广。惠帝元康八年复置（昌阳县）于长广地，在今莱阳市界，（原昌阳县地）为（复置）昌阳县地"，说明昌阳县自汉高帝立县至西晋被废之前，县治一直为原昌阳城。

从西汉高帝立县到西晋泰始元年废除，始置阶段的昌阳县（始称"昌乡县"）共计坚守了 471 年（包括 30 年侯国、两汉间 2 年战乱）的漫长时间，可以视为"小五百年"，是两汉东境历时最长久的唯一大县。

---

①宋宪章：《牟平县志》，台湾：成文出版社，民国二十五年，第 202 页。

五、昌阳县版图有多大

根据《汉书》记载可知，今威海域内西汉时设有育犁、昌阳（昌乡）、不夜三县，最早置育犁和昌乡两县，5年之后置不夜。三县并立东陲。其中，育犁县，治所位于今乳山市区西北方向20公里的育黎镇城阴村，属青州东莱郡。关于育犁县的位置，北宋《太平寰宇记》记载："育犁，汉立县，后汉省并，入牟平，盖在今郡东南一百二十里厥港水（后改称乳山河——著者注）侧近。以地良沃，故以育犁名邑。"[①]《牟平县志》记载："育犁城在今县西南，距城一百二里。""厥港河，长二百十里，它发源三海山，东行经马石山之阴，嶞山之阳，又东折而南，曲经由古之东，折而西南，流至龙角山，又折而东，经横道口南，又东南流，为玉林南河。《寰宇记》云：育犁城在厥港水侧近，以地良沃得名也……又南至乳山口入海。"[②]育犁县辖区包括今山东乳山市辖区的中南部。东汉建武五年（公元29年），并入东牟县。

不夜县治所不夜城，故城址在今山东省荣成市埠柳镇不夜村南，东距成山头约30公里。王莽时改不夜为夙夜。不夜县辖区包括今荣成市辖区大部、今威海环翠区全境及文登区北部、东部及今烟台市牟平区东部，属东莱郡。东汉建武五年（公元29年），并入昌阳县。

昌阳县治昌阳城，位于今山东省威海市文登区宋村镇城东村西侧。属东莱郡。光绪版《文登县志》载："昌阳故城，汉县，莽曰'夙敬亭'，在城西南三十里，《汉书·地理志》：'昌阳县属东莱郡，成帝封泗水庆王子霸为昌阳侯。'《后汉书·琅琊王》：'京传永平二年以东莱之昌阳益琅琊。'而《郡国志》：仍属东莱郡，后汉省不夜县入之。魏属长广郡，晋初省入长广。惠帝时复置昌阳县于长广郡，地则今莱阳县，是。《续山东考古录》：'昌阳县故城在文登县西南三十里。'《后汉书·光武十王传》'章怀'注：昌阳故城在今文登县西南。《寰宇记》：莱阳县前昌阳县，理在文登县西南三十里，昌阳

---

①乐史：《太平寰宇记.登州》，北京：中华书局，1999年，第406页。
②宋宪章：《牟平县志》，台湾：成文出版社，民国二十五年，第246页。

故城是也。《齐乘》：昌阳故城在文登县西南三十里。晋初无此县，元康八年复立昌阳县，属长广郡，今莱阳县是也。"①该志又记载，"昌阳严墓在城（文登城）东北四十五里，文荣接界处，地名'三冢泊'，有石阙，高七八尺，其一，无字；其一，前刻'昌阳严'三字，后刻'严掾高'三字。古冢三丘，高如山阜……汉昌阳在邑境证以此石尤信。"②

图3-3 西汉景帝四年（前153年）初置东莱郡与胶东国及昌阳、不夜位置示意图（周振鹤《西汉政区地理》截图）

以上所引《文登县志》两则资料所言昌阳城与昌阳县均属实，只是前者所称"泗水戾王子霸为（东莱郡）昌阳侯"，今证实为讹误；后者所称"昌阳严"石阙地今属荣成市，此地原属不夜县，东汉初并入才归昌阳县辖。昌阳县，原称昌乡县，西汉末年成帝建始二年被封侯国才改称昌阳，30年后侯国废除始称昌阳县；东汉初年不夜县并入，辖区面积达到最大。昌阳县辖区东汉时期比西汉是有较大变化的。据古籍记载，西汉时期，昌阳县包括今文登县（2014年改

---

①李祖年：《文登县志》，台湾：成文出版社，光绪廿三年，卷一下，第1页。
②李祖年：《文登县志》，台湾：成文出版社，光绪廿三年，卷四下，第6页。

威海市文登区）的南部（北境边线或在文山附近或更北，从上面周振鹤"东莱郡与胶东国及昌阳、不夜位置示意图"可知概略，又，虽说文山海拔不高，由于秦始皇的登临，汉代时候文山就已经非常有名了，因其名盛加以正好位近不夜、昌阳两县治中间，足以做两县界点）、乳山县东部（若以汉时育犁与昌阳两县治的中点为两县分界线，昌阳县西境当至今乳山市南黄镇西缘）及荣成县的南部靖海、斥山（北境边线或近今荣成崖头）。也就是说，西汉昌阳县的大致范围，北到今文登文山附近，西至今乳山南黄镇西边，东及今荣成崖头，南穷今文登宋村南黄海边；东汉初不夜县并入辖域扩大，西起今乳山市南黄镇西边及今烟台市牟平区东部往东直到东海边俱为昌阳县辖区。

六、昌阳县被废原因探讨

昌阳县被废除的原因，著者以其发生于西晋之初时间点来推测，无非是由于战乱带来的人口锐减与经济凋敝。我们来看当时昌阳县的人口变化情况。

西汉平帝元始二年（公元2年）全国的人口数量，《汉书·地理志》记载："民户一千二百二十三万三千六十二，口五千九百五十九万四千九百七十八。汉极盛矣。"[1] "东汉末年社会黑暗、战乱不断、疫疾流行，人口在这一时期耗减很严重，建安年间，全国约有户310万，口1572万。"[2]接下来的三国时期，社会更加动荡，民不聊生。正如曹操在《蒿里行》诗中所描述的那样："白骨露于野，千里无鸡鸣。生民百遗一，念之断人肠。"在这样的年代里，无一地可以例外，无一人能够幸免，昌阳的百姓面临着同样的命运。按照这个下降比例来计算，昌阳城最繁华时有15000人口（据《汉书》记载的东莱郡人口数量得来），到东汉末剩下的人口数量尚不足4000人，昌阳城的凋敝是昌阳县的一个缩影。这样，地广人稀，撤并成为必然，昌阳县的命运也就走到了尽头。

另外，突发的灾难性事件也可能是促成废除昌阳县的原因之一。光绪版《文登县志》"灾异"记载了这样一件事："魏武时，东牟人王营聚众三千余家胁

①班固：《汉书》，北京：中华书局，1962年，第1640页。
②袁延胜：《东汉初年和末年人口数量》，《南都学坛》，2004年第3期，第15页。

昌阳县为乱，长广太守何夔遣王钦等授以计略，旬月皆平。

"按：东牟即宁海州，汉旧县。昌阳即文登，亦汉旧县。昌阳与东牟邻壤，故王营胁之为乱。晋元康八年始移（即废除之后，重新恢复昌阳县迁走县治——著者注）昌阳于今莱阳市（或今海阳庶村）耳。今昌阳故城中水冲土裂，无数瓦砾，或毁于王营之乱。"[①]

人口稀少，加上县城破败，迁走县治，也就势在必行。"水冲土裂"之水来自田滋河。田滋河发源于文登城西南十里的马山，流经今文登宋村镇曲疃庄、神格村，往南经回龙山东、炉上村西，又南流经台上村、城东村，又西南流经石羊村西，又西南流经宋村南，又西南流往郭家店，又西南流入鳝鱼港。此河在流经台上村东时，向西南分出一个河汊，河汊经城东村、穿过旧昌阳城，经石羊村西向西南流去。二十世纪七十年代"战山河"时期，对田滋河进行了河道改造与疏浚，改造疏浚后的河道取直，从台上村东直接南流，经城东村、石羊村东，南流入昌阳河。

"王营之乱"事件，规模很大，参与的人数不在少数，在当时应该是十分轰动、影响巨大。昌阳县当时属魏国辖下，事件甚至很有可能惊动了当时掌握实权、后被追封为"魏武帝"的魏国丞相曹操。"聚众三千余家"，按每家5口人计算，就有一万多接近两万人。而所谓"胁昌阳县"所胁迫对象既不是指昌阳县部分百姓，也不指县里一般官吏，而指的是昌阳县令。县志引用的这则资料来自《三国志·何夔传》，用语也基本上抄袭《三国志》。《宁海州志》"兵事"里也记载了这一事件，文字大同小异。事件经用"计略"，又用了一个月的时间才平息。到了西晋初年的时候，由于战乱、疫病等原因，昌阳县人口锐减，昌阳城已经破败不堪，不宜继续作为县治居地。从县志的记载来看，直到清末昌阳城仍旧是"水冲土裂，无数瓦砾"，一片破败景象。

西晋武帝泰始元年废除昌阳县，辖地并入长广县。昌阳县也从此在历史上消失了，也就是《文登县志》所说的"晋初无此县"（该志"古迹·昌阳城"条）。直到33年之后，晋惠帝元康八年在今莱阳（或今海阳县庶村）复置昌阳县，昌阳县才重新出现在胶东大地。

---

①李祖年：《文登县志》，台湾：成文出版社，光绪廿三年，卷十四，第10页。

昌阳县被废之后，昆嵛山以东地区没有再设置过县。直到 303 年之后的南北朝时期北齐天统四年，从牟平、观阳分出部分辖区，设置了文登县，取代了原来汉昌阳县的地位，辖境与东汉时期昌阳县的版图基本相当。

关于文登县的设置，光绪版《文登县志》认为当在天保七年（即 556 年），早于天统四年 12 年，文字是这样记载的："高齐（北齐也称高齐）天保七年析牟平、观阳地置文登县，即今县治，属光州长广郡，周（北周）因之。《寰宇记》：取县界文登山为名。文登山在县东一里。按：文登置县，《元和志》以为高齐后帝分牟平县置。《寰宇记》《齐乘》《一统志》俱谓天统四年置。惟《方舆纪要》谓为天保七年置。《北齐书》无'地理志'，考'后帝纪'，天统四年无更置郡县之文，惟'文宣帝纪'：天保七年诏曰：要荒之所，旧多浮伪，百室之邑，便立州名，三户之民，空张郡目，于是并省三州，一百五十三郡，五百八十九县，三镇二十六戍。文登置县当在是年，盖省并牟平、观阳而置文登，以《方舆纪要》为是。"[1]光绪版《文登县志》认为《方舆纪要》之说有道理，就从其说；但，更早的道光版《文登县志》却说："北齐后主天统四年，分牟平置文登县，属长广郡，取文登山为名。"[2]《隋书·地理志》也记载"文登县后齐置"。

后世与道光版《文登县志》一样，人们多遵从《隋书》《太平寰宇记》《齐乘》《一统志》之说，认定文登县设置的时间为天统四年。

在人们的印象里，"昌阳"似乎是个难以彻底说清楚的话题。历史上，叫昌阳的地方不止今威海文登宋村这一处。这恰恰反映出昌阳曾经的曲折与磨砺。历史上的昌阳城曾经历废除、迁徙及重置，所以，除了文登宋村，其他地方也有古昌阳城遗址，不过，那些遗址的年代都较文登宋村要晚，基本可以认定都是在昌阳城迁址之后复置昌阳县留下的。

古昌阳城与海阳的关系就是一段难以说清的历史疑案。今海阳之昌阳城是从今文登迁徙而去的，这点没有异议，但是，昌阳城何时迁往今海阳，因史籍没有确切记载，各种志书说法不一，所以难以定论。这段历史难以厘清，故这

---

①李祖年：《文登县志》，台湾：成文出版社，光绪廿三年，卷一上，第 2 页。
②欧文：《文登县志》，道光庚子新镌，卷一，建置，第 2 页。

里把不同的记载均列举如下，以备参照。

光绪版《文登县志》"古迹"云：今考昌阳城有四：《一统志》引古书而不断，《通志》断之而不明。《后汉书·光武十王传》注及《寰宇记》《齐乘》所载，晋元康以前之昌阳则在文登界。一在今莱阳县东七十里，其地亦有昌山昌水，今入海阳县界，在县（文登—引者注）西八十里有昌阳故城。晋元康所置昌阳县，是也。一在莱阳东南二十五里，《齐乘》谓"隋大业间筑"，唐永徽初为水坏。《寰宇记》所谓"废昌阳城"，是也。一为今莱阳县治，《旧唐书·地理志》载"永徽元年移治，古城西北二十五里"，是也，后唐改曰"莱阳"。自唐迄宋元文登之昌阳古书确有明证，自明以来志书讹谬，考核不详，昌阳与昌山、昌水并失之。[1]

—— 所举四处昌阳故城，后三处承续关系不明确，缺乏详尽考证。今海阳县界昌阳故城"晋元康所置昌阳县"，是。但，从今海阳迁今莱阳（"隋大业间筑"）原因及具体时间未明。

乾隆版《海阳县志》：汉县故址，海阳县曰昌阳，属东莱郡；曰观阳，属胶东国。[2]

1988年版《海阳县志》"昌阳城遗址"：西汉初年，昌阳城建于文登市西南15公里处的宋村镇昌山（回龙山）前，新莽建国元年（9年）曾改昌阳为凤敬亭。更始元年（23年）恢复昌阳旧称。昌阳城迁往今海阳市南部庶村南，仍称昌阳，属东莱郡。西晋初昌阳废。西晋惠帝元康八年（298年）恢复昌阳城，城址迁至今莱阳市照旺庄镇前发坊村。[3]

—— 这两段文字选自不同版本《海阳县志》，对昌阳城西迁今海阳的说法不一，前者语焉不详，没有交代清楚"昌阳"的由来；后者也未交代清迁往今海阳的具体时间，据行文看似在东汉，误。光绪版《文登县志》等古籍明确记载，东汉初不夜并入昌阳县，那时昌阳尚在原址。

《海阳市镇村简志》"庶村·概况"：庶村村南为西汉时昌阳城遗址，王

---

① 李祖年：《文登县志》，台湾：成文出版社，光绪廿三年，卷一下，第1页。
② 包桂：《海阳县志》，卷二，星野，第18页。
③ 荆甫斋，刘志耘：《海阳县志》，济南：山东新闻出版管理局，1988年，第962页。

莽时改为凤敬亭，东汉复建昌阳城。①

——迁海阳似在王莽篡汉之前，具体时间不详，而且只是一种推断，没有确切历史依据，无令人信服的考据；且自相矛盾，前曰"西汉时昌阳城遗址"，后曰"东汉复建"，表述含混，复建原因未明。"东汉复建昌阳城"可能为"东汉复称昌阳城"之误。

民国版《莱阳县志》：昌阳城，汉置，在文登西南三十里昌山之阳，《文登志》今讹为康王城。何时西徙，不详。莽改凤敬亭，后汉复。遗址在今海阳庶村南。晋初废，惠帝复移治于其西北七十里（遗址在今莱阳照旺庄发坊），唐永徽初徙今治。②

——"何时西徙，不详"，而据下文，王莽改称、后汉复，似乎皆发生于迁海阳之后，时间在东西汉之间，一误；晋初废（昌阳）、惠帝移治，似乎均在迁海阳之后，二误。光绪版《文登县志》明确记载，"《寰宇记》：'今县东北八十里有不夜故城，后汉省并昌阳'是也。"直到东汉末昌阳县未移治。

莱阳政协：《莱阳历史文化溯源》："汉代的五座古城"："昌阳城是古代胶东地区重要的地名之一。历史上昌阳城先后搬迁过3次，有4个城址。西汉初年，初置昌阳县，因在文登西南15公里处的昌山前而得名；西汉末期，昌阳城西迁至现在海阳南部的庶村南，在此设立盐官署，王莽时改称凤敬亭；西晋元康八年（298），昌阳城又北迁到了现在莱阳照旺庄镇发坊村一带……"③

——只是提出西迁大概时段"西汉末期"，没有具体年代；"西汉末年，西迁海阳，在此设立盐官署"，推断是错误的，昌阳盐官设置的时间，《荣成市志》明确记载为汉武帝元封元年，即前110年，为汉中期，地点是在始置时期的昌阳，即今文登地。

以上诸志众说纷纭，大多没有确切实证，且部分说法自相矛盾，不能令人信服。唯《文登县志》所言之"自唐迄宋元文登之昌阳古书确有明证，自明以来志书讹谬，考核不详，昌阳与昌山、昌水并失之"较为客观，既指出了昌阳

①海阳市方志编委会：《海阳市镇村简志》，北京：科学普及出版社，2004年，第939页。
②梁秉锟，杨酉桂：《莱阳县志》，台湾：成文出版社印行，民国24年，第25页。
③莱阳政协：《莱阳历史文化溯源》，北京：科学普及出版社，2009年，第50页。

城记载混乱的原因，又为我们寻觅昌阳古城迁徙踪迹提供了正确路径。

其实，关于古籍中昌阳记载混乱的原因，历来有不少治史者进行过探究，譬如清代的叶圭绶在其所著《续山东考古录》"莱阳县"条目下列举了《通典通考》《元和志》等古籍认为长广之昌阳即汉县例证之后，感慨道："近志无知汉治在文登者也。"①

今海阳县昌阳城遗址各种版本古今方志皆有言，尽管何时从原址迁往史无定论，但客观史实毋庸置疑。以上所列诸例唯《文登县志》所言（今海阳县界）"晋元康所置昌阳县"最是。另，2017 年版《威海市志》亦持此观点。著者赞同元康八年复置迁往今海阳庶村南的看法。昌阳城西迁路线应该是，西晋元康八年（298 年）复置于今海阳庶村南，隋大业（605—616 年）再徙今莱阳发坊（《齐乘》有"废昌阳城，莱阳东南二十余里，隋大业间筑"之语），唐永徽（650 年）三徙莱阳今址。如果昌阳县西晋元康八年复置于今海阳庶村南这段历史可以坐实的话，那么，昌阳县居于今海阳庶村南则有 307 至 318 年之久。不过，晋元康复置于今海阳庶村，只有《文登县志》与《威海市志》概略之言，隋大业再徙今莱阳发坊也只凭《齐乘》"隋大业间筑"一家之言，史籍对此二说均缺乏确切翔实记载，相关历史细节有待考证。这段历史彻底厘清，尚需新的详尽证据。

七、封泥所见的昌阳县

封泥又叫作"泥封"，是保留下来的盖有古代印章的泥团，因而是珍贵的历史实物，主要流行于秦汉时期。由于原印是阴文，钤在泥上便成了阳文，其边为泥面，所以形成四周不等的宽边。封泥是一种官印的印迹，为古代缄封简牍钤有印章以防私拆的信验物。古代文书都用刀刻或用漆写在简牍上，封发时装在一定形式的斗槽里，用绳子捆上，在打结的地方，填进一块胶泥，在胶泥上打官印；如果简札较多，则装在一个口袋里，在扎绳结的地方填泥打印，作为信验，以防私拆。然后把封泥放到火上烤干，这才能交给投递人员。而送达的文件被收件人揭开以后，封泥就会如今人用过的信封一样被扔掉。

---

①叶圭绶：《续山东考古录》，光绪十一年刻本，卷十二，第 3 页。

图 3-4 汉"昌阳丞印"封泥（临淄 王令波提供）

封泥的发现是近二百年的事，清道光二年（1822 年），四川农民挖山药时发现一批封泥，百余枚。之后时有古代封泥被发现，譬如今山东境内古齐国地先后发现数批为汉代官府所用封泥。发现封泥数量最多的一次，当数 1995 年 11 月 20 日在陕西西安北郊未央区相家巷汉长安桂宫遗址发现的 2000 多枚秦代封泥。相家巷村地处渭河南岸，专家考证这里当属秦代都城咸阳渭南宫区，是皇帝居住办公之地，据此推断这批封泥可能是秦始皇和秦二世经手之物，甚至是他们亲手剥下的。

图 3-5 "昌乡"封泥（临淄 王令波提供）

山东临淄是早期出土古代封泥的地区之一，至今临淄历年出土封泥共 2000 余枚。临淄齐都镇北郊的刘家寨，位于齐故城内大城之中区，从清代就有封泥出土，很多专家学者们对出土的封泥进行过多方面研究与论证，获得了可喜的研究成果，在多方面填补了史书的缺漏。

王令波和乔中石[1]是两位封泥收藏家与研究学者，特别是对临淄出土封泥的研究尤深。西泠印社副秘书长、上海博物馆研究员孙慰祖在为二人《临淄新见战国两汉封泥展图录》一书所作的"前言"对二人在封泥研究方面取得的成果给予了高度评价，列举了两人收藏的齐地历年所出封泥中获见的西汉初年县邑 68 个，这些县邑"以分布于汉初胶东郡、

---

[1]王令波，1963 年生于山东临淄，中国收藏家协会会员、齐鲁古玩商会会长、山东九宫阁齐国文字博物馆馆长，致力于齐文化的保护、传承与研究工作。乔中石，笔名大木，1972 年出生于陕西凤翔县，中国印学博物馆副馆长。

胶西郡、临淄郡、济北郡最为密集，其所涉范围主要在西起博平，东至东牟，北及乐陵，南抵下邳这样一个区间，（前言语）作者列举之中就包括昌阳。丞，为次官，昌阳丞，相当于现代所言的昌阳副县长，"昌阳丞印"，可证确有昌阳县。在前言中作者还列举了二人封泥藏品中应该值得重视的大量乡官印文，在所列举的 57 枚乡官封泥中有"昌乡""昌乡之印"，指出"这些乡官印文多含有鲜明的秦篆因素，表明其时代多属汉初。"

台湾中兴大学的游逸飞博士在所著《汉初齐国无郡论》一文中统计临淄刘家寨封泥所见乡的封泥中"昌乡"14 枚，"昌乡之印"4 枚，并且考证都是胶东国辖下之县。

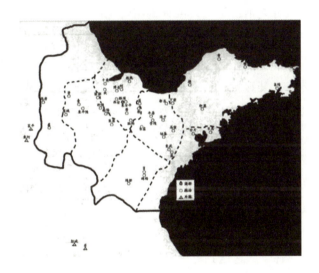

图 3-6 临淄刘家寨封泥所见今山东省境内地望（游逸飞《汉初齐国无郡论》截图）

刘创新的《临淄新出汉封泥集》（西泠印社出版社）一书收入一枚昌乡封泥照片（见图 3-7）。

图 3-7 "昌乡"封泥（正面）　图 3-8 "昌乡之印"封泥拓片

专家学者们的研究都不约而同认定封泥所印证的昌阳县为西汉初年所置，封泥佐证了研究者关于昌阳县初置时称昌乡县的推论。根据《汉书》记载及周振鹤教授的考证，西汉东莱郡昌阳原来叫昌乡，成帝建始二年（前31年）被封侯国才改称昌阳，所以"昌阳丞印"封泥使用的年限不会早于此时。其使用年限大约从西汉成帝建始二年到西晋武帝泰始元年（265年，昌阳县被废）之间。侯国期间，昌阳设两丞，一为昌阳侯刘宪家臣"家丞"，一为朝廷在侯国所设县丞。发现的"昌阳丞印"封泥应该是属于昌阳县的；昌阳侯刘宪侯府所用封泥，其印文应该是"昌阳侯丞"或"昌阳家丞"。

"昌乡"封泥使用时间要早于"昌阳丞印"封泥，大约在西汉成帝建始二年昌阳被封侯国改称之前；更早，或许为秦封泥，为秦代昌乡官吏所用；也可能是西汉初年刘邦初置昌乡县时官吏所用。刘创新在《临淄新出汉封泥集》"前言"中说："目前所见临淄封泥中的乡印，文字风格较县印更为古拙，遗有明显秦文字的体势，其封泥的形态，也在秦与汉初的形制范围之内，故部分乡印的铸造年代可能在西汉之前。"张海龙和张爱云[1]在《山东淄博市临淄区齐国故城出土汉代封泥》中收录的"昌乡之印"封泥（见图3-8）是昌阳改称之前为昌乡的实物证据。"昌乡""昌乡之印"封泥的发现佐证了复旦大学教授、著名历史地理研究专家周振鹤先生关于昌阳县初建及以前称昌乡的推断。在齐国辖域故地，其他地方秦汉间没有与之同名的行政区。

这些昌阳、昌乡封泥都是2000多年以前在今山东文登宋村城东村用当地黄土制成随简牍文件一起递送到上级官府的。

---

[1]张海龙，山东省淄博市临淄区齐文化研究社，原理事。张爱云，齐国故城遗址博物馆，馆员。

第四章　昌阳汉文化与物产追溯

汉昌阳县域内文化底蕴雄厚,有旸谷羲仲宾日、成山祭日、郑司农讲堂遗址,还有昌阳严石阙,司马长元石门,等等,虽说今天我们已经剖析了康王城、康王庙及康王冢的真相,但是,尚有多处神秘古迹等待人们解读。这里我们把古昌阳县境内遗存的部分汉代重要文化现象做个简单介绍。

一、昌阳地聚众讲学的汉末通儒郑玄

郑玄(127—200年),字康成,北海郡高密(今山东潍坊市)人。是东汉末年的经学大师,他遍注儒家经典,以毕生精力整理古代文化遗产,使经学进入了一个"小统一时代"。他对儒家经典的注释,长期被封建统治者作为官方教材,收入九经、十三经注疏中,对于儒家文化乃至整个中国文化的流传作出了相当重要的贡献。

郑玄幼时聪颖好学,相传八九岁时学数学,十三岁能诵《五经》,并好天文占候之术。十六岁时,不但精通儒家经典,详熟古代典制,而且通晓谶纬方术之学,又能写得一手好文章,在当地声名远播,被人们称为神童。十八岁那年,他充任乡啬夫之职。乡啬夫是乡一级地方小吏,掌管诉讼和税收等事。对于自己主管的工作,郑玄勤勤恳恳,十分认真,甚得乡里的好评,不久便晋升为乡佐,大约相当于今日之副乡长的职位。虽然上司器重,乡亲拥护,但郑玄却不安于乡吏的工作,而一心向往研究学术,而甘愿当个学者,只要有空闲就到郡县学馆去向人请教学问。他的父亲知道了十分生气,阻挠他去郡县学馆而希望他能够做官,而郑玄终不为父亲所动,矢志不移,苦读不辍。

那时候,北海相叫杜密,他到高密县巡视时见到郑玄,一番聊谈以后,认为郑玄是一个不可多得的人才,调任他到郡里为吏录。郑玄到了北海郡不久,杜密又推荐他到京城太学受业。于是,郑玄又辞去吏职,入太学研修学业。从师第五元先门下，学习了《京氏易》《公羊春秋》两部今文家著作，又学会了《三统历》《九章算术》等。再后来，又师从东郡（今鲁中南一带）张恭祖，攻读《周官》《左氏春秋》《古文尚书》三部古文家经典和《韩诗》《礼记》等书。到二十一岁时，已经博览群书，具有了深厚的经学功底，兼精算术，成了一位满腹才学的年轻学者了。到了而立之年后，郑玄已经成了一名有着较深造诣的经学家。他的学问在山东（指崤山以东，有时也指华山以东）已经是首屈一指，没有人能超过他。

图4-1 汉末通儒郑玄

虽然已经学富五车，但他自己却毫不满足，越学反而越觉知识不够用。当他感到关东（指函谷关以东）学者已经无人再可请教。三十三岁时由涿郡卢植介绍，去长安扶风拜关中著名学者马融为师，学习古文经典。马融当时名气很大，"门徒四百余人，升堂近者五十余生。"郑玄在其门下三年也没得到当面授课的机会，马融"乃使高业弟子传授于玄。玄日夜寻诵。"一天，马融和高业弟子研讨图纬，听说郑玄善算，就召见他上楼帮助演算，郑玄得到亲见马融的机会，便乘机询问马融几个疑难问题。因郑玄提问题的水平相当高，使马融感到很吃惊，就收了郑玄为徒。郑玄跟马融学成后告辞返乡。马融对门生们感叹说："郑生今去，吾道东矣！"

郑玄从马融那里回乡后，已经四十多岁了。这时，他已成为当时著名的精通今古文经学的大师。汉桓帝永康元年至汉灵帝中平元年，他在东莱郡昌阳城西北十二公里的长学山（今山东威海文登区米山镇长山）与昌阳城东北六十公里的不夜城南山（今山东威海荣成伟德山古迹顶）聚众讲学，前后历时十七年，学生有上千人。《后汉书·郑玄传》记载："玄自游学十余年乃归乡里。家贫，客耕东莱。学徒相随已数百千人"。又记载其六十岁时，"弟子河内赵商等自远方至者数千"。郑玄采用半农半读办学方式解决衣食行住；学生吃苦耐劳、勤工俭学；求知欲强，学习热情高涨。对促进胶东的文化发展，特别是对古昌阳地的文化发展，更是为后之"文登学"的形成奠定了重要的基础。

桓帝时，一批正直的士家豪族和"名士"出身的封建官僚，联合三万多太学生，一起反对宦官集团。宦官则控制了桓帝，捏造罪名进行反击，桓帝下令逮捕了李膺、陈实、杜密等200余人，并对逃亡者悬赏追捕。这就是发生于延熹九年（166年）的第一次"党锢之祸"。后来，由于外戚集团的支持，桓帝下令赦放李膺等被关押的人。不久，外戚与党人联合起来谋划诛杀宦官，泄密后反被宦官先发制人，将李膺、杜密等200余人一并下狱处死。之后，又在全国各地陆续逮捕"党人"。灵帝建宁元年（168年），下诏各州郡查究党人，凡"党人"及其门生、故吏、父子、兄弟现居官位者，一概免职禁锢，这就是所谓第二次"党锢之祸"。所谓"党锢"，就是被视为党人者，绝其仕进之路，永远不许为官。郑玄曾为杜密旧幕僚，又曾受杜密的赏识与提携，所以也被视为党人，与同郡孙嵩等40余人俱被禁锢。郑玄被禁锢后，杜门不出，隐修经业，集中全部精力遍注群经。

黄巾农民大起义爆发后，东汉王朝为了平息地主阶级内部的纷争，乃大赦党人，五十八岁的郑玄这才获得自由。朝廷当政者对郑玄的大名早有所闻，于是聘请他入朝担任要职。但郑玄依然求学不求官，不愿涉足仕途，一心一意著书讲学。

中平五年冬十月，黄巾军占领青州，攻破北海郡，郑玄与其门人崔琰等避于不其山（位于今山东青岛市崂山西北）下，设帐筑庐授徒讲学约一年，因逢天灾，粮食匮乏，于是郑玄告别弟子，避地徐州，徐州牧陶谦以师友之礼招待他。后来，郑玄又从徐州回高密途中遭遇黄巾军数万人，黄巾军见是辞官不做的高尚之士，"见玄皆拜，相约不敢入县境"。从这一点，可以看出郑玄在民间威望之高。郑玄与弟子从不其山出走后，讲学所筑帐庐渐渐荒废。

献帝建安三年，献帝征召郑玄为大司农，这是位列九卿的高官，赏赐他一辆安车，所过郡县长吏送迎。郑玄在家拜受后，便乘安车到许昌，但马上又借口有病，请求告老还乡。他虽然并未到任就职，但已经拜受此命，故世人仍称他"郑司农"。

献帝建安五年，郑玄已经七十四岁。这一年，袁绍与曹操在官渡会战。袁绍为壮声威，让儿子袁谭逼迫郑玄随军，郑玄无奈，只好抱病而行。走到河北大名县境，病势加重，这年六月病逝于此。病重和临危之时，他还在注释《周易》。

去世后，郑玄留下遗嘱要求薄葬。从郡守以下曾经跟随他学习的人中，披麻戴孝参加丧会的有一千多人。

郑玄一生潜心研究春秋战国及秦汉各朝的儒家思想有关著作，并撰文著述，以古文经为主，兼采今文经说，且学无常师，兼及百家，遍注群经，成为汉代经学的集大成者。当时，今学派经学家何休（今山东济宁人）著《公羊墨守》《左氏膏肓》《谷梁废疾》三书，维护《公羊传》，反对《左传》和《谷梁传》。为纠正何休关于今文的偏见，郑玄则专著《发墨守》《箴膏肓》《起废疾》等书进行反驳，说明了古文家的长处。何休读后感叹道："康成入我室，操吾矛，以伐我乎！"意思是，郑玄研究我的著述，又用我的观点来批评我说法的漏洞呢。郑玄竟然受到"论敌"的赞赏，说明他的治学，是在熟悉论敌的学说后，以其矛攻其盾，以理服人的。

郑玄在整理古代历史文献上颇有贡献，对经学造诣很深，故世称"东汉经学家"。现在通行的《十三经注疏》中《毛诗》《三礼》注即采用郑玄所作的注释；他还注《周易》《论语》《尚书》《六易论》《驳五经异义》等，所注释的文字一共达到一百多万字。

有关郑玄在长学山讲学的事留下了许多相关介绍文字及历史遗迹。光绪版《文登县志》"古迹"："郑司农讲堂，旧《登州志》：'在县西三十里长学山。汉郑康成授徒于此，有书堂遗址。'邑人赛珠曰：'长学山以东诸村皆名郑家庄，为汉郑司农寓居故里。'"长学山阳有元代"宣武将军管军总管兼领东征汉军招讨使司事刁通墓"，墓碑云："故老相传，长学山乃先儒郑司农讲学之所。西接昆嵛，东依昌水，南揖沧海，北据甘泉，蔚然而雄秀，宜笃生英杰之士"。此碑之东一里，有明崇祯六年（1633年）"圣皇庙"碑，碑文记载："山名长学，先农郑司农讲学处也"。现在能见到的收在明嘉靖二十七年成书的《宁海州志》中的明代《文登县志稿》载："长学书院在县西五十里（应为三十里），相传为郑司农教书之处。"

郑玄客耕东莱的往事传承了千百年。"明清时，凡有品学为地方推重者，死后由大吏题请祀于其乡，入乡贤祠"。至清末，文登乡贤祠共祀郑玄等二十六位古代大学者。一位逝去的高密人，为什么一直居文登乡贤祠首位？正是因为他寓居文登长学山近二十年，授徒著书，他的高风亮节和渊博学识，在文登产生了深远影响，开"文登学"之先河。长学山前的长山村，村民至今传说着郑玄在此教书的故事，有的村民代代在房前屋后栽植"如薤，叶长尺余，坚韧异常"的"康成书带草"（今称"马兰"，也有称其为"车前草"者）。

增修《登州府志》记载：郑玄一生编注群经，旁及秘纬，宣究微言，蔚为圣译。身后，弟子选其答问"五经"作《郑志》八篇，以拟《论语》。郑玄被人誉为"汉末之通儒，后学所取正"，深受时人之敬重。

郑玄在昌阳县长学山聚众讲学近二十年，有弟子上千人，那么，其众多弟子都来自哪里呢？几乎遍及全国各地。其中著名的有河内（今河南温县西南）赵商，清河（今河北故城）崔琰、王经，乐安盖（今山东沂源东南）国渊，乐安博昌（今山东博兴）任嘏、孙炎，北海（今山东潍坊）张逸、孙乾，鲁国（今山东曲阜）刘琰，汝南（今河南项城西南）程秉，山阳（今山东微山西北）郗虑，等等。他的学生有的做了高官，有的成了著名的学者，《后汉书》本传说："其门人山阳郗虑至御史大夫，东莱王基（今山东莱州东北人，专家考证王基为郑玄再传弟子）、清河崔琰著名于世。又乐安国渊、任嘏，时并童幼，玄称渊为国器，嘏有道德，其余亦多所鉴拔，皆如其言。"除了这些人之外，《郑玄志》[①]"郑玄弟子名录"列举的见于《郑志》《郑记》中其弟子事迹不详的尚有田琼、刘德、冷刚、孙皓（一作"颢"）、炅模、王瓒（一作"赞"）、王权、崇精、崇翱、焦乔、陈铄、陈铿、桓翱、汜阁、鲍遗、任厥、公孙方、宋均、韩益，北海（今山东潍坊）的刘熙、孙乾等人。郑玄有知人之能，求学者不远千里投到他的门下，也都能学有所得。

下面选择其中较为著名的几位做一简要介绍。

王经，（？—260年），字彦纬，冀州清河郡（今河北清河东南）人，三国时代曹魏大臣，与许允都被称作是冀州的名士。农民出身的王经因得到同乡、御史中丞崔林的赏识，起初被任命为郡守，后来做了雍州刺史，洮河兵败之后坚守狄道，被召回京后，先后担任司隶校尉和尚书，颇受魏帝曹髦宠幸。

国渊，字子尼，生卒年月不详，乐安盖县（今山东沂源东南）人，三国魏官吏，郑玄的高足。国渊早年曾师从事奉郑玄，后来与邴原、管宁等人到辽东郡躲避兵乱。后，回归中原，曹操任其为司空掾，而国渊亦忠于职守，在朝议上讨论问题时，经常疾言厉色，敢于发言，正直无私。《三国志·魏书.玄别传》记载：

---

① 《郑玄志》，耿天勤，济南：山东人民出版社，2009年。

"渊始未知名，玄称之曰：'国子尼，美才也，吾观其人，必为国器。'"

孙炎，字叔然，生卒年月不详，三国魏乐安博昌（今山东博兴）人。孙炎一生治学而不仕，是魏晋之际名闻一时的经学大儒。孙炎从学于汉末经学大师郑玄，性格执着而治学痴迷。为成就学术，他拒绝朝廷征召他做秘书监的仕途之路。为维护"郑学"的尊严，他不怕得罪当时与郑玄有学术之争的经学名家王肃，不遗余力地传承和维护"郑学"要义。《三国志·魏书·王朗传》中有关于孙炎的记述说："时乐安孙叔然，授学郑玄门，人称东州大儒。征为秘书监，不就。肃集《圣证论》，以讥短玄，叔然驳而释之。及作《周易》《春秋》例，《毛诗》《礼记》《春秋三转》《国语》《尔雅》诸注，又著书十余篇……历注经传，颇传于世。"

孙炎最主要的学术成就是撰著《尔雅音义》，此书不仅仅是《尔雅》的较早注本，而更重要的是他在注释词义的同时，还注意了对词语的注音问题。北齐颜之推和唐代陆德明认为反切法的创始人是孙炎。颜之推《颜氏家训·音辞篇》云："孙叔然创《尔雅音义》，是汉末人独知反语。至于魏世，此事大行。"陆德明《经典释文·序》曰："古人音书止为譬况之说，孙炎始为反语，魏朝以降渐繁。"反切法的创始人当然还有其他说法。

由于郑玄讲学之地不止昌阳长学山一处，所以这里所列古籍中记载的郑玄诸弟子不尽在长学山求学。其中可以确定曾经在长学山求过学的唯有一人，那就是崔琰，《文登县志》记载说崔琰曾经避难于昌山，时间应该是在黄巾军攻破北海郡郑玄与弟子们告别避难之时。史籍记载，大约在东汉初平四年（193年），青州黄巾军渠帅、管亥围攻北海国都昌县。问题是长学山郑玄讲堂在今文登米山镇境内，位置居北，而打算西行的郑玄师徒们分手之后，崔琰为什么却要绕路三四十里跑到位置在南的今文登宋村昌山避难？这个问题一直使著者感到十分困惑。查《文登县志·古迹》"郑司农讲堂"条有这样的记载："《三齐记略》：'康成居不夜城南山中教授。'又伏氏（伏琛，《三齐记略》撰者）记：'崔琰、王经康成弟子，康成教授不夜南山，遭黄巾乱，与之挥涕而散。不夜城今入荣成县，盖亦康成教授处。不夜南山今之古迹顶也。'"②（古迹顶为

---

② 李祖年：《文登县志》，台湾：成文出版社，光绪廿三年，卷一下，第5页。

今荣成境内伟德山脉第二主峰,因上面曾建有三清宫、玉皇大帝殿等古迹,故名。关于郑玄讲学不夜南山,文登人、清乾隆六年拔贡刘储鲲《郑司农考》认为"无惑乎")这样就合乎情理了,荣成在东,文登宋村在西,郑玄与弟子们在不夜城南山古迹顶分手,崔琰西行经过今宋村地,逃到昌山避难。东汉末年(184年)黄巾军开始举事,到起义军进攻北海郡已经是接近十年之后了。此时的不夜早已并入昌阳县,为了避免引人注意,崔琰他们避开昌阳城,躲到城北的昌山。崔琰避难或许不是一人独行,与崔琰一同往昌山避难的可能还有他的好友公孙方、同乡王经及师傅郑玄等人。昌阳城一带城北昌山上有神龙祠,城南里许有昌阳侯刘宪大墓,稍南紧临昌水。昌阳城为县治,城里住着居民,根据今天发现的古代遗址来看,那时的昌阳城周围基本没有村落,人烟稀少,比较荒凉。

图4-2 郑公祠门联

郑玄墓位于今山东省潍坊市高密市双羊镇后店村西,又称郑公墓。郑玄逝后初葬剧东(今山东青州市郑母镇),后因墓坏,归葬故里。

郑玄墓与郑公祠(位于墓前)均为山东省重点文物古迹保护单位。

二、避难昌山的率真学者崔琰

光绪版《文登县志·山川》:"昌山,俗名'回龙山'……崔炎(琰)避黄巾贼(军)于此山。"[①]

《太平寰宇记》"昌山"条:宋《永初山川记》云:"昌阳县有昌水。"《郡

①李祖年:《文登县志》,台湾:成文出版社,光绪廿三年,卷一上,第11页。

国志》云:"昌阳县有巨神岛,有祠,能兴云雨。崔琰避黄巾贼(军)于此山。"[1]《后汉书》记载:东莱王基、清河崔琰著名于世。崔琰是古籍记载、今天可知的郑玄众多弟子中唯一一位在昌阳县长学山郑思农讲堂求过学的人。

崔琰(164?—216年),字季珪,东汉清河郡东武城(今河北省故城)人,郑玄弟子。崔琰幼年质朴木讷,喜爱剑术、武艺。二十三岁时,乡里举他为正,才感奋而读《论语》《韩诗》。二十九岁时,结交公孙方等人,千里迢迢来到昌阳县长学山投师大学者郑玄门下读书,不到一年,遭遇黄巾之乱即与先生分手。那时,粮食缺乏。郑玄就同弟子们一起"半农半读",自己动手开荒种地解决吃饭问题。

大约在东汉初平四年(193年),青州黄巾军渠帅、管亥围攻北海国都昌县。当时,正在不夜城南山(今山东荣成伟德山古迹顶)教授学生的郑玄不得不把学生辞掉。崔琰、王经等弟子与先生挥涕而散西逃不其山避难。他们途径昌阳城的时候,为了避免引人注意就去了城北昌山躲避。他们在不其山待的时间也

图4-3 率真学者崔琰

不长,继续西逃。因盗寇充斥,道路不通,他们专捡荒野路走,周旋于青州、徐州、兖州、豫州郊野,向东到过寿春,向南也几乎到了长江、洞庭湖地区。自从离家之后,崔琰四处辗转,四年之后才回到故乡,以弹琴读书作为消遣。

后来,崔琰投到袁绍的部下,曾经劝说袁绍不要攻打曹操,袁绍不听。袁绍死后,袁谭、袁尚争着要得到崔琰作为他们的部下,崔琰称病不出,结果被投入监狱。后来,得到阴夔、陈琳的营救,才得以免罪。

崔琰相貌俊美,很有威望,曹操对他很敬畏。曹操做了丞相以后,封崔琰为东曹掾(领郡国事,主管长史的任命、外出

---

[1] 乐史:《太平寰宇记》,北京:中华书局,2007年,第411页。

督察州郡等），并对他说："您有伯夷（商纣王末期孤竹国第八任君主亚微的长子，父死，伯夷尊父命不受三弟叔齐让位，逃走）那样的风范，史鱼（春秋时卫国大夫，孔子称赞他'直哉史鱼，邦有道如矢，邦无道如矢'）那样的正直，贪婪的人听到您的名字就会变得清廉，壮士听到您的名字就会更加勇武奋战，您可真称得上是时代的表率了，所以才封您做东曹掾。"崔琰的为人正直由此可见一斑。

曹操被封为魏公，当时还没有立太子，曹操就让官吏们发表自己的看法。因为这是一件大事，所以众官全都密封作答，只有崔琰一人公开回答，说："《春秋》说要立子以长，再说五官中郎将（指曹丕）仁孝聪明，应该让他继承您的大业。我崔琰就是死也要坚持原则。"当时，曹操的爱子曹植是崔琰的侄女婿，众人都以为崔琰必然支持曹植，想不到他居然能够支持曹丕，曹操因此喟然叹息，封崔琰为中尉。

曹操得到冀州之后，封崔琰为别驾从事（也称别驾从事史，简称"别驾"，为州刺史的辅佐官）。当崔琰去拜见曹操时，曹操对他说："我昨天审查了一下冀州的户籍，总共有三十万人，可真是个大州啊！"崔琰回答说："现在天下大乱，袁氏兄弟又互相残杀，百姓苦不堪言。您来到这里，也不先问问百姓的生活风俗如何，救他们于水火之中，反而先问户籍，这可不是冀州的百姓所希望的啊！"曹操部下宾客听了崔琰的话都为崔琰捏一把汗，害怕他因此触怒曹操。想不到曹操非但没有怪罪崔琰，反而向他谢罪。后来曹丕在邺城，整日游猎，又是崔琰上书劝谏曹丕，不要以田猎为业。

曹操统一北方后，声威大振，各少数民族部落纷纷依附。匈奴派使者送来了大批奇珍异宝，使者请求面见曹操。曹操将眉目疏朗的崔琰召来，要他代替自己接见使者。接见时，崔琰正中端坐，接受了匈奴使者的拜贺，曹操却扮作侍卫模样，手握钢刀，挺立在坐榻旁边。接见完毕后，曹操派人去问匈奴使者印象如何。使者不假思索地说："魏王俊美，丰采高雅，而榻旁捉刀的那个人气度威严，非常人可及，为真英雄也！"

曹操加封魏王后，曾经被崔琰推荐为官的杨训上表盛赞曹操功德，有人讥笑杨训虚伪地迎合权势，又说崔琰推荐错了人。崔琰看过杨训的上表后，给杨训写信说："省表，事佳耳！时乎时乎，会当有变时。"崔琰本意是讽刺那些批评者好谴责呵斥而不寻求做事合于情理，但是，有人却向曹操诬告崔琰，说他的信是傲世不满怨恨咒骂。曹操看了崔琰的信也觉得崔琰向来对自己不留情面，这封信表达了对自己的不满与不恭，十分生气，就罚崔琰为徒隶，并派人去监督他，崔琰言谈表情一点也没有屈服的意思。曹操听人禀报说他仍旧如故，气愤至极，就下令："'会当有变时'分明是出言不逊。被罚还敢和宾客交往，门庭若市，对宾客吹胡子瞪眼，好像有什么怨气。"于是将崔琰下狱，不久又赐死。当时人们对崔琰的死深表叹息。

易中天在品读《三国》里高度评价崔琰，说：崔琰是三国时最为德高望重的名士，正派儒雅，又有远见卓识，仪表堂堂，凛然于朝，曹操也被他的一身正气所慑服。崔琰之死，是当时最大的冤案。崔琰用死证明自己是君子。曹操用崔琰的死，证明自己是奸雄。

三、昌阳县上峰、东莱郡"四知"太守杨震

杨震本非昌阳人，亦非在昌阳衙署任过职的官员，因他在东汉安帝永初六年（112年）任东莱郡太守，昌阳县归属其管辖，为昌阳县"上司"，也是今天我们能够详知其人生且为数不多的昌阳县时期东莱郡太守之一，又因为他"四知"之言，且有善政，我们还是将其入选。

杨震（？—124年），字伯起。弘农华阴（今陕西华阴东）人，东汉时期名臣。杨震的八世祖叫杨喜（项羽兵败自刎，杨喜等五人分其尸），汉高祖时因功封赤泉侯，父亲杨宝是个隐士。杨震少时随父研习《欧阳尚书》，师从太常桓郁。他通晓经籍，博览群书，有"关西孔子杨伯起"的美誉。

他居住在湖城，年轻的时候无心做官，几十年从来不应州郡的聘请。过了很多年，人们都认为他年纪大了，应该出去做官了，可是，杨震不做官的志向却更加坚决。

直到五十岁时，杨震才在州郡任职。大将军邓骘听说杨震是位贤人，于是推举其为茂才（秀才），四次升迁后先做了荆州刺史，又做了东莱太守。

有一次，杨震前往郡里办事，从昌邑路过。从前受他推举的荆州茂才王密当时为昌邑县令，听说恩人杨震到了昌邑，就在晚上带上金十斤去杨震的住所看望并感谢他。杨震推辞说："老朋友知道你，你为什么不了解老朋友我呢？"王密知道杨震这是拒绝他，就说："现在是深夜，没有人会知道。"杨震说：

"天知、神知、我知、你知，怎么说没有会人知道呢。"终于也没有收下礼品，王密只得惭愧地离开了。

延光二年，杨震接替刘恺，升任太尉。安帝的舅舅大鸿胪耿宝推荐中常侍李闰的哥哥给杨震，杨震不接受。耿宝亲自询问杨震说："李常侍是陛下亲近的人，陛下想叫你推荐他的哥哥，我耿宝不过是传达陛下的意见而已。"杨震说："如果朝廷想令三府推举，应该有尚书的命令呀。"耿宝的推荐被拒绝，十分生气。皇后兄长执金吾阎显也向杨震推荐他的亲友，杨震还是不接受。司空刘授听说后，马上举荐这两个人，十天之内两人都被提拔。因此，杨震更加遭到这些人的怨恨。

当时，安帝下诏让使者为乳母王圣大肆建造房屋，中常侍樊丰及侍中周广、谢恽等更相互勾结，趁机谋取私利，朝廷的正常秩序受到严重干扰。杨震上疏说："臣听说耕种九年必有三年的储备积蓄，所以尧帝遇到洪水灾害时，人民照样有饭吃，有衣穿，不受饥饿折磨。臣思虑，如今灾害发生，且日见扩大，百姓储备空虚，不能自足，再加上蝗虫成灾，羌虏侵掠，边关震扰，战事连年不息，兵马粮草难以供应，国库资财匮乏，恐怕国家到了难以安定的时候了。臣适才看到陛下下诏为阿母在津城门内大建府第，合两坊为一坊，将街道都占完了，雕刻装饰极其精致。如今盛夏，正是草木旺长农业生产大忙的时候，在自

图 4-4 "四知太守"杨震

然灾害严重、国库空虚、农业大忙的情况下，动用大量人力、财力、物力，开山取石，修建府第，不是很不合时宜吗？特别是动用大匠、左校建造衙门官署几十处，相互攀比，耗资特别巨大。周广、谢恽既不是皇上重要亲戚，又不是皇室枝叶贵属，与樊丰、王永等人共分权力，威势动摇大臣。宰相衙府想征召人才，大多都要看他们的眼色行事，被招来的人差不多都是通过行贿买官的无能之辈，甚至一些过去因贪污纳贿被禁锢不许做官的人，也都通过行贿重新得

到了高官显位，以致黑白混淆，清浊不分，天下百姓都说上流地位是用金钱买来的，使朝廷招来无数讽刺漫骂。臣曾听老师说过：'国家向人民征用赋役太多的话，百姓财尽就会埋怨，力尽就会叛乱。百姓同朝廷离心离德了，朝廷怎么去依靠百姓？'所以，孔子说：'百姓不富足，君王又怎能富足呢？'请陛下斟酌考虑。"

樊丰、谢恽等人见安帝不听杨震接二连三的苦谏，便更加肆无忌惮，进而假造诏书，调拨大司农所管国库钱粮，将大匠所管理的大批现成材木用来大肆建造家舍、园地、庐观，所花费的人力、财力不计其数。

杨震十分痛恨这些人滥用权力，痛惜国家大批财产被挪作私用。一次，发生地震，杨震又借机上疏劝诫安帝说："臣蒙圣恩得以供职于台府，却不能宣扬政化，调和阴阳，去年十二月四日，京师地动。臣听老师说：'地属阴精，当安静承阳。'现在动摇，是阴道太盛的缘故。那天，戊干辰支并地动，三者皆土，位在中宫，这是内臣近官操权用事的象征。臣想陛下因边境不宁，自己非常刻苦，官殿垣屋倾斜，也只用一根支柱撑撑罢了。土木不兴，想使远近都知道政化清廉，京师庄严雄伟，不在乎崇楼高阁。而一些诌媚之徒，不能与陛下同心，骄奢越法，乱用劳役，大修房屋，作威作福。朝中的人议论纷纷，大家耳闻目睹。地动的异变，就在京城附近，大概就是因此发生。而且，去年冬无宿雪，今年春节未雨，百官焦急，可是，宫里却是修建不止，真是致旱的先兆。《尚书》说：'僭恒阳若，臣无作威作福玉食。'是说只有君王才可以专享锦衣玉食，其他人不得越位作威作福。请陛下发扬刚健中正的精神，抛弃那些骄奢之徒，杜塞妖言的来源，秉承皇天的警戒，不要让他人假借皇威谋私利，致使皇权旁落。"杨震前后多次上疏，言辞激烈，安帝已经不高兴，樊丰等人又趁机对他中伤，只是因为他是名儒，才不敢加害于他。

不久，河间郡有一名叫赵腾的男子到宫门上书，批评朝政。安帝阅后非常生气，下诏将赵腾抓捕入狱，严刑拷问，最后以诬枉安帝的罪名结案。杨震知道后，立即上书营救赵腾。他说："臣听说尧舜时代，在朝廷置放敢于直谏的鼓，标立敢于诽谤的木，用以鼓励官吏和百姓给皇帝提批评意见；殷周时代的英明君主，甚至愿意倾听百姓的怨愤漫骂和不满，用以修正自己治国中的缺点和错误，用德行去教育感化人民。他们之所以这样做，就是为了让下情尽数上达，使百姓畅所欲言，让最下层的百姓都能把意见讲出来，以便广泛采纳众议集思广益。如今，赵腾虽因言语激烈乱议朝政而获罪，但这与那些杀人放火的罪犯是不一样的，臣请陛下减免他的罪名，保全他的性命，以求广开言路，获取教益。"安帝看了杨震的奏章，仍不醒悟，最终还是下旨将赵腾押赴都市斩首。

延光三年，安帝东巡泰山，樊丰等人再次乘机大建房屋。杨震让掾属高舒找到大匠令史，叫他调查这件事，果然查到樊丰的假诏书。杨震写了奏书，准备等安帝回来上奏。樊丰听说了，惶恐万状。正好听太史说星辰最近发生变异，就借机背后中伤杨震。安帝从泰山返回没有直接进宫，暂住在太学等待吉日入宫。樊丰借着去探望安帝的时候，趁机诬告杨震并造谣诬陷他说："赵腾死后，杨震十分怨怒；他是邓骘的旧部下，对当今的朝廷一直怀有怨恨，这才导致发生星变。"当天晚上，安帝就派使者去收缴了杨震的太尉印绶，杨震于是闭门不见宾客。樊丰等人还是恨他，竟然拉拢大将军耿宝上奏说杨震不服罪，心怀怨恨。安帝竟然听信谗言，下令把他送回老家。

杨震走到洛阳城西的几阳亭，感慨地对儿子及门生们说："死，是一个人不可免的。我蒙圣恩居高位，痛恨奸臣狡猾而不能诛杀，恶嬖女倾乱而不能禁止，还有什么面目见天下人呢？我死之后，只用杂木为棺，用布被只要盖住形体就成，不归葬老家，不设祭祠。"于是服毒酒自杀，时年七十余岁。

永建元年，汉顺帝刘保即位，樊丰、周广等奸臣被杀，杨震的门生虞放、陈翼等人到朝廷申诉杨震的冤情。朝廷大臣们都称赞杨震的忠诚，皇帝下诏书任命杨震的两个儿子为郎官，赠钱百万，又以高规格的葬礼把杨震改葬于华阴潼亭。

顺帝感悟到杨震的冤屈，于是下诏说："已故太尉杨震，正直为怀，他忠诚辅佐时政，而小人颠倒黑白，陷害忠良，上天降威，灾害屡作，求神问卜，都说是杨震枉死之故。我的昏庸，加重了这种罪过。山岳崩塌，栋梁折断，是多么危险啊！现在使太守承用中牢祭祀，如果您的灵魂能够显灵的话，请来享受这些祭品吧。"人们也在杨震墓前立了石刻像来纪念他。杨震廉洁的品格受到后人的尊重与推崇，被后世誉为"四知太守"。

《重刻万历莱州府志》卷七刊录了明代思想家、理学大师、翰林院学士薛瑄（1389年—1464年）在任山东省学政时，拜谒莱州四知台所留下的诗篇：

人间无处不天公，却笑黄金馈夜中。

千载四知台下过，马头犹自起清风。

四、麻姑与昆嵛山

　　麻姑是神话中有名的女仙，据说，麻姑是江西建昌人，东汉桓帝时来到昆嵛山修炼，麻姑的传说故事即缘起于昆嵛山。关于麻姑的故事最早见于晋代干宝的《搜神记》，其中比较详细地叙述了麻姑与神仙王远（字方平）的约见经过。

　　说东汉桓帝时，神仙王方平，佩戴着宝剑，头戴远游帽，身穿朱红衣服、佩着五色绶带系着的虎头形香囊，降临到一个叫蔡经的人家里。王方平长着稀疏的胡须，中等个头。来的时候，驾着五龙羽车，旗幡飞动，所奏的金鼓箫管与人马之声如雷贯耳，威风凛凛，就如大将军。演奏乐器者乘坐的都是麒麟瑞兽，从天而降，在半空中聚拢；随从的官员身高一丈还多；刚刚到达，那些随从的官员就隐身不见了，只看到王方平一个人同蔡经的父母兄弟见面。

图 4-5 麻姑献寿图（画作）

　　坐了一会儿，王方平就说要见见麻姑。可是，蔡经家的人不知道麻姑是什么人。这时候，就听王方平（对麻姑的使者）说："王方平请你们报告麻姑一声，我很久不在人间，今天特意来到这里，不知麻姑能不能来一趟，我有话要说。"不大一会儿，使者回来了，可是，看不到人，只听有人传麻姑的话说："麻姑很想拜见，我不见你也已经有五百多年了。我常想去拜见你，表达对你的敬意，可是，总也没有机会。烦劳你派遣信使这么快就到了，不过，我已经受命要去蓬莱一趟，回来马上觐见你。希望我回来的时候你没有离开。"等了一会儿，麻姑就回来了。麻姑来到的时候，也是先听到金鼓箫管与人马之声如雷贯耳，接着，麻姑就到了，随从的官员是王方平随从的半数。蔡经家的人看到麻姑非常貌美，只有十八九岁的样子，头顶上挽着大发髻，剩下的头发垂到腰部；衣服上有花纹与美丽的图案，锦绣灿烂，光彩夺目，不知道是用什么做出来的。麻姑立刻进屋拜见王方平，王方平也起身迎接。

　　坐了不大一会儿，两人都开始指挥人摆出各自的饭菜招待对方，用的都是金盘玉杯，里面盛的都是各种花果，香气弥漫屋里屋外。大家开始享用，手掰果脯，就如烤貉子肉，说是麒麟肉干。麻姑对王方平说："自从与你相识以来，我已经三次看见东海变为桑田。这次，我去蓬莱，看到那里的水又很浅，还不到从前的一半，难道又要变成陆地不成？"王方平笑着说："圣人们都这么说。"

麻姑说要见见蔡经的母亲和弟媳，当时，蔡经弟媳刚生孩子几十天，麻姑一见面就看出来了，不让大家靠近，她要来一把米，顺手撒到地上。大家一看，撒到地上的米都变成了珍珠。王方平见了，笑着说："麻姑年轻，我已经老了，不再擅长这种变化手段。"就用水掺和做了酒给大家喝。蔡经看到麻姑的手似鸟爪，就想，后背大痒的时候用这手抓挠最好。王方平知道蔡经心中的想法，就暗中叫神人鞭打蔡经，并对他说："麻姑是神仙，你怎么可想到叫她给你挠痒？"宴会结束，王方平和麻姑各自升天而去，鼓乐齐鸣，就如初来的时候一样。

后来的"沧海桑田""掷米为珠"两成语便出于此。与干宝同代的葛洪在《神仙传》中也有内容大致相同的关于麻姑的文字，并说，麻姑曾经修炼于牟州（今牟平）东南之姑余山，道成飞升，"余址犹存，因名姑余"。

元代于钦《齐乘》"山川"条记载："大昆嵛山，州东南四十里嵎夷岸海名山也，秀拔为群山之冠。《仙经》云'姑余山'，麻姑于此修道，上升，余址犹存，因名'姑余'。后世以'姑余''昆嵛'声相类而讹为'昆嵛'。然，今东夷人只名'昆嵛'。　又有小昆嵛与之相连……遗山（金代，元好问，号遗山——著者注）：《续夷坚志》：昆嵛山石落村（今威海环翠区汉时旧称）刘氏尝于海滨得百丈巨鱼，取骨为梁构屋，曰'鲤堂'；堂前一槐，荫蔽数亩；忽梦女冠自称'麻姑'，乞此树修庙。刘漫许之。后数日，风雨大作，昏晦如夜，失槐所在。相与求之麻姑庙中，树已卧庙前矣。"[1]光绪版《文登县志·古迹》也有关于"鲤堂"的这段文字。这便是昆嵛山名称的由来，换言之，昆嵛山之名就缘起于麻姑。

相传，农历三月三日为王母寿辰，麻姑于绛珠河畔，采灵芝酿酒，为王母祝寿。"麻姑献寿"典故即出于此，旧时给女人祝寿多绘麻姑像相赠。

据说昆嵛山上的岳姑殿原为麻姑殿，传说为建昌麻姑修炼的地方。山上另有麻姑冢一处。旧时昆嵛山上还有麻姑洞、麻姑碑等遗迹。民国版《牟平县志》

---

①于钦：《齐乘·山川》，明嘉靖刻本，第23～24页。

"古迹·汉麻姑冢"条这样记载："在姑余山，冢由地坎以石砌成，其中空无所有。冢后垒石龛一座，高约一丈，中坐麻姑石像，龛门嵌以方石，中留方孔，旁隽（镌）文字，其可辨认者，有横书'虚妙真人仙楼'六字，两旁有'文登县云光都三里正统五年二月旬兴修'等字。"[1]

可以这样说，麻姑从建昌走出来，在昆嵛山修成正果，然后，进入人们的生活。而后，麻姑形象融入艺术及民俗的方方面面，比如，古有书法《麻姑仙坛记》[2]，近有戏剧《麻姑献寿》，剪纸、绘画《麻姑》等。

麻姑仙的传说与遗迹全国各地有不少，较为著名的除了昆嵛山，还有南城（江西抚州）、丰都（今重庆）、麻城（今湖北黄冈）等地，那里皆有麻姑修道的记载。关于麻姑的身份有多种说法。

五、昌山与龙

昌山位于昌阳城北二公里，是昌阳县内一座神山。昌山巨神龙是昌阳百姓塑造的护佑神灵。

中华民族向来以"龙的传人"自居，龙的起源同我们民族历史文化的形成和文明时代的肇始紧密相关。龙是华夏民族古老图腾，中国人对龙的崇拜由来已久。1987年在位于河南省濮阳县城西水坡仰韶时期墓葬的随葬品发现了用蚌壳摆塑的龙虎图案，被誉为"中华第一龙"，距今大约7000到5000年。

后来，龙被封建统治者垄断，"龙"成了皇帝的专利。皇帝穿的袍子称"龙袍"，坐的车子称为"龙辇"，使用的书案名曰"龙案"，坐的椅子叫"龙墩"，睡的床做"龙榻"……

但是，百姓对龙的情结依然不了。他们凭着意愿塑造属于自己的龙。《文登县志》记载："昌山，俗名回龙山。《金史·地理志》：文登县有昌山。《一

---

[1] 宋宪章：《牟平县志》，台湾：成文出版社，民国二十五年，第266页。"正统"为明英宗年号，正统五年，为公元1440年。

[2]《麻姑仙坛记》，全称《有唐抚州南城县麻姑山仙坛记》，唐代颜真卿楷书碑文代表作品，其主要内容基本为葛洪的《神仙传》。颜真卿曾经做过抚州刺史。

统志》做'昌阳山'，一名'巨神山'（或作'巨神岛'），在城西南三十里，山有巨神龙。自汉已著灵异，建祠山上。《寰宇记》引宋永初《山川记》云:《郡国志》:'昌阳县有巨神龙，有祠，能兴云雨。'"[1]"自汉已著灵异，建祠山上"，说明早在汉代时候昌山上就已经建有神龙祠了。虽说神龙祠的修建确切年代及规模已不可考，但是，根据昌山在历史上的地理位置，我们可以推测得出，其修建大概与昌山濒临大海的特殊地理环境有关。在我国，渔民们为了祈求海上作业的安全，常常在海边建有龙王庙，以供祭海、许愿之用。昌山上的神龙祠可能与龙王庙的作用相类似。

图 4-6 回龙山会上人山人海

　　"自明以来，昌山之名亡，昌山神龙亦失所在，遂移祀神龙于县南四十里柘阳山。"[2]显然，正是由于昌山之名亡，才导致了移祀神龙于柘阳山。那么，昌山因何"名亡"？《文登县志》"神龙祠"条的记载给了我们答案:"神龙祠在城西南三十里昌山上，古祠废，移祀神龙于柘阳山。"[3]也就是说，昌山之名是缘于山上的神龙祠，而神龙祠废，才使得"昌山之名亡"，于是就发生了"移祀神龙于县南四十里柘阳山"的事件。

　　这样看来，有两点可以确定:一是昌山上的神龙祠自打汉代修建，到明代

①李祖年:《文登县志》，台湾:成文出版社，光绪廿三年，卷一上，第11页。
②李祖年:《文登县志》，台湾:成文出版社，光绪廿三年，卷一上，第11页。
③李祖年:《文登县志》，台湾:成文出版社，光绪廿三年，卷四上，第5页。

废圮，兴隆了至少近 1500 年。如果从西汉初年（前 206 年）算起，至明初，接近 1600 年；如果从昌阳被封侯国的成帝建始二年（前 31 年）算起，至明初，也有 1399 年。为什么单单选定这两个时间点来计算？因为这两个时间点分别是昌阳城始建与被封侯国，有可能是昌阳城繁华时段的起点，而繁华往往是人们重视祈祷神灵保佑的目的和缘由。二是昌山为神龙的发祥之地，柘阳山上的寺庙是在昌山神龙移祀至此后才声名大振的。柘阳山上的寺庙始建于后周显德六年（959 年），比昌山神龙祠要晚 1165 年至 990 年。"康熙五十三年（1714 年），神龙复见于昌山，邑人构祠祀之，因改昌山为'回龙山'。"（《文登县志·祠庙》）昌山神龙移祀柘阳山客居异地至多不过 300 余年，而且，"自明以来"，并非意味着从明初即开始，设若在明中期或明末，那么，移祀柘阳山的时间就更短了。

再说，即便移祀柘阳山，也还是没有离开昌阳之地，柘阳山在昌阳城东南仅 9 公里。根在昌山，移祀柘阳山，最终又"复见于"昌山，神龙自始至终都没有离开昌阳之地。在这里，我们不妨对昌山之龙移祀柘阳山的历史原因做一个探讨。上文说过，昌山之龙由于山上古祠废，移祀神龙于柘阳山。那么，"自汉已著灵异"的昌山神龙祠因何会在明代时候废弃，导致神龙移祀于 9 公里外的柘阳山？考察昌阳山、柘阳山两山周围的历史环境，我们可以得出这样的结论：正是由于当时周围环境的改变而带来的人气变化才造成了这种结局。

昌山龙的兴隆是与汉代昌阳城人气旺盛紧密相关的；昌山龙移祀而去，则是昌阳城颓废、人气衰微的必然。

远在汉代，昌阳为兴盛之地。西汉初年设置昌阳县，汉武帝时在此设立昌阳盐官，汉成帝时候又封其为侯国，东汉时又有不夜县的并入。这一切都说明一个问题，就是汉代的昌阳城一直是个人口兴旺、人气旺盛之地，这也正是昌山神龙兴盛的根本原因。可是，接下来的历史发展却使得曾经辉煌昌盛的昌阳城走入低谷。从东汉末三国期间，由于连年战争等诸多原因昌阳城人口锐减，西晋初年，昌阳遭遇历史上最大的命运悲情，也就是立县近 500 年的昌阳县被撤销，昌阳城县治的资格也被终止。这一系列的变化使得这一带人气开始消散，直接导致了昌山神龙祠逐渐遭遇冷落以致被废弃。而人的信仰是不可须臾或缺的，不在此，即在彼。昌山神龙祠的式微，恰巧给柘阳山寺庙带来了生机，也就兴隆了起来。关于这一点，我们从两山周围（以山为中心点，三公里半径内）

村庄所建年代可以看到些许端倪。

我们先来看昌山四周村庄的建立。此范围内，昌山周围有20个村庄，分别是，山阳有，宋村（元初）、集西（明中期）、台上（明正德）、城东（明成化）、石羊（明初）、郭家店（明中期）；山阴有，寺前（明万历）、炉上（清初）、神格（明万历）、紫金山（明崇祯）、大床（明初）、小床（明末）、曲疃庄（明末）、双石（清顺治）；山左有，山东（明末）、大寨（明末）、小寨（明末）；山右有，山西（明崇祯）、姜家庄（明万历）、青龙夼（明中期）诸村。

再看柘阳山四周村庄的建立。相同范围之内，柘阳山四周有23个村庄，分别是，山阳有，山前（金代）、上郭家（明初）、汤家（元初）、下郭家（明初）、上冷家（明初）、下冷家（明末）、高家（元初）、大时家（清初）；山阴有，山后郭家（明初）、山后侯家（明永乐）、大旺庄（明中期）、永福殷家（明中期）、永福赵家（明中期）、永福孙家（明中期）、大永福（明末）、西官道（明末）、东官道（明初）、军营（明中期）、庙山姜家（明初）；山左有，顶子（清初）、螯山（明洪武）；山右有，南渠格（元代）、北石韩家（明末）诸村。

昌阳、柘阳两山周围村庄建立时间比较表

所建年代		昌阳山	柘阳山
金		0	1
元		1	3
明	初期	2	8
	中期	5	5
	末期	10	4
清		2	2

以上统计可以看出三点：一是两山周围延续至今的村落都建于宋代以后；二是两相比较，明代初年之前，昌山周围村庄少于柘阳山周围村庄，只占其四分之一。三是从整体上看，昌山周围村庄建立比柘阳山周围村庄建立要晚。昌山周围20个村庄中，建于元代的1个，建于明代的17个，其中建于明初的2个，其余15个都建于明中后期，有2个建于清初；柘阳山周围23个村庄中建于金

代的 1 个，建于元代的 3 个，建于明代的也是 17 个，其中建于明初的为 8 个，
建于明中后期的 9 个，建于清初的 2 个。

很显然，到明初之时，柘阳山周围已建有村落多达 12 个；而此时的昌山
周围仅有 3 个，且这 3 个村庄中，只有宋村、石羊两村距离昌山较近，约一二
里左右，而大床村距离昌山较远，有 5 里多路。即便当时昌阳城里还有人居住，
也不会太多，人气总也不及柘阳山旺盛。这种状况一直持续了 130 多年，直到
明代中期这种状况还没有得到彻底改变。这或许就是昌山神龙此时移祀柘阳山
的根本原因。从明末开始，昌山周围村庄才多了起来，与柘阳山周围村庄基本
持平，人气开始恢复，到了康熙五十三年神龙再现昌山，时机成熟，神龙终于
回归。而同样的人气，由于昌山神龙在人们心目中曾经有着久远的历史渊源、
厚重的文化地位与不泯的影响力，回归，自然成为必然。

汉代已经闻名乡里的昌山上的神龙是百姓崇拜龙的心理表达，也就是后来
形成于明清之际的传说故事秃尾巴李龙的渊源。

昌阳河和昌阳城紧临的东南大海（黄海）是李龙的托身之处。大凡为龙，
腾飞驾云，行而御水。《说文解字》释"龙"说："春分登天，秋分潜渊。"
昌阳河和东南大海恰好为李龙提供了适合生存的地理环境。

昌阳城及周边的百姓塑造了李龙。龙是人心的寄托，传说是意愿的表达。
毋庸置疑，汉代已经闻名乡里的昌山上的神龙是百姓崇拜龙的心理表达。

昌阳城从西汉作为县治所在地至明清之际李龙传说形成有一千八百多年接
近两千年的时间。龙，始终是昌阳人心中的神圣，是他们最信赖的守护神，龙
是给他们消灾避祸带来幸福的神灵。消灾避祸，包括自然灾害给人们生命财产
带来危害所产生的痛苦心理的消解与风浪给海上作业人们造成的生命威胁与恐
惧心理的宽慰。历史上的昌山濒海，柘阳山距离海岸也不过二公里，正是这种
依山近海的环境及人们出海作业的需要才使得昌阳人造就了神通广大而又"溥
惠佑民"的秃尾巴李龙。

回龙山"香火之盛，甲于东方"。回龙山庙会规模大，人气旺，影响深远，
乃人心所归大趋势之实证。百姓认可，民间约定俗成，已成不争的事实。

从昌山的神龙到明清之际的秃尾巴李龙，龙之祀从未间断过，也从未离开
过昌阳。昌阳是中国龙隆兴地之一，是秃尾巴李龙的故乡。

六、神秘的"昌阳严"

位于昌阳城东北三十四公里的今山东荣成市西北部靠近文登境的荫子镇三冢泊村有一支"昌阳严"墓门石阙。石阙所在地为一处汉代墓葬群，由三座古墓组成，村名即由此而来。由于年代久远加上周边工农业生产和遭到盗掘等因素，三座墓的封土都有不同程度的缩减。最大的一座残高为 5 米，底径约 10 米，最小的一座残高约为 3 米，底径约为 6 米。石阙位于墓群之北 130 米处。墓群之西有"三冢泊遗址"（战国）。光绪版《文登县志》"冢墓"载："昌阳严墓在城东北四十五里，文荣接界处，地名'三冢泊'，有石阙，高七八尺，其一，无字；其一，前刻'昌阳严'三字，后刻'严掾高'三字。古冢三丘，高如山阜。汉置昌阳县于今城西南三十里，则墓中所葬盖昌阳严姓，其'严掾高'三字，或严姓，掾职，而高名与？字法古奥，浑坚体势，在篆、分（即隶书，也称'八分体'——著者注）之间，确为西汉时书。而严之官爵、后裔不可考矣。石阙倒地，墓为犁田者所侵。

图 4-7 汉墓石阙"昌阳严"刻字（左正面，右反面）

"光绪十七年，知县许源清谕令村董建立原石并令耕者让出墓界，村人乐从之。汉昌阳在邑境证以此石尤信。"①

---

①李祖年：《文登县志》，台湾：成文出版社，光绪廿三年，卷四下，第 6 页。

此石阙为花岗岩质，粗略加工，上端为顶。铭文阴刻于上半部正中。正面所刻"昌阳严"三字字径稍小，背面所刻"严掾高"三字字径略大。"阳"字最小，为9×9厘米；"高"字最大，为19×14厘米。为汉代石阙，现藏荣成市文物馆。石阙原为两支，无字的那一支不知何时残为半截，立于田间，当地人称之为"老虎橛"，在二十世纪六十年代整地时丢失。

正如《文登县志》记载加揣测的那样，石阙刻字为西汉，那么，墓冢主人必是生活于西汉，也在此间去世，石阙上"昌阳"二字恰与当时的昌阳相合，看来，这个叫"严高"的人与昌阳有着紧密的关联，基本可以肯定其为昌阳人，或许在昌阳县衙担任"掾"职，当然，也不排除在外地任职的可能性。

掾，是个什么官职？《康熙字典》解释说："古代副官、佐吏的通称。"比如，有"掾史"，就是官府里的办事员；"掾佐"，佐助的官吏；"掾属"，佐治的官吏；"掾吏"，官府中佐助的官吏。不过，《汉书·萧何传》给"为沛主吏掾"句做的注释却说："正曰掾，副曰属。"看来，"掾"在某个时候也指正职。打开史书可见，汉代官职中"掾"出现的频率相当高，譬如，掾史、掾吏、掾属、掾佐、掾曹；五官掾、文学掾、营军掾、军谋掾、待事掾，等等，不一而足。不管是正职还是副职，总之，这个与昌阳关联、荣任过"掾"职、叫严高的官员看来权力小不了，恐怕不止是个"办事员"，不然，他为何要在墓前石阙上把自己的官职告诉世人呢？还把字刻得那么大，又特意突出自己的名字——"高"：此墓墓主就是那个在昌阳县做过"掾"职的严高；尽管石阙造型今天看来算不得豪华，可是，仅从能于等级森严的当时在墓前竖立这么大的刻字石阙这一点来看，此人不管是经济实力，还是政治地位恐怕都相当不一般。

还有另外一种可能，那就是石阙上的"昌阳"二字表明的不是墓主任职的官府名称，即非指昌阳县衙，而可能表明的是墓主的家乡地，也就是说，石阙不一定为了说明这个叫严高的墓主人是在昌阳县衙里任职，而意在向世人表明此人是任过掾职的昌阳县人。倘若这个假设成立，那么，这个严高之所以敢于这么张扬、有底气，不排除其在郡里甚至在朝廷任职的可能。有这种可能？有的。

汉代开始中央及各郡县皆置掾史，分曹治事。多由长官自行辟举（举荐）。丞相府除了几个相当于副丞相的职位以外，下设相当于今天部级的官员排在最前头的就是"东曹掾"与"西曹掾"了。东曹掾，领郡国事，主管长史的任命与罢免、外出督察州郡,秩俸四百石。西曹掾,领百官奏事,主管府中官吏职位之升降,秩俸四百石。东曹掾与西曹掾都可以简称为"掾"。如果这个叫严高的官员做着这样的掾职,其地位就称得上是"有职有权"了。曹魏时期,曾经担任过长广郡太守的何夔就是在太守任上被擢拔为丞相府东曹掾的。

根据"司马长元"墓门石阙墓主为大将军属官司马官(相当于今天军区司令)来推测,这个墓前同样竖立着石阙,或许与其生活于同代的严高官职不会太低。而且,根据县志所描述其墓清末还"高如山阜"来看,使用如此高大的封土,其身份绝对非同一般。

那么,葬在家乡之地的他,还要在墓前石阙正面刻上家乡名称,不是画蛇添足了吗?也不尽然。或许"昌阳严"就是这个严高的绰号,或者叫别称,平日在官府里,或朝廷里,同僚大家都这么称呼他,临死,他就嘱人把这个叫他引以为豪的称呼刻在墓前的石阙上。慑于朝廷严酷的律法,他不敢造次,石阙的正面刻字较为规整、大小基本相当,版面安排也比较规矩,循章法;背面就不同了,可以率性而为,刻字不大守规矩,所刻"严掾高"三字,从内容上来说是对正面刻文起了注释作用,明示自己的官职——"掾";在章法上,他来了个"个性"特色大胆发挥,把自己的名字——"高",刻得最大,接近正面刻字最小"阳"字的二倍,借此炫耀。正所谓"字如其人",石阙刻字虽不一定为严高亲书,但是,版面布置、字体及样式必定体现主人生前意愿。综观整个石阙刻字,可以说这个叫严高的人,得意、高傲之态跃然字间。

认为严高只是一小官的看法值得商榷,倘若普通小官就能在墓前立石阙,那么,石阙岂不遍地都是?说严高喜好这一口,怕也未必,天下之大,难道唯他喜好?在等级森严、"事死如事生"的汉代,墓前立石阙,恐怕不是那么简单,不是任何人想立就随意可以立的。就连一县之令,恐怕也未必有这资格,有资格享用墓阙之人身份肯定不一般。

石阙为墓门,根据这一点,我们可以断定这个任过掾职叫严高的墓主为昌阳人。据威海第三次文物普查数据显示石阙所在地三家泊为一处战国至汉代的聚落遗址,可证严高祖居的聚落当时为昌阳县地。从石阙所刻"昌阳"二字来看,这个严高离世的时间当在昌阳时期。我们现在确知,昌阳地原称"昌乡","昌阳"之名是在被封侯国的时候才改的,时间在西汉成帝建始二年(前31年)。据此推断,其离世时间或许不会早于此时;也不会晚于昌阳县被废,即西晋泰始元年（265 年）。著者以为或许推断其生活、逝于东汉时期更为确切，因为西汉之时昌阳县辖区尚未达到石阙所在之地。

这个神秘的"严高"与昌阳究竟有着什么样的联系与人生故事？有待以后的考证。

此做掾职的严高，无疑是个文职官吏；在昌阳地面上还有一处汉代武官的墓门石阙，那就是文登米山水库边上珠山前的"汉代司马长元石门"。那么，这位武官又有着怎样的故事呢？

七、甘肃司马葬昌阳

在昌阳城北偏西十六公里的今山东威海文登区界石镇东南端的崮头集村、米山水库北岸的珠山前有一处"崮头集墓群"，汉代、唐代至明代的墓都有。汉代墓集中分布在开贞观村东南，原有四座封土墓，1 座在米山水库北岸，封土仅存 1 米左右；其余 3 座全在水中。崮头集村南的水库边上分布着大量的石墓，2007 年配合南水北调来威调水工程，进行抢救性发掘，清理残墓 40 余座，出土了一批画像石刻、瓷器、铜钱等文物。根据出土文物判断大致为晚唐五代及宋元时期。

崮头集村南的珠山前发现的两支汉代石阙，也称"汉代司马长元石门"。石阙为两条扁形大石柱，面南而立，相距五米，高 295 厘米，宽 46 厘米，厚22 厘米，形同石剑，俗称"双石剑"。两石内侧均阴刻文字，西石几字已风化不清，只下部"司马长元石门"六字尚可辨认，东石刻有"建初六年十月三日成"。字为汉隶，书法质朴，为汉代石刻。"建初"为汉章帝刘炟年号，"六年"为公元 81 年。

光绪版《文登县志·冢墓》载："司马长元墓在县西三十里，珠山前。墓久平，惟二石阙存焉。高八九尺，广二尺。其一，上二字剥，下为'司马长元墓门'六字（应为'司马长元石门'——著者注）；其一，为'建初六年十一月三日成'十字。'建初'，为东汉章帝年号。字势稍变西汉之体，而笔画尽处无波磔（zhé，即'捺'—著者注），则与汉末光和诸碑不同。'司马'之为官为姓不可考矣。旧志不知为汉墓，以石阙似剑形，引宁海张崧'石剑考'于《艺文》，谓为晋人所为，误。

"按：《后汉书·百官志》：大将军之属有司马，主兵；又有军司马一人；又有军假司马、别部司马。司马，或汉官也。"[①]1984年香港书谱出版社和广东人民出版社出版的《书法大辞典》中有收录："司马长元石门题字，在山东文登……西石字面东，刻：□□武威西狄道司马长元石门，应十三字。"比今多辨出五字。

司马，为汉时大将军属官。大将军，始于战国，汉代以后历代沿置，为高级军事指挥甚至最高军事统帅。韩信、卫青、霍光等都曾被拜大将军。

大将军属官"司马"，相当于现代军事编制中的军区司令。殷商时候就已经有了此官职，汉武帝将其作为固定一武职，其主要职责是掌管军事。大将军所属军队分为五部，各置司马一人统领。魏晋南北朝，诸将军设有专门府衙，府置司马一人，地位次于将军，掌本府军事。

军司马、军假司马、假司马、别部司马均为大将军之属官。军假司马为军司马之副职（即代理司马）。假司马也是军司马之副职。别部司马为大将军别营领属，有相对独立的性质，与后世独立营、独立团相似。东汉末、三国时期，此官设置最多。东汉班超曾任假司马一职。永平十六年（73年），奉车都尉窦固等人出兵攻打北匈奴，班超随从北征，在军中任假司马之职。《三国志·蜀书》记载：刘备为平原相时，以关羽、张飞为别部司马，统率部曲（军队）。

"武威"和"狄道"皆为古地名，在今甘肃境内。武威，是据汉武帝为彰显大汉帝国军队的"武功军威"而命名，建武威郡，古代还有凉州、雍州之称。汉代设狄道县，故城在今甘肃临洮县

图 4-8 汉司马长元墓门石阙刻字

---

①李祖年：《文登县志》，台湾：成文出版社，光绪廿三年，卷四下，第6～7页。

西南。东晋十六国时，属武始郡。道，为县一级行政区名，《汉书·百官表》云：
"有蛮夷曰道。"此地古代为狄人所居，故名狄道。

据石门所在地群众说，曾在石门周围挖掘出一批汉砖，附近还有许多大墓
冢。可证此石门为汉墓阙无疑。

"司马"与地名相连，可能即为官职。"长元"或许是墓主人的名字。至
于武威狄道的司马官因何葬于相隔千里的东莱郡昌阳地（今威海文登区），有
待考证。不过，据现存史料推测，这个叫长元的司马武官，战死沙场的可能性
较小；或许，他本是昌阳县人，曾经在武威西狄道为司马官，卸职后，解甲归
田，在家乡度过晚年，逝后葬于本土。说其非战死理由有二，一是，司马官为
大将军之属官，这么高职位的军事指挥官，一般情况下不用亲自披挂冲锋陷阵，
其人没有战死的可能。二是，查《后汉书》《资治通鉴》等史书可知，东汉章
帝建初六年及前几年，境内没有发生过重大的军事事件，更未发生致司马官战
死的军事冲突，包括当时的昌阳县域、武威狄道等地。

另外，根据石阙"司马长元"刻字格局，我们可以推知，"司马"为官职，"长
元"是名字，也就是说，此人姓"长"，单名一个"元"字。那么，此姓是读
"cháng"，还是读"zhǎng"呢？答案是：都可以。这两个姓氏百家姓里还都有。
姓 cháng 的，全国分布省份较多，天津武清，内蒙古乌海，山西太原，陕西韩城，
新疆塔城，河南扶沟、洛宁、林州，安徽淮南，湖南湘潭，山东新泰，四川安县，
贵州普安、锦屏等地均有分布，汉族、羌族都有。据说甘肃临夏自治州有个村
子全村人都姓此姓。姓 zhǎng 的，全国分布省份较少，仅在青海天峻、内蒙古
乌海、山西太原及雁北地区有分布。历史名人列举以下两位：长宗道，宋代有
宜州知州；长国贤，清乾隆年间贡生等。墓主究竟是哪个姓，当下无法确知。

当然，也不排除"司马"为姓氏的可能，即石阙所在的墓主姓司马，名长
元。不过，比照同代所立"严掾高"石阙刻字含官职（掾）格局推测，"司马"
为官职的可能性大些。

1960 年，因修米山水库石门迁至珠山之阳，现藏威海文登区博物馆，为国
家二级保护文物。

附：

关于汉代石阙

石阙，即石筑或石凿做成的阙。多立于宫庙、陵墓之前，作铭记官爵、功绩或装饰用。

阙是成对建在城门或建筑群大门外表示威仪等第的建筑物。因左右分列，中间形成缺口，故称阙（古代"阙""缺"通用）。它的雏形是古代墙门两侧的岗楼，在人们能够建造大型门屋后，便演变成门外侧的威仪性建筑，防御功能逐渐减弱。文献记载西周时已有阙，现存最早的遗物是汉代的，是了解汉代建筑的珍贵资料。

汉代是建阙的盛期，都城、宫殿、陵墓、祠庙、衙署、贵邸以及有一定地位的官民的墓地，都可按一定等级建阙。

汉代石阙，是我国现存的时代最早、保存最完整的古代地表建筑，距今已有近 2000 年的历史，堪称国宝级文物。汉代石阙，简称汉阙，是汉代的一种纪念性建筑。汉阙有"石质汉书"之称，是我国古代建筑的"活化石"。　石阙的式样和牌坊相似，只是没有横梁。阙有木制，也有石制，木制易朽，难于长久保存，现存比较古老的阙都是石阙。

八、窑头口、窑头岛与母猪河（母猪河名溯源）

昌阳县最大的河流是木渚河（今称母猪河），今人有"母猪河，十八奶，走一步甩三甩"谚语，极言母猪河支流众多，雨季极易泛滥成灾。包括《文登县志》在内的古籍都称其为"木渚"，"木渚"才是它正统的名字，母猪河之称正是从"木渚"谐音而来，有贬责意味。光绪增修版《登州府志》和光绪版《文登县志》有一段相同的文字："姚山头海口在县西南八十里窑头岛下，一名'窑头口'，久废。"[①]"八十里"系误记，因为两志在"木渚河"条目下都记为"县西南三十五里"。《登州府志·山川·文登县》（卷三）："木渚河，在县西

---

① 方汝翼 等：增修《登州府志》，光绪七年，香港：凤凰出版社，第 100 页。
李祖年：《文登县志》，台湾：成文出版社，光绪廿三年，卷一上，第 32 页。

南三十五里……至姚山头入海。"《文登县志·山川》（卷一上）："木渚河，亦曰母猪，亦曰黑水，上流亦曰古桥河，在城西南三十五里……其水深黑，吐纳海潮，故亦曰黑水。"这两段记载与实际相符。姚山头村就地处母猪河入海口（窑头口）的北岸。那么，"木渚"之称是如何叫起来的呢？考察一下母猪河入海口周边环境即可找到答案。

母猪河入海口——窑头口

姚山头海口，指的是姚山头村南山与相隔一公里远的对岸虎口山村东山之间的整个地域，这片地域就是被县志称为"自县以西之水莫大于木渚"（母猪河）曾经的入海口，即府志和县志上所说的"久废"的"窑头口"。

图4-9 窑头岛下清末即已"久废"的窑头口（左下角路面为石泽公路，即原"窑头岛"南麓，为入海口北岸，远处的半截岭为入海口的彼岸 李彦红 2018年摄）

这片地域，如今除了南边山麓尚有近百米宽的母猪河道外，北边大部、往东及以南全是一马平川的农田；历史上这些农田全是无垠大海，到了此处猛然急剧收缩为一公里宽，成了名副其实的"口"，那时，每当涨潮之时，站在窑头岛上看脚下海水，水深近岸，水体呈黑色，波涛翻滚、汹涌呼啸的黑色海潮从远处奔涌而来的那种惊心动魄情势真叫人倒吸一口冷气。那阵势，不亚于今人看钱塘潮；而潮满之后，经过几分钟的平静等待，"入海口"里已是满满当当的海水连同上游流聚的河水一股脑儿向东南大海里倾泻而去。这就是县志所说的母猪河口"吐纳海潮"的真实情景。

2006年，南海新区环海公路开建，位置抵近《文登县志》所说的清末即已"久废"的母猪河入海口的母猪河新入海口虎口窑大桥桩工开始。

一次，著者在工地打桩机旁边的沙土堆上捡到一块海蛎壳残片，残片厚近10厘米，宽约12厘米，长约15厘米。著者数了数壳上的"轮纹"，一共有

20多层，估计这块古海蛎壳残片，如果完整的话能有二尺多长，近一尺宽。著者惊异于海蛎残片的大而厚，就问施工人员是从哪里来的？他们告诉说，是从40多米深的地底下掏挖出来的。

著者惊叹于40多米深的地下竟然还是海床，而且，这个数值还不是这片古海床的最大深度（海床最大深度，可以位于母猪河口东南15公里之遥的长会口大桥桥墩深度70米为参考值）。虽说当时说不清海蛎残片的价值，但是，由于珍视于海蛎残片来源之深，著者就把它带回了家。

直到2016年著者看到央视十套科教频道一档电视节目才明白它是一块来自久远的、深古海床的古老宝贝！它身上携带着诸多关于海洋遥远的历史信息。节目介绍了一块来自某海域个头很大的古海蛎壳，古海洋生物学家经过测定、研判，断定说那个古海蛎壳距今已经有五千多年的历史了。著者联想到捡到的那块古海蛎壳残片，两者厚度、大小差不多。由此，著者推断出那块来源于40多米深古海床的古海蛎壳残片同样携带着诸多关于海洋遥远的历史信息：一，从其20多层"轮纹"来推断，这个巨大古海蛎至少存活了20年之久才死去。二，它深埋于古海床之下40多米，距今4000～5000多年，我们可以把它当作一个海床地层坐标。按保守的4000年来计算，这个古海蛎壳存活的年代正处中国历史上的夏代（根据2000年公布的《夏商周年表》：夏代，前2070—前1600年），它与治水的大禹同代；反过来说，4000多年以前的母猪河入海口海域水深达40多米，这还没有到达海底岩石层，也就是说年代再往前推，这一海域深度还要大。三，把40多米等分4000（年），平均每份（每年）1厘米，这个数据就是母猪河入海口海域每年的淤积速度，我们就可据此推算得出此海域任何历史时期海水的深度，比方说，秦始皇统一天下时，此海域水深达22.39米。

由此向东，再延伸至今硝滩泊、郭家店村以南、昌阳农场、宋村以南的广袤地域那时全是一片海洋。按照上文方法计算，昌阳城刚建成之时，今宋村以南往东到昌阳城附近海域，即今昌阳城遗址南石羊村周围地平面即为那时海平面，海水深达22米多，昌水紧挨着昌阳城流过。根据今石羊村西北汉墓处为一原始社会遗址原为一高冈来推测，或许那里当时就是大海边；往东至小泽头村后山之间是田滋河入海口。另根据《文登市志·村庄》记载，小泽头村，明代中期邱姓自今荣成邱家来小片沼泽地西边立村。大泽头村，明代中期刘姓自杏树夼来大片沼泽地东首立村。说明明代中期这里还是五垒岛海湾北缘：北岸是今石羊村所在的高地向西延伸到今郭家店村所在的高地，向东跨过田滋河入海口到今小泽头村后山一线；向南跨过昌阳河入海口就是今二马村、吴家滩村所在的高地为东岸。昌阳县刚设立之时，站在昌阳城上往南看，浩渺大海之中只有偏西南方向远处有个不大的小岛，就是后来的桑岛（今山东文登宋村镇西海庄村），也许那时桑岛还没有露出水面，仅仅是个退潮后才能露出来的沙冈。

根据清光绪年间成书的《文登县志》所称的窑头口"久废"用语来看，姚山头海口大概在那时就早已淤塞；而根据《文登县志》援引元代《一统志》"昌山之南滨海，故亦可谓之岛"之语推断，元代时昌山尚滨海，而与昌山相距六公里的姚山头海口元代时恐怕还没有淤积堵塞。其淤塞的时间，也就是光绪县志所谓"久废"的时间，应该在明清之际，即在明末清初之后海口才逐年淤塞变为田地的。

古海岸遗迹

"窑头岛"曾经的左海湾东岸的山根今天竖立着姚山头村志，村志的后面、石泽公路北侧有一处土崖断面，坡度较为平缓，大约有近两三丈高，近百步之长，虽说此土崖断面规模较小，但是，断崖所显现的特殊地貌还是十分清晰的。

由此向东约百米处有个叫孤石嘴的不大的石头山，石山之北、石泽公路北侧，原来还有一处更大的东南向土崖断面，村里人习惯称土崖断面下为"崖子底"。崖上西端旧时有一座龙王庙，村人称那个山头为"庙子后"。此土崖断面接近 10 丈高，几百步长，又高又陡，人如果想从底部徒手爬上去根本不可能，必须借助其上生长的杂草或灌木的帮助，这样尚需费很大的力气（此土崖今已不存，两千年之初南海滩涂开发挖土填滩时被铲平，现建有种貂场）。

这些特殊的地貌是怎样形成的呢？

原来，都是远古时期海浪冲刷留下的遗迹，也就是说，远古的时候，村志后的高坎和崖子底土崖都是大海的岸边，往南全是无边无际的大海。由于海水经年累月的浸润和夏季盛行的南风兴起的海浪不断地冲刷，这里土质的海岸逐年坍塌，形成了土崖断面。后来，由于气候的变化，海水逐年后退，直到这里崖下及以南的大片海底露出水面成为如今的耕地。

著者的这个推断也得到了村民姚玉松的肯定，他说，他曾听人说起过 1958年村里组织人在崖子底东端的崖根下打那口抗旱井之时，曾从地下挖出早年间人们遗弃在此捕鱼用的挂网杆（木桩）。

挂网杆倒不一定是姚山头人遗留下的，很有可能是七八里外、北山后金格村、臧格村、青岭村、李仙庄村、草埠村乃至周格村等那一带诸村古人在此使用过而遗弃的，因为直到二十世纪七八十年代那一带的人们仍旧保持着"去姚山头挑海蜇""上南滩（过去人们对今南海新区一带近滩涂的叫法）照蟹子"的传统习惯。按照上文古海蛎壳海床地层坐标来推算，700多年前姚山头刚建村那会儿，海水潮满的时候，崖子底下的海水应该还有2丈多深呢，是个不错的捕捞场。

窑头岛、木渚与母猪河

据记载，姚山头村始建于元代中期。那时，村南山下面海的石崖下就是大海。石崖，亦即县志所说的"姚山头海口在……窑头岛下"的"窑头岛"南侧断崖，村人世代相传崖下海叫"汪底帮子"。南山就是一座伸入海里的半岛，是古五垒岛海湾（东起今文登泽库的五垒岛，西至今文登小观镇东里岛、西里岛一带海岸）西北一岬，是母猪河入海口北岸唯一的高岭，也是入海口一带两岸唯一的高岭，即县志所称的"窑头岛"。

此半岛按旧河边遗存至今的老路面算起来高愈百米，两边曾经都是海湾（今皆为村民蔬菜园），右边海湾较大，有数百亩；据90岁高龄的姚山头村村民姚大福说，传说建村之始，此海湾东北角曾经是村里泊船港口；左边海湾稍小，也有百亩。半岛尖端伸入海中部分接近1公里远，其面积也算不小，大集体时期曾经在其顶部并排着五个生产队的麦场，山腰、山脚还分布有数百亩耕地呢。

光绪版《文登县志》"山川"条云："木渚河，亦曰'母猪'，亦曰'黑水'"，"自桥上村（文登泽头镇南桥村旧称）以北古谓之'古桥河'……自虎窠山（位于文登泽头镇虎口山村后母猪河入海口南岸水边——著者注）折而东，方名'木渚'，其水深黑，吐纳海潮，故亦曰'黑水'。"[1]根据县志这段母猪河"自虎窠山折而东方名'木渚'"的记载来推断，母猪河下游"木渚"之称应该正是来自姚山头村的这座南山——窑头岛。渚者，水中小块陆地，也指伸入水中的半岛，太湖边上的"鼋头渚"就是一个半岛。光绪增修版《登州府志》云：

---

[1] 李祖年：《文登县志》，台湾：成文出版社，光绪廿三年，卷一上，第23页。

"木渚河，在县西南三十五里，会六河之水南流至姚山头入海。"①为什么以姚山头为地标？因为历史上母猪河入海口就紧挨姚山头村南　山半岛（"窑头岛"）东入海，姚山头就位于入海口北岸窑头岛之阴。

窑头岛位居母猪河入海口的转捩点上，砥挹海潮，有"砥柱"之势，其位置独特，陡峻突兀，面海而立，且上面长着很多大树。"木渚"或许本是这个半岛的名字，后来，人们就以此名代称此地以东海域，再后来海退变成河，就用来指代此地以东的河（木渚河下游），再后来才指代整个木渚河（后，俗称母猪河）了。"窑头岛"则是"木渚"半岛的另外一个名称。这些名称的历史都很早，要远远早于姚山头建村。有多早呢？今天已经无法考证，据著者推测"木渚"之名最晚在元代入海口尚未淤塞之前或许就已经存在了，要比"窑头岛""窑头口"的历史更早。有人会以为那时这一带怕还没有人居住吧，怎么会有人给河流命名？那倒不一定，今天无人居住的南极，那儿的海呀，山的，不是照样具有名称？往更远了说，月球上的山脉、沟谷什么的不是都有名称吗？不要低估古人的智慧与能力。那"母猪河"俗称又是何时叫起来的呢？著者推测大致是在明清之际，因为考察今文登境内村庄大多始建于那时，"母猪河"之名正是民间对其水灾频发的一种贬责。

《文登县志》记载说母猪河也叫"黑水"，是因为入海口"其水深黑，吐纳海潮，故亦曰黑水"，此说不是虚言。20世纪60年代初，村里13个生产队每个队都有一条出海的渔船。每当村里渔船回来停靠在虎口山村后南洪（村里人对母猪河入海口的叫法）出卖装回来的海蜇之时，著者常常跟着家里人去船上买海蜇。那一会儿，钱实物廉，不管远近顾客都是一个价格，5分钱海蜇管挑（尽人的体力，担挑多少，自己决定）。那时著者是刚过10岁的小孩子，胆小不敢踏着滑溜溜的独木板上船，只能站在岸上看别人颤巍巍、小心翼翼往船上走。看看船底下的海水，青黑不见底，不禁心底发虚。

那么，光绪版《文登县志》在介绍母猪河旧称"木渚"时，因何用入海口南岸虎窠山为坐标，而不用北岸的窑头岛（木渚）呢？这是因为到清末撰写《文登县志》的时候，母猪河原来入海口已经淤积，"窑头岛"两边的海湾已经淤塞，

①方汝翼 等：增修《登州府志》，光绪七年，香港：凤凰出版社，第100页。

窑头岛半岛之形已不明显;而南边河道边上的虎窠山虽说高度不及北岸窑头岛,亦非半岛,且比窑头岛要向上游偏离入海口接近一公里,但因其位居河道边上,此时业已成为新的地标,也就替代了窑头岛的地位。

姚山头南山半岛(窑头岛)今已不存,初毁于2001年通车的石泽公路辟崖为路;彻底消失于之后南海新区开发挖山填滩期间,今日只有遗址尚存。

半岛之阳母猪河故道岸边原来是个繁忙的码头,可以停泊来自东北及南方的三支桅的大货船,是一处外来货品的集散地,姚山头也因此成为当时方圆百里闻名的口岸。直到清末民初,村里还是商铺栉比,什么"义和兴""大成永""富兴合""天兴德"等商铺招牌比肩悬挂。有实力及守信誉的商铺还发行了自己的钱票(相当于今天的代金券)。从外地装运来的木材、玉米、桐油等货品都在这里卸船,然后由当地商贩转卖到各地。民国二十九年(1940年)夏天,一连下了好几天大雨,6月29日爆发了一场大水,母猪河水暴涨,凶猛的河水顺着南桥西河段一直向南冲去,在虎口窑村西北遇到山(耙山余脉,耙山,《文登县志》作"岊山")的阻挡,突然向东拐了一个九十度的大弯,南面原来的副河道被冲刷开来,北面姚山头村边原来的主河道从此逐渐被砂土淤积堵塞,繁忙的码头也逐渐荒废。到二十世纪五六十年代,姚山头村边母猪河故道成了一片芦苇荡。夏秋季去对岸,要穿过芦苇荡中间踩出的窄路,两边的芦苇又高又密,往上只能看到头顶的蓝天。

"窑头口""窑头岛"之称,不能根据后来建村的"姚山头"村名"姚"与"窑"音同而简单地以"错字"加以否定,"窑头口""窑头岛"之称恐怕早在建村之前就已经存在很多年了。至于因何皆以"窑头"为称,令人费解。村南一公里母猪河对岸还有个"虎口窑"村,也称"窑",不知两者是否存在关联。令人费解的是,在今威海域内沿海有多处带有"窑"字的地名,譬如,除了上面提到的"窑头岛""窑头口""虎口窑"之外,今威海环翠区东北部海边孙家疃村不远也有"里窑村""外窑村",东部塔山小学所在地据说原来有个小村子叫东窑,至今原址周围还保留"东窑路"名称,靖海卫建卫之前原来的名称据说叫"窑湾"。这些带有窑字命名的地方是否都与烧窑有关,还是另有其他别的原因,不得而知。

曾经紧挨村边的浩渺大海已经远去,从前海域广大、烟波浩渺的五垒岛湾如今已大大"缩水",水域面积大约只占明清时期的半数。二十世纪六七十年代,姚山头村南、虎口山村后母猪河段尚可通行 20 马力的机动船，那时，渔船由此下行不足 10 里就是大海；如今，潮干的时候这里可以徒步涉水而过；海岸已经大大南移，距姚山头村直线距离至少也南退 30 多里，已经逼近位于五垒岛海口之北的姑嫂石。历史上，母猪河入海口外波涛汹涌的大海，早已变成农机奔驰、麦浪滚滚、蔬棚栉比的良田；历史上，曾经有"其水深黑，吐纳海潮"令人畏惧气势的母猪河口，而今已经变得平静娴雅；历史上，耸立海岸的窑头岛、岛下窑头口帆来桨往的情景已经成为记忆的碎片；二十世纪初还屹立在母猪河入海口万顷碧波之中遥远的桑岛（即今之文登宋村西海庄村旧址，二十世纪三十年代以前，涨潮时候要进岛须要乘船）、高岛、墨岛，现在已经近在咫尺，置身于现代化的厂房楼群里，成为南海新区里一道自然景观，一个记忆的符号。

昌阳县境内有著名的四山二水，四山，分别为神山昌山，上有神龙祠；名山文山，上有秦庙；圣山成山，上有日主祠；最高峰姑余山（昆嵛山），上有麻姑洞、麻姑碑等。二水，一为最大河木渚（母猪河），二为县名渊源之一昌水。

九、物产

古代昌阳之地物产丰富，不仅衣饰花样，而且粮食多种，还盛产鱼虾蛤蜊等海产品，更能生产美酒，这里并非对昌阳之地古代物产的全面考证，而是根据古籍记载结合现代考古发现对两汉时期该地区部分主要物产做简要介绍。

絺布

古昌阳地古属"嵎夷"或称"莱夷"。《尚书·禹贡》记载："嵎夷既略……厥贡盐絺"，意为嵎夷之土进献的贡品有海盐与絺。絺（chī），是什么物品？《说文解字》云："絺，细葛也。其所成之布，细者曰絺。"《唐书·地理志》：登州土贡赀布。《旧志》：葛布出（文登）县中。《荣成县志》记载："海上诸山产葛。最良，世谓之'文登葛'。"

从以上诸书的记载来看，古昌阳之地所产的细葛布很早就颇有名气了，也是很早的贡品之一了。

葛之用于生活一直延续到现代，不过，不是用于织布而是用来绞绳和绑缚。潮湿肥沃之地生长的山葛可长到成人拇指粗，山葛纤维韧性好，尼龙绳出现之前，是绞绳的上好材料之一。二十世纪五六十年代，文登沿海一带渔民们渔船上使用的绳索大多是用山葛绞成的。用来绑缚农具也很好用，比如用来固定拾草用的草耙子，把采来的鲜山葛用手劈成两半，然后用来缠绕农具，等其水分干了之后更加牢固。

壓丝

《尚书·禹贡》又记载："莱夷作牧，厥筐壓丝。"意为莱夷之土可以牧蓄，豢养牲畜，又富产条筐和桑蚕丝。筐，音 fěi，圆形的盛物竹器，引申为条编物筐。壓（yǎn），山桑，壓丝，桑蚕丝。光绪版《文登县志》"土产"记载："山桑，其叶可以饲蚕，'厥筐壓丝'俗名，山茧由来远矣。《暑窗臆说》（清 王钺 撰）云：'山茧即《禹贡》之壓丝，今之山袖（岫）有柞之山谓之蚕场。'"文后"注"曰："邑中诸山，西昆崳，东驾山，皆产茧。"

可见，古昌阳地所产之山桑茧丝是另一种很早的重要贡品。

食盐

《尚书·禹贡》记载："嵎夷既略……厥贡盐絺。"意为嵎夷之土进献的贡品有海盐与絺。五味之中，咸为首，所以盐在调味品中列为第一。食盐根据来源不同可分为海盐、井盐、矿盐、湖盐、土盐等。在我国沿海多用海盐，西北多用池盐，西南多用井盐。大约在神农氏（炎帝）与黄帝的时期开始煮盐。传说黄帝时有个叫夙沙的诸侯，以海水煮卤，煎成盐。夙沙氏是海水制盐用火煎煮之鼻祖，齐国管仲也设盐官专煮盐，以渔盐之利而兴国。中国历史上第一个盐商是春秋时鲁国人猗顿。

据《荣成县志》记载西汉武帝时期元封元年（前110年）就设立了昌阳盐官，西汉昌阳城或为盐官署所在地。设立盐官说明昌阳之地历史上是食用盐重要产地。按照西汉朝廷的规定出产盐铁的郡都要设立盐铁官署，而官署要设在盐铁出产之地。历史上的昌阳濒临黄海，于昌阳城设立盐官署符合朝廷规定。昌阳所产之盐是海盐，也就是煮海水成盐。设立盐官主要目的是加强对煮盐的管理，也就是实行朝廷对盐的专卖制度。灶户所生产的盐自己无权出卖，要全部由官署收购，再由盐官署出售给百姓。百姓用盐，需要去盐官署购买。说明最迟在汉代昌阳之地沿海一带生活着许许多多以煮盐为业的灶户，每年都要生产大量海盐，供

给百姓生活所用。昌阳制盐的历史应该早于汉代，至于始于什么时候尚待考证。

酒

即墨老酒的历史悠久，其酿造历史可追溯到 2000 多年前，有正式记载的始于北宋时期。传说战国时，齐国田单以火牛阵大破燕军，当地土民就以黄酒犒劳将士，鼓舞其杀敌取胜的斗志。但是，长久以来即墨老酒 2000 多年的历史只是停留在传说当中，没有真实的史料可以佐证。

西汉东莱郡昌阳侯刘宪墓出土的十多件彩陶壶填补了这项空白。1955 年，位于今威海市文登区的汉代昌阳城遗址南里许的石羊村，挖毁了一座封土高大的砖室一棺三椁墓。出土了包括漆案、漆碗、漆奁、漆羽觞在内的一批精美漆器和青铜镜、青铜鼎等铜器，还出土了 12 件大型彩陶壶，壶体大都写着字，能够看清的，有两件写有"白酒器" 3 字，另一件写有"醪"字，其他几件字迹漫漶不清，可以辨认出"器"字，这些彩陶壶都是用来盛酒的，出土的多件漆羽觞是古人用来饮酒的器具。因为没有出土能够反映墓主身份的文字，墓主身份成了谜，但是，高规格的葬制和出土的精致漆器和彩画陶壶使当时到现场做调查的山东省文物管理处的两位专家蒋宝庚和殷汝章都颇感意外，最终专家根据出土文物和彩陶壶上所表明器具用途文字书体推证出大墓的时间：属于西汉晚期。1987 年，上海复旦大学教授、著名历史地理研究专家周振鹤先生在《西汉政区地理》一书中考证认为：汉代东莱郡昌阳县，或原为"昌乡"，"因置侯国"而"改'乡'为'阳'"。"昌阳侯国，即胶东顷王子宪昌乡侯之封地。"从而坐实了刘宪东莱郡昌阳侯的身份，同时也确定了西汉昌阳城侯国首府的地位，为揭示石羊大墓墓主身份提供了可靠依据，换言之，这座高规格、随葬品精美而丰富的大墓，其主人就是昌阳侯刘宪。

昌阳侯刘宪显赫的身份也第一次展现在了世人面前，刘宪为汉高帝八世孙，胶东顷王刘音之子，其五世祖刘寄与汉武帝刘彻是同父异母亲兄弟，其祖父刘通平为第三代胶东王，与南昌海昏侯刘贺是未出五服的堂兄弟。刘宪之父刘音是第四代胶东王，在位 54 年，谥号"顷"，史称"胶东顷王"，生有 11 子，长子刘授世袭做了第五代胶东王，其余 10 人先后两次全部被封侯。刘宪与他的五个兄弟于汉成帝建始二年同年被封侯，刘宪被封昌乡侯（昌乡因此改称昌阳），在位 30 年。《汉书·王子侯表》这样记载刘宪当时封侯情况："昌乡侯宪，胶东顷王子，建始二年（前 31 年）正月封，三十年，元寿二年（前 1 年），坐使家丞封上印绶，免。"

从刘宪墓随葬这么多酒器及酒具来推断，昌阳侯刘宪一生喜爱喝酒，其侯爵府里一定有酿酒作坊。汉朝的"白酒"不同于我们今天用蒸馏法酿出的白酒，据专家研究，汉朝的白酒度数较低，大致与今天啤酒的酒精度数差不多；"醪"，也是汉朝酒的一种，就是米酒，也称"浊酒"，今天称为"黄酒"，是用黍米发酵做出来的，度数也不高。刘宪被封侯之前一直生活在胶东国首府即墨（今山东省平度古岘镇），封侯后来到东莱郡昌阳，也把老家即墨的酿酒工艺带到了侯国。可以肯定的是，即墨酿造"醪"酒（今之黄酒）的历史一定在刘宪被封昌阳侯之前就已经开始了，据此推断有关齐国田单以火牛阵大破燕军，当地土民就是以黄酒犒劳将士，鼓舞其杀敌取胜斗志的传说是可信的。昌阳侯刘宪墓出土的彩陶壶就是即墨老酒两千多年历史的可信佐证，还说明今天的文登宋村早在两千多年前就已经开始酿酒了，遗憾的是宋村这种造酒技术已经失传，没能够流传下来。

（原载 2019.12.21《联合日报》，题为《即墨老酒与西汉昌阳侯墓出土的彩陶壶》全文，作者：姚留国）

谷子

石羊昌阳侯刘宪墓出土的两只小漆盘里都盛有麻条状物和谷粒，几个漆耳杯里也盛有鱼骨刺和谷粒。这说明最迟在西汉时期，昌阳之地就已经开始了谷子的种植。

谷子，古称稷、粟。谷穗一般成熟后金黄色，卵圆形籽实，粒小多为黄色。去皮后俗称小米。谷的壳有白、红、黄、黑、橙、紫各种颜色，俗称"粟有五彩"。谷子性喜高温，生育适温 22～30 度，海拔 1000 公尺以下均适合栽培，属于耐旱稳产作物，在我国有着悠久的栽培历史，据考古证明至少在 5000～7000 年前我国就已对谷子进行了栽培。刘宪墓发现陪葬谷粒，说明最迟在秦汉时期今文登宋村这一带就种植谷子。直到今天，昌阳城遗址周围丘陵山地特别是以东地带仍旧是文登种植谷子的重要地区。谷子脱壳后就是小米，也称小黄米，用这种谷米做出来的米饭、米汤绵糯润滑营养丰富。

黍子

刘宪墓出土了 12 件盛酒用的大型彩陶壶和多件饮酒用的漆羽觞（双耳杯），

陪葬的这些酒具证实喝酒是刘宪生前日常生活中很重要的一项内容，也是刘宪侯爵府曾经有过酿酒作坊的实物证据。刘宪封侯前在老家即墨生活了大半辈子，直到大概四十多岁被封侯才来到封地昌阳，其侯爵府的酿酒技术必是来自老家即墨，说明刘宪喜欢喝的酒就是即墨米酒，也叫即墨老酒。酿造这种酒所用的原料就是黍米，从而证明早在两千多年前的汉代今文登宋村一带就有黍子的种植。

黍子，生长在北方，耐干旱，一年生栽培作物，民间称为"黍子""黍谷"，有的地方因为多用黍米酿酒，又称为"酒米"。其籽实叫黍子，有黄、白、红、紫等颜色。籽粒脱壳即成黍米，也称黄米，呈金黄色，具有黏性，用来做黏米饭、包粽子或酿造米酒；黄米再磨成面粉俗称黍米面、黄米面、大黄米面，用来制做黏糕。

陶器、陶砖瓦

刘宪墓出土了 12 件盛酒用的大型彩陶壶，这些陶壶制作精良，彩画精美。刘宪墓室四面砌成一道单行砖墙，北墙的砖都是两砖平放砌，间隔一砖竖立砌，其他墙则全都是竖立砌，砖型较薄。这些制作精美的彩陶壶和墓砖都是出自本地，可以证实刘宪侯爵府还或许拥有陶器作坊。另外，在昌阳城东门外屯兵营寨（今大寨村）发现的两座汉墓墓室也都是砖砌。说明两千多年以前昌阳之地人们就已经具备成熟的制陶与砖瓦烧制技术。陶器与砖瓦的制作及烧制在中国古代是一项十分普遍而普及的技能，陶器曾经在相当长的一个历史时期内是人们生活依赖性十分强的一类器具。从昌阳城周围发现的姜家庄原始社会遗址、石羊原始社会遗址出土的陶器来看，早在 6000 多年以前生活在这里的昌阳先民们就已经开始烧制陶器了。昌阳城遗址出土了古代窑址遗迹，有些遗留下来带有"窑"字的地名也透露出这一带古代制陶的印记信息，比如位于昌阳城遗址西南 7 公里的今文登泽头镇虎口窑村、之西 6 公里的今文登宋村镇姚山头村曾经的"窑头口""窑头岛""窑南坡"（姚山头原名），等等。这些带有"窑"字的地名，起初都应该与烧制陶器有关。砖瓦的烧制应该稍晚于陶制器皿，不过，这项技术也十分古老。

有学者采取联系历史事件解读古代神话传说的方法，透过神话传说揭示历史秘密。用这种方法解读神话故事"女娲补天"其实就包含了古代先民发明制作陶瓦的技术颇有一定道理，著者深表赞同。这个神话故事即便不是古代先民烧制陶瓦事件的记录，起码也是深受其启发。你看，女娲补天所用的五彩石是炼出来的，与陶瓦烧制不是相同么；再看，女娲补天用的是五彩石，而盖屋用的陶瓦也是多彩的，有黑色的、灰色的、红色的、紫色的，等等；女娲补天是因为天幕破了，漏水不止，给人们的生活带来麻烦，而陶瓦的作用就是防雨，为人们遮蔽雨浇，开辟一片舒适生活环境。所以人们才世世代代尊崇女娲为女神，如果进一步解读，女娲就是远古母系社会的女酋长，可证陶瓦，或者说制陶工艺的发明当在原始社会的母系时期，发明权当属女族。

先民古老的制陶技术一直延续使用了数千年，直到现代今人也曾还在使用，昌阳城遗址周边许多村庄都有过现代开窑厂的历史，比如位于昌阳城遗址西 2 公里的今文登宋村有过砖瓦厂，位于昌阳城遗址北 4 公里的金格南里有过烧制家用陶具的窑厂（烧制陶罐、陶盆、陶钵等），之西 6 公里的姚山头村有过砖瓦厂，西南 7 公里的虎口村有过烧制陶缸窑厂以及位于昌阳城遗址东南 20 公里的今荣成邱家烧制家用陶具的窑厂，等等。直到二十世纪末塑料制品的大兴才基本淘汰了陶器，使其最终退出了百姓的生活圈子。

席子

昌阳侯刘宪墓外椁的顶部还发现铺放苇席的痕迹，专家的调查报告称：墓室"四面砌成一道单行砖墙……墙上放一方形木框，框上盖着一层木板，东西放置，板上平铺一层砖，砖上下都有席子痕迹"。昌阳城东门外汉代屯兵营寨遗址大寨汉墓群一号墓曾经出土两枚龙形纹饰铜席镇。这两处文物都证明，汉代昌阳地编织席子已经十分普遍，深入到人们生活的各个层面。古人席地而坐，所坐的席子底层席子称"筵"，上层称"席"，合称"筵席"，后指食用的成套肴馔及其台面。相传，椅子是由古时候的胡床演变而来，而胡床大概是西晋的时候传入中国。据考证，可见的中国最早的草编遗物是河姆渡人制作的，距今已有 7000 年之久。草席编织技艺，在周代就已经出现了，至秦汉时候其使用范围就已经十分广泛。昌阳地紧临大海，境内又是河渠纵横，水塘众多，历史上就是盛产芦苇的地方，这为先民们编织草席提供了充足原材料，所以在这一地区编席技术流传久远，出售苇席曾经是不少临水村民家庭经济的主要来源，直到二十世纪末这一带民间还有草席售卖行业。编织席子属于中国草编技艺的一种，是芦苇或其他植物茎秆（高粱秸秆为多见，高粱属于舶来品，高粱秸秆席出现较苇席要晚）的利用技术，这种技艺源远流长。

鱼、渔网、麻、舟船

昌阳侯刘宪墓二重椁外东南、西南两角分别发现有"鱼骨刺（鱼刺骨）"，几只漆羽觞里也盛有"鱼骨刺（鱼刺骨）"。这些鱼骨刺（鱼刺骨）是怎么来的呢？刘宪去世的时候绝不可能随葬鱼骨刺，显然，这一定是随葬用鱼朽腐而遗存下来的。这透露出墓主昌阳侯刘宪生前一个生活细节——其食谱必有鱼。昌阳城历史上是个濒海之城，根据史料记载我们可以推知至少在元代这里距离海岸还是很近的，那么，前推1000多年，西汉末年昌阳城里的居民吃鱼应该是一件十分便当的事。

吃鱼，需要捕捞。捕捞靠的是渔网，那么，两千多年以前的西汉时期，昌阳人用什么结网？棉线？不可能，棉花是舶来品。棉花的原产地是印度和阿拉伯。在棉花传入中国之前，中国只有可供充填枕褥的木棉，没有可以织布的棉花。据专家考证，棉花的传入至早在南北朝时期，那时也多在边疆种植。内地大面积种植棉花当在宋末元初。蚕丝？更不可能，虽说昌阳域内昆嵛山、马山、驾山自古就出山桑茧，但是，因为桑茧不易获取，茧丝造价高昂，结网不可能选择蚕丝，那就只有麻和葛了。我国在公元前4000多年前就已开始用葛藤纤维纺织成葛布，后来逐渐用大麻、苎麻取代。《唐书·地理志》对文登赀布（葛布）有记载，唐《元和郡县图志》记载文登贡品也说到麻，登州（下辖文登县）"贡、赋：开元贡：牛黄，水葱席。赋：麻，布。"看来，文登麻与文登葛都是历史上纤维物品名牌，虽说唐代始有记载，民间使用应该很久远，用来织结渔网也就顺理成章。

要出海捕捞，还有一样工具必不可少，那就是舟船。昌阳先民自古以来就有乘船出海捕捞的传统习惯，二十世纪八十年代初，在今威海泊于镇濒海的松郭家村出土了一只距今四千多年的独木船，属于同时期昌阳城近郊"石羊遗址"出土文物中也发现了海蛎壳，两千多年前，秦始皇曾经在琅邪台（今青岛胶南市琅琊镇）为去海上寻找仙药的方士徐市（福）制造了大船。据此我们相信，有着出海传统习惯的昌阳城人造船出海捕鱼并不稀奇，尽管至今昌阳城周边尚未发现古船遗迹。

第五章　昌阳县周秦遗踪

古昌阳县域内遗存的周秦古迹、文物及传说有很多，其中有部分为史实，比如不夜城、秦始皇成山头祭日、秦权等；有的虽属传说，却为史家确认并载诸史书者，可做信史看待，比如秦始皇文山召文人登山论功颂德等；有的纯属民间传说，或方志碑记等有记载未被证实的，比如龙石晒字、齐王坟、申子墓、无盐冢，等等。这里选择重要的几处作一介绍。

一、成山头的喧嚣

昌阳城东北八十公里有成山头，成山头又称"天尽头"，因地处成山山脉最东端而得名。位于今威海荣成市成山镇卧龙村东。成山头三面环海，一面接陆，包括三山子、天尽头、东西井楼子和南马台，总面积约 40 万平方米。是中国陆地上最早看见海上日出的地方，有"中国好望角"之称。

由于地理位置的特殊，成山头自古即为祭日圣地，特别是频频吸引了帝王的目光。《孟子·梁惠王下》记载，昔者齐景公（？—前 490 年）问于晏子曰："吾欲观于转附、朝儛，遵海而南，放于琅琊，吾何修而可以比于先王观也？"意思是，齐景公问晏子说，我想到转附、朝儛两座山去观光游览，然后沿着海岸向南行，一直到琅琊，我该怎样做才能够和古代圣贤君王的巡游相比呢？据专家考证，齐景公所说的"转附"即今烟台芝罘，"朝儛"即今荣成成山①（成山，有古籍记为"盛山"）。可见，春秋时的成山头就已经很闻名，作为齐王的景

---

① 《孟子·梁惠王下》："吾欲观于转附、朝儛，遵海而南，放于琅琊。"赵岐（东汉末经学家）注："转附、朝儛，皆山名也。"清，焦循《孟子正义》："秦皇、汉武所游自琅琊而北则至之罘、成山……转附，即之罘也，朝儛，即成山也。"

公就已熟知成山头，从齐景公话语里可以推知更早的古代君王就曾到过成山头游览。《孟子》的这段记载虽然只是说齐景公要到成山头去"观"（观光旅游），但是，帝王千里迢迢至此，举行祭日仪式是肯定的。司马迁《史记·封禅书》说，"八神将自古而有之，或曰太公以来作之"，说明日主祠祭日之俗最晚在周代就已经形成。日主，西方人谓之"太阳神"；日主祠，即西方之"太阳神庙"。成山头的喧嚣源自祭日，成山头的喧嚣更在于皇帝的推波助澜，秦始皇、汉武帝的成山头之行促进了成山头祭日、崇日的民风进入鼎盛。

成山头至今尚有秦始皇、汉武帝东巡成山礼日的遗迹，现存祭日土坛和日祠建筑遗迹。祭日土坛位于今成山头海洋观测站场内，原有二米高的土堆。日坛西北面有秦汉时期的祭日遗迹，面积约两万平方米，曾在此发现铺地方砖，陶质排水管和祭祀遗迹。附近还有始皇庙、望海台、娘娘宫等古建筑遗迹。

遗址文化堆积层厚约0.5～1米。暴露有灰坑、建筑夯土、台阶、烧沟等遗迹，地表散布有大量的残砖断瓦。1979年10月，东井楼首次发现祭祀坑，发掘出土了包括玉璧1件、玉璜1件、玉圭2件在内四件玉器。据考证，年代为西汉前期，可能是汉武帝祭日留下的，现藏青岛市博物馆。1982年再次在此发掘，出土了三件玉器，玉璧1件，玉圭2件，年代为战国末至西汉初年，大概是秦始皇祭日留下的，现藏荣成市博物馆。

秦始皇曾经两度登临成山头。《史记·秦始皇本纪第六》记载："始皇二十八年，东行郡县……乃并渤海以东，过黄、腄，穷成山，登之罘，立石颂秦德而去"。又载，始皇三十七年"并海上，北至琅琊……自琅琊北至荣成山（即成山头)，弗见。至之罘，见巨鱼，射杀一鱼。"[1]秦始皇两度至成山留下了"秦桥遗迹""秦代立石""射鲛台"及成山观废址、始皇庙等历史遗迹和人文景观。关于成山头始皇庙《齐乘》云："秦宫，宁海州文登县东北百八十里，古老相传始皇所筑。东南西面临海，南有七井水，后人因立祖龙庙。"据说，当年成山头上秦代立石原来有好几块，上面分别刻有丞相李斯手书"秦东门""天尽头""狱讼所公"等。"相传，明季以上官揭（同'拓'，一种用纸蒙在石

---

①司马迁：《史记》，北京：中华书局，1982年，第265页。

碑字上把字描下来的方法 —— 著者注）索，不胜其扰，因沉于海。"①意思是，传说明朝末年，因不断有人来拓摩立石上的文字，当地百姓厌烦这些人带来的侵扰，将刻字碑沉到海里，这些碑今天已经看不到了。

汉武帝也曾三次登上成山礼日，分别是元封元年（前110年）、太始三年（前94年）和征和四年（前89年）。《汉书》记载，西汉太始三年汉武帝"幸琅琊，礼日成山，登之罘，浮大海，山称万岁。"②汉武帝被"成山头日出"这一天下奇观所折服，遂下令在成山头修拜日台、拓建日主祠、以感

图 5-1 成山头遗址出土的祭日玉器（1982 年出土）

恩泽，且作"朱雁歌"志之。之后，历代帝王效仿之，均有成山头祭日之举。

秦汉时最为盛况空前的帝王驾临成山举办国家祭祀大典，宋元明清虽然有所衰落，但从长安城所建的天坛、日坛、地坛、月坛看，拜日作为一种文化仍然被尊崇，被后世沿袭，并在民间被保留下来。北京城作为明清两朝代的都城沿袭前代，同样建有天坛、日坛、地坛、月坛等祭祀场所。在成山，这种太阳祭祀活动在民间得以传承和弘扬并延续至今。

二、召文台的盛赞

昌阳城东北二十公里（今山东省威海文登城区东部）有文山，山上有召文台遗址。光绪版《文登县志》记载说："文山在城（文登城）东北一里，一名'文登山'，召文台在其上。《寰宇记》：故老相传，秦始皇东巡召集文人登此山

---

①李天骥：《荣成县志》，台湾：成文出版社，清道光二十年，第20页。
②班固：《汉书》，北京：中华书局，1962年，第206页。

论功颂德，因名。"①

图 5-2 召文台主建筑（1992 年重修）

文山高不足百米，却是座灵秀卓尔的小山，山上葱茏芳郁，虎虎生机，为闹市区平添了无限风光。虽说文山海拔不高，却曾经是昌阳县境一座闻名遐迩的名山，名自何处？唯因秦始皇曾经召文人雅士登临其上，山上有召文台，自然位居一邑之冠，声名远播。

光绪版《文登县志》记载："召文台，《钦定皇舆全览》：'县东一里有文山'，《齐乘》作文登山。《寰宇记》：'故老相传，秦始皇东巡召集文人登此山论功颂德，因名。'县志：后人建召文台于此"。前 219 年，秦始皇东巡时，召文人登此山为其论功颂德，文登山因此得名，文登县又以此山得名。为纪念始皇登临，文登山很早即建有秦庙和召文台，齐宋时即在山上建台，以"召文"名之。金元时期曾重修召文台，明时秦庙毁于雷击，其东侧又建玉皇庙，后经历代重修和增建了三官庙、碧霞元君庙、娘娘庙等。据清代文登增生宋允和所撰《召文台记》说，"台之东南隅有文星石，高三尺，广尺有五寸。石之前，刻魁星像，奇古有神，为万历举人鲍捷来镌石；石后刻万历四十二年文登知县王（家栋）《培植文脉禁令》谓：'文山乃文邑祖龙，民命、文运攸关，如有在此取土取石者，罚土千担，树千株。'"石旧在台下

---

①李祖年：《文登县志》，台湾：成文出版社，光绪廿三年，卷一上，第 20 页。

南墙阴，光绪丙子训导周荣程移于台上。由于长期保护，文山古木参天，庙堂林立，台之侧有古银杏三株，左一右二，树干很粗，需几人才可合抱，高数十丈，"枝干皆作虬龙攀拿之势……霜皮如铁，黛色参天，似数千年物。"（《文登县志》）为历代士卿墨客谒拜怀古、观光游览的胜地。旧有"不临召文台，未到登州府"之说。

1940年，召文台及其他古建筑群尽毁于日本侵略军之手！

1992年，文登政府斥巨资于原址尽量按原貌重建，包括召文台前后门、石坊、钟楼、文星石亭等，新增了"文登学"陈列馆、秦始皇蜡像馆等宏伟建筑，重现昔日古韵雄风，游人终年如织，无不尽兴。重建召文台南门对联由文登已故著名学者于植元教授撰并书："祖龙驻跸文士登山古县得名自昔始，黔首知书田夫晒字昆嵛佳话至今传。"

上联引用了秦始皇召文人登山的典故，下联则引用了昆嵛山民龙石晒字的传说故事，说的是秦始皇东巡去往成山头的路上，车队行进在昆嵛山阳一个古树参天、流水淙淙优雅山谷，卫卒禀报说看到有两个人背着一大包什么东西慌慌张张逃走了。丞相李斯怀疑山民藏匿的正是他们来此地找寻的长生不老药，便命令随从赶快追赶。不多时，随从们便把两个背包年轻人带到秦始皇面前。李斯命人夺过他们的布袋打开一看，是一包树皮树叶。李斯道："这种破玩意儿竟也躲着吾等？"即命手下人把布袋扔在地上。两个年轻人不顾一切急忙去抢被扔到地上的布袋。秦始皇见了很奇怪，命人把年轻人紧紧攥在手里的布袋呈过来看看。他拿起一片树皮仔细端详，发现上面似乎写有文字，凑近眼前看看，又认不准，递给李斯道："丞相仔细看看，上面是不是有字，写的是什么？""文字？"李斯有些发蒙，迟疑道，"此，此东夷蛮荒之地，竟有人认字？况且，这山野……"疑窦更深，接过秦始皇递来的树皮仔细看，见上面勾勾画画，看不大清。急忙从布袋里抓出一把树皮、树叶，捡出一片勾画清晰一点儿的凑到眼前仔细看起来："子曰……"不禁读字出声。他读得有些困难，放下手里的这一片，又把手伸进布袋里抄起一把树叶一片一片仔细验看。还别说，片片都有字，他厉声质问年轻人："快说，为何在树叶上书写文字，有何不轨之心？"

那个年龄稍长的年轻人战战兢兢地回答说："禀……禀告上官大人，俺……俺姓黄，是兄弟俩。自打祖上住在这里至今已经有一百多年了……"他接着禀报说，他们平日里在山里辛勤耕种，与世无争。庄稼收拾好了没事的时候俺兄弟俩就喜欢读点儿书，也以此教育后生。可是，家里生活贫困，无人读过书不认识字。家中不知哪一辈祖上传下一本孔老先生的《论语》。为了后生，俺兄弟俩多次带着《论语》下山拜师，没有简牍和笔墨，只好用树针把诗文刺在树皮树叶上。年头多了，又怕这些刺了诗文的树皮树叶发霉烂掉，常常在出日头的好天气里把这些诗文树叶放到村边的大石头上晾晒。刚才看到一队人马过来了，害怕这些诗文树叶被不小心践踏坏了，他们就把诗文树叶收拾起来装在布袋里背上赶快离开了。

李斯问："你们俩逃走的时候为什么不带家里所用物品，光带走这些饿不能充饥冷不能御寒的东西？"黄氏兄弟回答说："衣物丢了，可以再织，粮食丢了，可以再种；诗文没有了，哪里去寻？这是俺们一辈子的心血呀。"

秦始皇听了两个年轻人的回禀，龙颜大悦，说："尔等龙石晒字，难能可贵。"冷静一思索：这方远离帝都的东夷荒野之地竟然有如此重视文脉的人，此地必有高人，顿生在此地逗留几日之念。

他们告别了年轻人，离开山里，车队一行人逶迤东行走了几十里路，看到了一处地势平坦的地方，秦始皇即命安营扎寨，他登上旁边一座不大的小山，眼前豁然开朗，"好地方，好地方！"于是，问李斯说："此地位腄县东陲，何地耶？"李斯道："禀陛下，昌乡。""哦。"秦始皇沉思片刻道，"此处为去往成山最后一憩地，朕想听听东夷土人对朕施政的看法，丞相意下以为如何？""皇上英明，皇上英明！我主万寿无疆！"李斯跪禀，点头如鸡啄米。也就有了召文人登上小山论功颂德事件的发生，留下了一段流传千古的佳话。

据说，秦始皇在文山上召集文人雅士论功颂德的时候，特意叮嘱李斯务必邀请在昆嵛山邂逅的晒字黄氏兄弟参加，黄氏兄弟因此被列入受邀登山论功颂德文人之列，有幸参与了那次盛会。

到处搜寻博士人才的秦始皇在文山上再次见到黄氏兄弟，显得十分激动和殷勤，他觉得在此偏远之地发现能识文断字的人才太难得了。当即降旨李斯邀请他们跟随辇车一同去咸阳，打算让他们去朝廷学习一段时间为官之道，然后，派去腄县或昌乡任职。没想到，黄氏兄弟一听要他们离开家人去咸阳，很是害怕，他们还从来没听说过这么个地方呢，担心他们离开之后家人无法生活下去，说什么也不肯答应。仍旧回到家里继续过他们日出而作，日入而息的生活。

两个年轻人所居之地后来繁衍成了一个村子，村子的名字就来自秦始皇之口"龙石晒字"，后来，人们简而称之，直呼"晒字"，今属山东威海文登区界石镇。

《文登市志·村庄》载："晒字，元代以前黄姓来居。东有巨石名金龙石，称村龙石晒字。清朝始称晒字，亦写'筛子'。传说颇多，应与晒字刻石有关。"①

附：文山、召文台诗文选

文山因其有着特殊而辉煌的过往，召文台又有着独特的来历，自古便成为人们向往圣地，特别是文登立县之后，更是官宦及文人雅士经常光顾的地方，人们登临其上，凭吊怀古，抒发幽情，留下相关诗作。

文山诗

文山怀古

王思诚

昆嵛雄跨东海边，盘桓百里势绵延。

嵯峨不知几万仞，七十二峰青摩天。

关西神师旧修炼，烟霞洞启犹宛然。

古来麻姑亦隐此，三见沧海变桑田。

渺茫有无果可信，父老至今相流传。

秦皇汉武信方士，东游几度求神仙。

世间哪有不死药，海中谁独长生年？

翘首东望鸡鸣岛，石桥龙口横苍烟。

王思诚，字致道，元代，兖州嵫阳（今山东省滋阳县）人。至正元年，迁奉议大夫、国子司业。二年，拜监察御史。后拜通议大夫、国子祭酒。诗题又做《文登怀古》。

---

①文登地方史志编委：《文登市志》，北京：中国城市出版社，1996年，第51页。

文山怀古

王瀛

鹿走中原几劫灰，召文还峙旧秦台。

功成自勒金泥颂，运去谁兴麦秀哀①。

璧谢滈池②狂焰歇，椎惊博浪属车回。

谁知朱雁兴歌后，早有铜仙下泪来。

王瀛，临淄人，清代康熙年间进士，曾任鄞县知县，康熙五十四年至五十九年为威海卫学教授。

文山怀古

闫学海

石危径细倚孤筇，上到巉岩第几峰。

控海军容屯虎豹，随潮云气幻鱼龙。

赤松遗迹真堪访，绿发仙人未易逢。

惟有三山风力远，隔林吹过午时钟。

闫学海，山东昌乐人，清代嘉庆间举人，文登县教谕。

---

①麦秀哀，商纣王叔父箕子被分封到朝鲜后，有一次去周朝朝拜，路过原来商朝的都城朝歌，看到城墙宫室毁坏，长满了野生的禾黍，慨愤而作《麦秀歌》，叙写了亡国败状，慨叹亡国原因，充彻凄凉悲惋，后人常借此表达亡国之痛。
②《史记》记载，秦始皇时，使者从关东夜过华阴平舒道，有人持璧挡住使者说："为吾遗滈池君，今年祖龙死。"颜师古注《汉书》曰："此直江神告滈池之神，云始皇将死耳。"

登文山有感

赛玉紘

莺语春风度，翛然树杪行。

四山团野色，两水抱孤城。

黄石终埋姓，丹砂可避名。

秦宫何处是？但见暮烟横。

赛玉紘，山东文登文城东关人，清代康熙年间进士，官至山西提学道佥事。

文山登眺

吕琨

登台春暮望，此地一为雄。

海干蓬莱北，山根大白东。

文章星宿聚，道法古今同。

碑碣曾无字，翻能眼界空。

吕琨，字瑶甫，号星石，文登吕家集（今山东文登葛家村）人，清代 康熙间进士，云南南宁县知县，后任御史大夫、通政使司右通政使、监察御史等。

文山怀古

刘储鲲

两水弯环处，人家浸碧虚。

山从鞭石后，文亦劫灰余。

老树秋烟暝，寒花晚照疏。

秦碑竟何处？临眺几踟躇。

刘储鲲，文登文城人，乾隆六年拔贡入太学，考授宗学（即皇族弟子学校）教习，期满候选知县，未赴任，不久病故。

登文山（二首）

林钟岱

不尽探幽兴，屐痕穿碧苔。

残碑留汉篆，老树抱秦台。

风静松花落，云开野鹤回。

拂阶闲坐久，旷矣绝尘埃。

岂有坑儒者，而为召士谋？

从来留古迹，我辈足周游。

野旷千峰出，天空一雁秋。

祖龙杳何处？风雨海东头。

林钟岱，文登蔡官屯（今属荣成）人，清代嘉庆进士，官至湖广道监察御史。

召文台诗

召文台

方根本

秋山多白云，云洁山如沐。

飒飒凉飔发，黄叶脱林木。

乘风上高台，草茎路盘曲。

日落千万峰，峭壁孤烟绿。

鸟声天半来，虫吟花底伏。

时复寻清流，芳泉手可掬。

睹兹山林趣，旷然豁双目。

我愧风尘客，琴书指一束。

十载事奔走，以心为形瘳。

而我抱逸志，泉石兴亦足。

朗吟山之巅，长啸山之腹。

顾瞻麋鹿群，何为自局促。

斯台建秦代，仿佛留遗躅。

召士颂德功，德功非足暴。

焚书与坑儒，况乃肆其毒？

千秋百世心，书生犹痛哭。

我今怀感伤，登临动遐瞩。

事业同灰烬，台名后人录。

方根本，桐城人。

登召文台
沈嘉麟

三春登眺处，千古召文台。

海气吞仙岛，山花笑劫灰。

天连高树尽，云度远峰开。

独念羁栖者，今多作赋才。

沈嘉麟，吴兴人，康熙五十六年举人。

召文台记
宋允和

文登县城东北有文山，古名文登山。挺然独秀，为一邑冠。高齐天保八年（应为天保七年）置文登县，盖因山以取名焉。山上有台，高丈余，广倍之。台之北，为屋三楹，为游人憩息之所，额曰"古召文台"，书法苍劲，年代莫可考矣。按乐史《太平寰宇记》："秦始皇东巡，召集文人登此山论功颂德。"不言有台，则此台当为宋以后建，因始皇之遗迹而以召文名之。《史记·秦始皇本纪》："二十八年，东行郡县，上邹峄山，并渤海以东，过黄腄，穷成山，登之罘，立石颂秦德而去。""三十七年，始皇出游，自琅琊北至荣成山。"荣成山，即今荣成县东之成山。始皇两幸成山，文山其必经之路，登山颂德事或有之，而二十八年上邹峄山，与鲁诸儒议刻石颂秦德，议封禅望祭山川之事；

浮江至湘山祠，大风不得渡，召博士问之，则秦皇登山召集文人时有之。文山召士，不载于秦纪，史举其大略，其细故有载有不载。文山召士之说，乐史以为故老相传，非必子虚乌有也。台之东南隅有文星石，高三尺，广尺有五寸。石之前，刻魁星像，奇古有神，为万历举人鲍捷来镌石；后刻万历四十二年知县王《培植文脉禁令》谓，"文山乃文邑祖龙，民命文运攸关，如有在此取土取石者，罚土千担，树千株。"考万历季年县令王姓者，盖许州王家栋也。石旧在台下南墙阴，光绪丙子，训导周荣程移于台上。台之侧，银杏三株，左一右二，大数围，高数十丈，枝干皆作虬龙攀拿之势，即《吴都赋》所谓"平仲"，叶似鸭脚者，一名鸭脚树，公种而孙食，又名公孙树，土人呼为白果树。三树夹台侍立，霜皮如铁，黛色参天，似数千年物。登斯台者摩挲徘徊，当不胜盛衰兴废之感云。

注：宋允和，清代，文登人，增生。年六十因病目盲，仍每日著文，自己不能写字，请人代笔。著有《农蓭文集》《淡远山房诗草》。

三、秦权的见证

昌阳城北二十五公里有个道头泊村（今属山东威海市临港区），这里有一处古沙城县遗址，有秦汉古墓群，还是秦权的出土地。

一直以来，在当地传说道头泊村北曾有一座古县城，叫沙城县。县城遗址的北面是山，南面是河，河的北岸是一条古官道，地处一个山间小平原上，两边的山上分布着古墓，耕地经常出土雕刻精美的厚砖碎瓦和灰、黑陶片及一些大型器物残片。遗址东部可采集到具有新石器时期特征的遗物，比如石斧、陶瓮等。村民在建房时曾挖出过秦汉时期遗物，虽属残存，却年代久远。根据出土器物的形制专家将其判定为秦汉时期遗址，遗址东西长约 600 米，南北宽约400 米，总面积约 240000 平方米，文化堆积层厚薄不一，东部较薄，最深处有50 厘米；西部最深处达 1 米，被命名为"新权遗址"。

遗址西侧有一处秦汉墓群，现在可见的封土较大的墓冢有 4 座，还有不少不见封土的小墓。残存墓的封土最高 4 米，直径 27.4 米。1979 年冬整土地时，挖出了三个没有封土的小墓，墓壁用带有子母口的汉砖砌成，墓底方砖上有压印的方形花纹和半圆形的月牙纹排成的连续图案，出土数枚汉五铢钱和一个白色陶罐。

1972 年，因修水库移民，当时的文登莒山公社武林村迁往道头泊村北建新村，新村原定名"和平村"。在新址建房工地，一个叫相金月的村民在地堰上挖自家院墙地基的时候挖出了一个大铁疙瘩，上面有通透鼻眼，旁边还镶着一块铜板，铜板上面还有字。那村民立刻报告了当时负责新村建设的公社干部。那干部看铁家伙这么大，上面还镶着有字的铜板觉得应该是个文物，就把那东西保管起来，说请示公社后，看看怎么处理。第二天，那东西就被送到了公社。又过了一天，县里派人把那东西取走了。过了些日子，县里传来消息说经过专家鉴定铁疙瘩是个铁秤砣，学名叫"秦权"，是秦始皇灭除六诸侯国之后，统一全国度量衡时所铸衡具，是我国当时出土的同类物品的第二件，原物现存烟台市博物馆。

权为铁铸，略呈扁圆形，平底，顶部有拱桥形通透鼻眼，通高 20.31 厘米，底径 25.2 厘米，重 31.898 公斤。权身侧面嵌有一块长方形青铜秦诏版，阴刻九行四十个小篆字，诏版铭文字迹已模糊不清，但尚基本可以识读，铭文为："廿六年，皇帝尽并兼天下诸侯，黔首大安，立号为皇

图 5-3 新权村出土的秦权

帝。乃诏丞相状、绾：法度量，则不壹，嫌疑者皆明壹之。"意思是，秦始皇二十六年（前 221 年），秦并吞齐、燕、楚、韩、赵、魏等诸侯国统一了天下，百姓从此安定，立尊号为皇帝。于是，颁布诏命给丞相状和绾：规范度量衡，凡是不一致的标准都加以统一，百姓有不清楚的，都以此明确统一起来。

秦时，今威海境统属腄县（县治在今山东烟台福山区）地。此地发现秦权证明当时这一带是经济发达的地区，因为生产力的发展与衡器的发展是相吻合的。

秦代，由于存在的时间比较短暂，加之距今年代久远，留存于世的遗物并不多见，而带有铭文的秦权在地处东部边陲的现威海境内出土更是意义非同一

般。需要指出的是，这枚带有铭文的秦权绝不是一件一般意义上平日里交易或征收活动中使用的普普通通的秤砣，而是一件由官府监制、具有法律效力的标准砝码，专门用来校正、核准衡器的；相同具有法律性质的器具当时还有带有相同铭文的标准量器秦方升，等等。出土的秦权成了秦始皇施政的有力证据，其特殊意义在于以下几点。首先，它证明秦始皇统一天下之后在全国推行的包括统一度量衡、统一文字、统一货币等在内的一系列改革措施是真实发生的事实，与《史记》等史书相关记载是吻合的，秦权就是秦始皇实施改革的直接实物证据。其次，它证明了统一后的秦朝"普施明法，经纬天下"（始皇廿九年之罘刻石语）是真正地实现了，就连当时秦疆边远的东陲地也无例外地实施了秦法。第三，证实了秦度量衡的变革以及秦法的施行遍及到秦的每一个县，就连边陲之地东部腄县也不例外。第四，证实每一县可能不止一处校正、核准度量衡的地点，除了县治设置有这种性质的机构以外，县内其他地方也可能设有这样的校正、核准点。新权出土地或许是当时秦在腄县东部特设的一处重要的衡器校正、核准点。第五，在远离秦都咸阳的东部边陲，本来秦代遗物就很少，文字文物尤其少见，文字律法条文就更是少之又少。而这件铭文秦权填补了威海地区这一历史空白。第六，从权上铭文我们获知，当时度量衡改革的主要实施者是丞相状和绾，与史书相关记载相互印证。状和绾是秦始皇在位（前期称秦王，统一后称始皇帝）中期担任丞相职位的两个人，状，姓隗，名状；绾，姓王，名绾。他们的名字史书和秦刻石上是有记载的。秦始皇在位的中后期实行的是双丞相制，也就是丞相由两个人担任，分为右丞相和左丞相，右丞相地位高于左丞相，为主官。根据铭文名字排序来看，隗状在前当为右丞相，王绾居后为左丞相。另外，根据史书记载，秦王政十七年隗状就在丞相位上，一直到秦始皇三十三年，有 16 年之久。王绾在丞相位上也有 7 年之久。由此看来，秦始皇时期丞相任期比较长，说明期间政治稳定，君臣关系和谐，吏治有连续性。第七，证明了秦始皇强悍的执政能力与雷厉风行的施政风格。秦国在外扫除六国的军事行动与国内完善政权机构建设、巩固政权工作是同步进行的，在不到 10 年的时间里既完成了灭除六国的军事行动，也同时完成了国内政权机构建设的工作，秦国由原来七雄之一的诸侯国，随着逐一灭除其他诸侯国变成一个统辖原七国地盘的统一大国，国家机构也在稳步扩展为适应管理统一后大国的国家机器，这就如今人修筑隧道铁路，掘进、铺轨同时进行一步到位，没有严谨而周密的部署，想同时做好开疆扩土与构建国家政权这样两件大事是难以想象的，而秦始皇做到了；且政府机构的工作是高效率的，刚刚统一天下，即颁布并实施一系列新政举措，出土的这件铭文秦权就是最有力的证明。秦权佐证了著名秦汉史学者李开元教授秦始皇是"强君"的结论。第八，根据令人捉摸不透的出土环境推断这枚秦权或许与秦始皇东巡去成山头祭日有关。理由是：秦权出土地非为官府遗址与古墓，可以排除其属于官府遗物的可能，亦非个人物品不是古墓随葬品。这枚秦权何以遗落此地？我们不妨做这样的推测，始皇三十七年，秦始皇最后一次东巡去成山头祭日，此权被秦始皇带来东陲用来临时核准距离腄县治较远的该地区衡器，到秦始皇祭日结束离开，此权仍旧留下使用，不曾想秦始皇半途驾崩，此权也就滞留于此。从秦始皇在东陲（今日威海境内）留下的诸多非祭日遗址、遗物，比如召文台、秦立石等证明，秦始皇千里迢迢来东陲，除了祭日这项主要活动之外，还从事过其他一些行政行为。也许在此建立临时衡器核准点，是秦始皇这次东陲之行要从事的其他行政行为的一部分。否则，秦权何以会遗落遥远的东陲郊野？

文登出土秦权曾轰动一时。中共中央机关刊物《红旗》杂志以《黔首吟》为题发表长篇评论。《文物》杂志（1974年第七期）蒋英炬、吴文棋两位作者以《山东文登发现秦代铁权》为题做了报道和详细解读。

在当地，和平村出土秦权一时间成了家喻户晓的头号新闻。村民们也以此为豪，要求更改一个与秦权有关的新村名，于是，和平村改名"新权村"。

四、不夜城与不夜县

在昌阳城东北65公里的今山东威海荣成市伟德山之北埠柳镇不夜村有不夜古城遗址。"不夜"，原为古城名，《齐地记》《太平寰宇记》都记载说始建于春秋时期，为莱子国筑城邑，因"古有日夜出，见于东莱"，故"莱子立此城，以不夜为名"。或许古时这里夜晚出现过太阳，古人以为是吉祥征兆，于是在这东方边陲建起不夜城。不夜城的具体修建年代，史书没有留下记载，我们今天只知道不夜城是昆嵛山以东地域最早的古城堡。道光版《荣成县志》记载："不夜城边耕夫往往得古刀钱，其文云'夜易止保货'"，有研究者考证"夜易止保货"为春秋周景王（前？—前520年）时期不夜铸行的一种钱币，或可证不夜城为春秋时建。建城不一定设县，不夜县之设是在西汉初年，增修《登州府志》"荣成县·不夜城"条记载："汉高帝封子肥为齐王，始建不夜县，王莽改为夙夜，东汉省。"①道光版《文登县志》也记载："汉高祖六年，封外妇子肥为齐王，始建不夜县。"②不夜县也是以县治命名的县。

王莽时，曾改不夜为夙夜。不夜县或曾于那时改置为夙夜郡，《汉书·王莽传》中有"夙夜连率韩博"的句子，清末史学家王先谦据此推测"则尝分东莱之不夜为郡矣"。清代叶圭绶撰《续山东考古录》也认为"《汉书》王莽传，'夙夜连率韩博荐巨无霸。'按莽改不夜县为夙夜。但，县不当有连率。莽或曾分置郡于此，史失载也。"③连率，意同"连帅"，王莽新朝设的官职名，相当于汉代太守。《汉书·王莽传》关于夙夜连率韩博荐巨无霸的文字还不短，是这样说的："夙夜连率韩博上言：'有奇士，长丈，大十围，来至臣府，曰欲奋击胡虏。自谓巨无霸，出于蓬莱（今蓬莱）东南，五城（城名）西北昭如（海名）海濒。辎车（一匹马拉的轻便车）不能载，三马不能胜（拉不动）。即日以大车四马，建虎旗，载霸诣阙（到京城）。霸卧则枕鼓，以铁箸食，此皇天所以辅新室也。愿陛下作大甲高车，贲、育（孟贲、夏育，古代猛士）之衣，遣大将一人与虎贲（勇士）百人迎之于道。京师门户不容者，开高大之，以视百蛮（给各外族看看），镇安天下。'博意欲以风（同'讽'，劝告）莽，莽闻恶（厌恶）之。留霸在所新丰，更其姓曰巨母氏，谓因文母太后而霸王符（说多亏文母太后降生这个人，是我成为霸王的符命）也。征（同'惩'，追究）博下狱，以非所宜言，弃市（处死）。"④看来韩博所荐巨无霸其人不虚，但韩博最终却因话语忤逆了王莽而送了命。那么，韩博为什么要这么做呢？那时，匈奴常常进犯汉朝边境。王莽广泛招募那些有特殊技能可以攻击匈奴的人，

①方汝翼 等：增修《登州府志》，光绪七年，香港：凤凰出版社，第63页。
②欧文：《文登县志》，道光庚子新镌，卷一.建置 二，2页。外妇子，男子与婚外妇（即今人所谓情人）所生之子。刘肥为刘邦同吕雉成婚之前与情妇曹氏所生的庶长子，后封齐王，谥号"悼惠王"。
③叶圭绶：《续山东考古录》，光绪十一年刻本，十二卷，第40页。
④班固：《汉书》，北京：中华书局，1962年，第4157页。

并允诺将破格重用他们。结果有好多这样的人应征，有的说可以不用船和桨就能使百万军队渡过河，有的说军队出征不带丁点儿粮食，单凭吃点儿药物，就能保证整个军队无人饥饿，有的说自己一天能飞行几千里可以从空中探查匈奴敌情。王莽就叫那人飞行看看，给他做了两只大鸟翅，全身都挂上羽毛，系了带子，结果飞了几百步就摔下来。王莽知道那人没有真本事，不过就是为了获取虚名捞好处，然而，还是提拔他做了军事参谋，并送给他车马，让他等待出征。正是在这种情况下，韩博才向王莽举荐了巨无霸。

《后汉书》又再次提到巨无霸，"光武帝纪"记载："初，王莽征天下能为兵法者六十三家数百人，并以为军吏；选练武卫，招募猛士，旌旗辎重，千里不绝。时有长人巨无霸，长一丈，大十围，以为垒尉；又驱诸猛兽虎豹犀象之属，以助威武。自秦、汉出师之盛，未尝有也。"①这时已经是昆阳大战的时候，昆阳大战是中国历史上非常著名的一次

图 5-4 不夜村出土的西周青铜尊

战役，是光武帝刘秀的成名之战。当时，起义军主力在围困宛城，由光武帝刘秀的哥哥统帅。王莽派大军（42万人，号称百万）去解宛城之围，路过昆阳，指挥官王邑打算先血洗昆阳再去救宛城，这里就有巨无霸，他作为垒尉（中级军官）还带领了一支猛兽军队。最后，刘秀主导了战役，十三骑突围，带回三千援军，于百万军中斩敌军主帅之一的王寻，大破王莽军队，从此王莽主力尽失，迅速垮台。而这次战役之后，巨无霸就再也没有出现在任何史料上。关于置夙夜为郡，史书失载，历史学家们就是从《汉书》的这段记载才做出了这种推测。不过，即便置夙夜为郡是史实，夙夜郡存在的时间也不可能太长，韩博恐怕也是唯一一位夙夜郡太守。王莽篡汉共15个年头，随着王莽新朝被推翻，

①范晔：《后汉书》，北京：中华书局，1965年，第5页。

夙夜郡也就不存在了。

东汉建武五年不夜并入昌阳县，不夜城渐废，后演变为居民村，遂以不夜名村。

道光版《荣成县志》记载，清代后期，不夜古城"遗址尚可识"。不夜古村原坐落于古城遗址北，故村民习称村前遗址为"南城"。1950年代，"南城"仍可见夯土墙基和城门残垣，附近数十座汉代墓冢保存完好。1970年后，由于不夜村南迁，所以古城遗址现大致被压在迁建的不夜村下及以南地区。

不夜古城遗址地下文物极为丰富。今不夜村周围地表露出的古代砖瓦残片随处可见。二十世纪六十年代，农村整修大寨田，"南城"一带农田间的瓦砾堆积达一人高。历年所采集的标本中，建筑材料类有陶水管、大板瓦、"千秋万岁"瓦当和菱形纹榫砖等，皆为战国、秦、汉时期文物。器皿类以泥质灰陶、夹沙灰陶和夹滑石黑褐陶为主，器形有大罐口沿和大盆口沿等。青铜器主要有鼎、壶、尊等。1985年夏季，在新不夜村西北出土西汉高后时期的半两钱一罐，重5公斤。

1992年冬，在不夜村前扩修公路时，掘出大批砖瓦和陶器片，类型与地表散见的相同。在公路落坡处暴露文化堆积1～1.5米。在村东南路段揭露出6口古井，密集分布在坡地下部石礓层上。在村西南路段揭露出大面积红烧土，可见部分南北30米，东西40米。在红烧土中还扰出不少榫砖，可分大小两种，小者青灰色，较坚硬，一侧饰菱形纹；大者黑褐色，含粗沙粒，质疏松，一侧饰网纹。在不夜城附近，曾分布着不夜古墓群，60年代前尚有数十座冢墓，现在仅存学福村东南一座。

道光版《荣成县志》云："不夜城边耕夫往往得古刀钱，其文云'夜易止保货'，是不夜又名夜易矣。"[1]易，即"阳"的本字，"不夜"一名不见于先秦文献，而"夜易"或许正是不夜在汉代以前的名称。"止保货"，据专家考证即"之宝货"，"夜易止保货"为不夜的钱币，由此可见不夜城已有自己的货币，不难想见其经济和文化的繁荣。王莽时期曾在古城内建有不夜亭，到宋庆历年间

---

① 李天麟：《荣成县志》，台湾：成文出版社，清道光二十年，第60页。

又建有朝阳亭，明万历年间重修过一次不夜城。到清康雍时期，不夜城内建有文登县官署的宅院，官员们在此休息、写作，或到成山头上观日出。不夜城在东部边陲是座充满文化气息的古城，两千多年来自有它潜在的魅力。

关于"不夜城"，道光版《荣成县志》所载宁海举人、知县张崧的《不夜城考》分析了不夜城及其名称的来历，比较客观，以备一说。在此我们把他的观点列举如下作为有兴者的参考。

他认为"莱子立此城，以不夜为名"和"有日夜出而名之"皆不足信，都是汉以后文人们"傅（附）会无稽"的"臆说"。他考证分析说"莱子故城在今黄县"，不夜之地古时则属牟境，直到春秋之时也没有莱人吞并牟地的记载，莱子怎么可能在他人地盘上建城？说"此，以事考之，而知其必妄者也。且，日之丽天无私照者也，出入晷刻，东西自微，有蚤（早）晚然（焉）；既出之后，断无一隅有日，四海不见之理。故昌黎诗曰：'金瓯既腾翥，六合俄清新。'果使古者有日夜出，虽以'不夜'名天下可也，何所据而独名一城？况周天之度三百六十，一永一短，各有定次，昼未西入，夜岂东出？"他这样推测不夜城名称的来历："登州，古嵎夷地，文（文登）又登（登州）之东境，日之出也，虽天下所共，仰而其临于文也独早，故西域有西夜之国，而东海有不夜之城。"[1]张崧这种关于不夜城命名的观点可概括为"近日说"。

现代学者多不认可"不夜"为"古有日夜出"的说法。著名历史地理学家谭其骧推测，不夜一名中的"不"字可能来自古代中国东部滨海民族的语言。周振鹤教授也认为，不夜之"不"并非否定词之"不"，他列举了古代许多这样的古地名，说《山海经》中有不周山、不旬山、不咸山、不庭山等，还有不其山，按照这样的理解，"不夜"与夜间出现太阳就不沾边了。

著者向来对不夜得名因"古有日夜出，见于东莱"一说深不以为然，认为或许不过是古人记载的一种不靠谱传说罢了。尽管清代林培玠在其《废铎呓》里也记述了一次在石岛的亲历夜日出，但是，由于是书为述异类笔记性杂记，更为民间孤证（其他古籍无载，且所叙时序含糊），故不足采信。根据现代天

---

①李天骘：《荣成县志》，台湾：成文出版社，清道光二十年，第475页。

文知识科学解释，太阳在夜间出现，是根本不可能发生的事情，如果出现异常天象被人们误解倒是有可能，异常天象有可能包括下面两种情况，一是，飞临地球的小行星在夜间近地半空爆炸，譬如，1908年俄罗斯通古斯大爆炸，据报道，当天当地人观察到一个巨大的火球划过天空，其亮度和太阳相当；还有一种可能就是古时当地发生了一种较为罕见的"日夜出"光折射现象，就是太阳落山以后，地平线以下向上射入较高层大气的阳光发生折射，在夜空中呈现出一个太阳的蜃景，古人不晓其中原理误以为日夜出。无论如何，倘若古代东陲之地真的曾经发生过无论哪一种特殊的天气现象古人必定都会有所记载，但是，我们今天在古籍里却查找不到这类相关文字，唯一看到的是古人据此给城命名传说。再者，假如这种特殊现象真的发生过也只能是稍纵即逝，不会长时间存在，更不会反复出现，而这种稍纵即逝的特殊天象恰巧被命名者碰上了，并使用了，以此给城命了名，也真是太过偶然和传奇了，其真实性不能不令人质疑。

我们再来看伏琛《齐地记》关于"古有日夜出，见于东莱"，故"莱子立此城，以不夜为名"的记载是否严谨，是否经得住推敲，答案：未必，因为文字中的"东莱"与"莱子"并不契合。一方面，假如"东莱"指的是东莱国，那么，立城命名的"莱子"当指东莱国国君。问题来了，"莱子"本是莱国国君称号，由莱国别称"莱子国"而来，东莱国之君怎会袭用故国之君旧称呢？古代的名称，特别是国君名称，可不能乱来的，孔子有"名不正则言不顺"之论。无论东莱国是莱国东迁而立，还是原来固有，国君都不可能称"莱子"。另一方面，假如"莱子"指的是莱国国君，"东莱"指的就必然不是东莱国，而应是指莱国东部地盘，或者指东部莱夷之地，那么，这就意味着这方东陲之地在立城的时候已在莱国辖下，既然如此，因何不称"莱东"却称"东莱"？所以，无论依据"莱子一国论"说法，还是按照"莱子两国论"观点，说"不夜"是莱子给东莱此城命名都讲不通；再有，"古有日夜出"之说则更令人质疑。晋代距离不夜立城（史学界认可的说法是春秋时期）相去甚远，少说也有千年。显然，伏琛的记载既非本人亲历，亦非来自亲历者的转述，就是说并非坚实、无懈可击的第一手史料，所记不过是一个遥远的历史传说。因为伏说最早，加上唐代颜师古引用其说为不夜县作注，致使"有日夜出"的观点流传广泛，影响深远，伏说被人们奉为圭臬不足为奇，然而，仔细斟酌不难发现是载自相矛盾，难圆其说，不足凭据，不夜得名过于蹊跷，令人难以置信。

著者考证认为，"不夜"之名或许系自"夜易"附会而来。从出土钱币铭文推测春秋初立城名"夜易"，而"不夜"之称最早见于《汉书》，汉以前皆称夜易城，也许到了汉晋之际有人根据"夜易"附会出了"古有日夜出"，于是衍生出"不夜"。至于立城之初何以用"夜易"为名，其原始含义尚待进一步考证。

查《康熙字典》"夜"条目有这样的文字："《齐地记》：齐有不夜城，古者有日夜照于东境，莱子立此城，以不夜为名。"这段记载"有日夜照于东境"与传统版《齐地记》"古有日夜出，见于东莱"不同，表述更合乎情理，或许正是文字原貌，据此推断"莱子立城"说成立。

五、难以捉摸申子墓

光绪版《文登县志》"冢墓"载："先贤申子墓在城东北一里（今文登整骨医院水库溢洪道北侧，1959 年重修水库时拆毁——著者注），于古无考。雍正元年，知县王一夔扫除茔域，筑为砖坟，高一丈一尺，碑题曰'先贤申子墓'，墓东有石刻《一夔古风》，周以围墙，高六尺五寸，阔一丈五尺，长二丈八尺。道光间，知县欧文于每岁清明前三日率各官祭扫，牲（祭品）用特豕（一头整猪）。"[1]

此墓原来没有祭田，也无清明祭扫惯例。自道光十五年知县欧文清明前三日率各官祭扫之后，县衙就形成每年清明祭扫此墓惯例。后来，文登九里水头村监生丛甫起捐祭田十亩，并租给一个叫陈升的佃户耕种，把每年所收的二千六百文租金于清明前 10 天作为祭费交到县衙供备办祭品使用。《文登县志》收录了王一夔《重修申子墓诗》和欧文《祭申子墓文》。

《文登县志》根据（此墓）"历代诸书

图 5-5 文登侯申枨

---

①李祖年：《文登县志》，台湾：成文出版社，光绪廿三年，卷四下，第 5 页。

皆不载，（元代于钦）《齐乘》'邱垄'一门：多记先代坟墓于文登，不记申子墓"推测元代之前并无这种说法。又说《山东通志》据旧志载之，《一统志》不载，觉得推断此墓为申子墓不可信。又说申子，为鲁国人，其墓不应在此，但相沿既久，未可泯灭。之所以不敢轻易否定，只因为"前贤举之，莫敢废也"。

清人吕肇龄（字歧封，文登人，乾隆四十七年贡生，官莱州府训导）《启堂随笔》说，县东北里许相传有申子墓，前邑侯王一夔重修之，不知唐封鲁伯，宋封文登侯，墓岂在是耶？原来，申子，名枨，字周。孔门弟子，七十二贤之一。唐玄宗开元二十七年（739 年）被追封为鲁伯，宋真宗大中祥符二年（1009 年）被封为文登侯，明嘉靖九年封为先贤，称为"申子"。

清代人推测元代之前此墓没有被认定，故他们对此墓的真实性多持怀疑态度，但是，县官却对此情有独钟，别有一番情义，又是重修，又是树碑，加以围墙，还要率官奉丰厚祭品祭扫之。由此看来，这个难以捉摸的孔子弟子墓只因其墓主身份特殊而倍受地方上层重视，或许只是被当作借题发挥的寄托物而已。不过，此墓仍存在诸多令人难以捉摸之处，譬如，根据《齐乘》所言，此墓很早就已经存在，只是之前被称为"先代坟墓"而已，那么，明代人凭什么认定其为申子墓？他们又是基于什么样的目的和什么样的契机这样做？难道只是由于其被封为先贤而衍生的假托？再如，申子受唐、宋、明三朝追封，这是否说明他与文登有着特殊的渊源？传说为避战乱他隐居文登讲学，学堂设于何处，证据何在？

附：

重修申子墓诗（王一夔）

白云横峻荒山冈，枫树插天浮青苍。

遗坟七尺萋秋草，萧萧落紫霜飞黄。

我来作宰方下马，高山仰止儒林光。

瞻拜一为荐苹藻[①]，缅维有道神凄伤。

嗟夫千载贤人墓，凿削相沿失故步。

---

①苹藻，一种水草，古人常采之用以祭祀，这里指祭品。

土丘荒冢日垒垒，墓门拱向纷无数。

夕阳在山牛羊奔，荷者插者樵人路。

我今八载抚兹邑，拊膺抵掌①几叹息。

彗星下扫文德光，痛惜青绳②乱白黑。

精灵泯没吾道孤，视如满眼罗荆棘。

迁移下令逐喧豗③，道旁一洗明堂闭。

峰峦窈窕林麓静，整齐逼侧④修倾颓。

鸠工庀材⑤设墙壁，文章闽域⑥严出入。

大书深刻事磨镌，短篇凿碑墓边石。

衣冠相望君子风，庶几先哲留遗迹。

后之贤者同此心，永言保之毋相失。

祭申子墓文（欧文）

于维夫子，式是文邑。生于海滨，学道宗国。至圣是依，群贤同列。垂教桑梓，莫不嘉悦。峨峨宅兆，山清水淑。爰葺兹土，心顷硕哲。暮春令节，敬荐肥洁。惟神之灵，庶几来格。

简析：后者为祭文全篇。根据祭文所称申子"生于海滨""垂教桑梓"之言，申子墓在文登似乎不是客居，莫非其先祖乃从今文登徙往鲁国？倘若真是这样，申子之墓也不应在文登，或许为其衣冠冢？王一夔《重修申子墓诗》"衣冠相望君子风，庶几先哲留遗迹"诗句亦可以印证这一点。然而，即便修的是衣冠冢，也必有缘由，不会是随意所为。从王一夔、欧文两知县诗文感受得到他们二位

---

①拊膺抵掌，哀痛或者高兴。拊膺，捶胸，表示哀痛或悲愤。抵掌，击掌，表示高兴。抵（zhǐ）。

②青绳，青色的绳子，古时用它缠束图版、界划帝王经过的御道及郊祀坛场的围范。此处比喻伦理常规。

③喧豗，形容喧闹之声。豗（huī），撞击。

④逼侧，旁边。逼，逼近、靠近。

⑤鸠工庀材，招集工匠，准备材料。鸠，聚集。庀（pǐ），准备、具备。

⑥文章闽域，文章的境界、主旨。闽域，原指内宅范围，此处比喻境界。

对申子与文登渊源关系似乎很是明了，令人不解的是县志却对此含糊不清。

六、匪夷所思无盐冢

昌阳城西北二十公里的昆嵛山之阳原来有一座无染禅寺，寺中有一个石龛，相传为齐王后无盐冢。清光绪十三年（1887）《重修无染禅院记》碑文云：无染禅寺，古刹也。在昆嵛山阳，岩壑幽深，林岚茜密。或曰：其地距乡村辽远，居之者六根清净，得大解脱，故名。或曰："染"与"盐"，声相转，寺内古石龛，其下空洞，相传为齐王后无盐冢云。寺东北有齐王坟，相传齐康公（姜姓末代齐王姜贷）被田氏放逐东海岛，死后葬于此地，坟上还有一棵不老松傲然屹立。

齐王后无盐何许人也？无盐，乃战国时期齐宣王（妫姓、田氏，名辟彊，也作辟疆，齐威王子，喜好听竽）之后无盐娘娘钟离春，也称无盐女、钟无艳，齐国无盐邑（今山东省东平县东平镇无盐村）人。民国版《东平县志》"古迹"载："无盐城，县治东北二十五里本古宿国地，齐置无盐邑，汉置县为东平国治。《水经注》：'其右一汶西流经无盐县之故城南，齐宣后之故邑，所谓无盐丑女也。'"[①]

丑女无盐姑娘钟离春曾力谏齐宣王使齐国成为强国，后被立为王后，后人尊称无盐娘娘。无盐丑女钟离春的故事最早见于西汉刘向编著的《列女传》。看来，丑女钟离春是实有其人。《东平县志》"故事"记载："齐王后钟离春，无盐邑之丑女也。年三十衒嫁（自媒求嫁。衒，自夸、卖弄。）不雠（未嫁出。雠，同'仇'，配偶），乃诣宣王，为谒者曰：'闻君王圣德愿备后宫之扫除（清洁工）。'王方置酒渐台，谒者见之（把她引见）宣王，问有何奇能。钟离春曰：'妾尝喜隐耳。'忽然不见（钟离春隐身而去），宣王立发隐书而读之，未能得。明日更召而问之，又不以隐对（回答，意为谈论的话题）。但扬目衔齿，举手拊（拍）膝，曰：'殆哉殆哉！'或如此者四。宣王曰：'愿遂闻命。'对曰：'大王西有衡（同'横'，凶暴）秦之患，南有强楚之仇，内聚奸臣，众人不附，（太子）春秋四十，壮男不立，不务众子而务众妇，尊所好，忽所恃，一旦山

---

① 《东平县志》，张志熙，台湾：成文出版社，1968 年，卷十五，古迹志，第 907 页。

陵崩弛，社稷不定，此一殆也；渐台五重，黄金白玉，琅玕笼疏翡翠珠玑，幕落连饰，万民疲极，此二殆也；贤者匿于山林，谄谀强于左右，邪伪立于本朝，谏者不得通入，此三殆也；酒浆沉湎，以夜继昼，女乐俳优，纵横大笑，外不修诸侯之礼，内不秉国家之治，此四殆也，故曰殆哉殆哉！'于是，宣王喟然叹曰：'痛乎无盐君之言，吾今乃幸有闻。'于是，拆渐台，罢女乐，退谄谀，去雕琢，选兵马，实府库，四辟公门，招进直言，延及侧陋，卜择吉日，立太子，进慈母，拜无盐君为王后，而齐国因以大安者丑女之力也。"①丑女钟离春的故事颇具传奇色彩，因而受到古今人们的青睐，以此为题材编为戏剧，元曲有《丑齐后无艳连环》（也叫《智勇定齐》），今人也多次将此故事拍过电视剧。

无盐冢为今日文登域内唯一一座王后陵寝，然而，令人匪夷所思的是身为王后、家乡又远在齐国无盐邑无盐村的钟离春薨逝后因何既不葬于王城临淄，亦不葬于故里无盐，而是舍弃夫君齐王独葬于千里之外的齐东昆嵛山？乃千古之谜。仔细斟酌，细心考量，著者推断，此冢或许同齐王坟诸如此类一样抑或都是古人为了某种愿望而附会故事、借题发挥罢了，因其难合情理，不大可能是真实的历史存在。

不过，这个传说是被《重修无染禅院记》碑文记载下来的，至少说明传说由来已久，古人对此深信不疑，其中究竟隐藏着什么历史秘密？齐后无盐与昆嵛山或无染禅院是否有过特殊的渊源与关联？匪夷所思。

七、文山召士征秦庙

秦始皇召集文人学士登文山论功颂德是个毋庸置疑的真实历史事件，尽管《史记》《汉书》等正史并未留下相关记载，可是，古人对此却是笃信不疑，不仅用其命县，北宋《太平寰宇记》相关记载也毫不含糊，那么，古人如此确信此事的真实性有什么依据呢？

文山，位于今山东省威海市文登区（原为文登县，1988年撤县设立县级市；

---

①《东平县志》，张志熙，台湾：成文出版社，民国五十七年，卷十五，志余.故事，第1019页。

2014年撤市设威海市文登区）政府驻地文登城区中部。光绪本《文登县志》"山川"云："文山在城东北一里，一名文登山，召文台在其上。《寰宇记》：'故老相传，秦始皇东巡召集文人登此山论功颂德，因名。'"唐《元和郡县图志·河南道》（卷第十一）：文登县，"取县界文登山为名"。元代郭长倩《文登县新修县学记》称：文登县"取境内文登山为名。考诸传记，县东二里有山，故老相传，秦始皇东巡，召集文人登之，因号为文登山，后遂为县名。"同代任德修《重修文山秦庙记》曰："昔秦始皇东巡狩以日主真君封，仍召集文人登此山，后人追慕立祠于其上，因之名邑。"

文登县置于南北朝北齐天统四年（另有天保七年说）。文登县之称源于文登山，文登山之名据于秦始皇召文士登山，然而，秦始皇召文士登山正史却并无记载，只有口口相传，且初置文登县之时，距离秦始皇召文士登山已经过去760多年，北齐人凭什么对此确信无疑，用来名县？成书于北宋时期的《太平寰宇记》时间更为靠后，所谓"故（古）老相传"，记载的不是一段无稽的古老传闻，而是一个世代口传的真实历史事件。《太平寰宇记》是最早用文字记载秦始皇召集文士登文山这段口传历史事件的，作者乐史对这一历史事件全无丝毫质疑。古人们都笃信这段不见正史记载的历史事件，给一个新置县命名，这么严肃而恒久的事情，古人不会盲目、轻易而随意地把一个无稽传闻作为根据，必定有着确凿的历史依据，那么，他们的凭据是什么？答案就是该事件的一个征象载体——文山秦庙，他们认定秦庙是这个历史事件信实可靠的佐证。佐证了一段遥远的历史，一段史籍未载的历史。

这样看来，文山秦庙是秦始皇文山召士事件的直接真实见证。

秦庙原来坐落于文山顶上，今已不存。光绪版《文登县志》"祠庙"这样记载："秦庙在城东北文山顶上，建置无考，明废。始皇东巡召集文士论功颂德，后人立祠祀之，岁以九月九日致祭。元至正十年，县尹任德修重修。有碑（文）载入《山左金石录》[①]，（碑）今在文山玉清宫西墙外，其地夷坦，盖故秦庙处也。《明史·五行志》：'正德七年，文登始皇庙钟鼓自鸣。是日，成山亦如之。'

---

① 《山左金石录》，是清代学者阮元督学山东期间所编纂的一部汇集山东金石碑刻的金石学著作。

王志（雍正年知县王一夔主修之县志）：'正德七年三月十三日，始皇庙内钟鼓齐鸣，少顷，殿焚，神像颜色不改。是日，流贼刘六刘七[1]等攻入县城。庙盖废于此时。'"

　　显然，文山秦庙金元代时候尚在，元至正十年（1350年），还将其重修过。县志载文所用明史、王志两段引文说的是同一件事情，所谓"钟鼓自鸣""钟鼓齐鸣"，其实为雷霆所震引起的共鸣现象，可证该庙正是毁于明正德七年（1512年）这次雷火。此庙始建何时，县志说"建置无考"。不过，据庙因"始皇东巡召集文士论功颂德，后人立祠祀之"语与元代任德修《重修文山秦庙记》所云"兹庙荒凉岁久""历代重修"、石刻"磨灭剥落""殆不可考"，经过一番艰难的"旁求"释读，方识得篆文碑额"秦庙"二字等内容综合来看，我们可以从中捕捉到两条信息：一，当年任德修所见秦庙之碑非秦庙初建时所立那通原碑，应该是元代之前某朝重修秦庙之碑。二，足见此庙历史悠久。著者推测，文山秦庙始建年代十分久远，应在秦始皇召文士登山之后不久。后来，有人于庙旁勒石为碑记载秦始皇文山召士之事，碑额为"秦庙"或"秦庙××"。南北朝时期，庙与碑应该皆在（十九世纪末，在蒙古鄂尔浑河畔发现一块唐玄宗时期朝廷为突厥左贤王立的《故阙特勤之碑》，发现时已有1100多年，说明石碑可传千年），文登县初置之时人们还看得到，虽说彼时情况未见记载，可是，根据文登县名之由来，完全可以推断得出那时庙、碑皆存的情况。隋唐之后，原碑已不存，因为再未见被提及，庙亦经过重修，此后所立之碑皆勒"重修"字样。明代正德七年庙毁于雷火，再未重建。尽管如此，人们还是相信历史，坚信世代口口相传历史的真实。这就如同子女从父母口中得知自己的生日，虽说并无记录，可那是不容置疑的。《隋书.地理志》记载："文登后齐置，有石桥，有文登山、斥山、之罘山。"这是文登（县）、文登山首次被载史书。

---

[1]刘六刘七起义，又称刘六刘七民变，是指明中叶爆发于明朝北直隶（今河北地区）的一次大规模农民起义。正德五年（1510年）十月，刘六刘七兄弟在霸州发动起义，数千农民响应。次年，起义军由河北攻入山东，得到山东起义军杨虎的响应，不久即攻入山东登、莱地区。起义前后持续三年，后被明军各个击破而失败。

遗憾的是，由于文山秦庙毁圮，秦庙原碑遗失，碑文亦未被记录，事件的第一见证物体的消失，加以随着时间的推移，事件越来越遥远，其真实性也越来越受到人们的怀疑。清代人对这个历史事件的态度就开始有了变化，对其真实性就拿不准。清人宋允和《召文台记》说："始皇两幸成山，文山其必经之路，登山颂德事或有之"。至于清代人有时在诗中提及秦庙与碑，比如，赛玉紘《登文山有感》："秦宫何处是？但见暮烟横"，刘储鲲《文山怀古》："秦碑竟何处？临眺几踌躇"，林钟岱《登文山》："残碑留汉篆，老树抱秦台"等，应该都是根据任德修的《重修文山秦庙记》的相关记载而吟，其实，他们都未见到秦庙与原碑，不过是借此发思古之幽情罢了。今人对此更是常用"可能""也许""大概"之类模糊词汇表述自己不确定的看法，表明后来的人们对这个历史事件不明就里。

秦始皇东巡成山头祭日在东陲今威海境内留下许多历史遗迹，其中，最为著名的纪念性遗迹除了今文登文山秦庙，还有今荣成成山头秦始皇庙、今桥头镇宿驾山碑口庙等。成山头秦始皇庙为今天全国仅存的一座，据说由秦始皇行宫改建。《齐乘》云："秦宫，宁海州文登县东北百八十里，古老相传始皇所筑。东南西面临海，南有七井水，后人因立祖龙庙。"①《齐乘》的记载可证秦宫为秦时建筑。碑口庙，位于威海正棋山南麓，坐落于桥头镇碑鲁村西一公里的宿驾山下路口一侧。此庙今已不存，但是，新发现的明代《重修碑口庙记》②残碑碑文记载秦始皇东巡到成山头祭日路经宿驾山，并在此宿营，后人在此建庙纪念，庙因名。后二者，因为有史籍与碑文记载，没有人怀疑。

---

① 于钦：《齐乘·古迹二》，明嘉靖年间刻本，第 128 页。
② 2015 年，文史工作者在威海桥头镇碑鲁村一村民家里发现被凿成牲口槽的《重修碑口庙记》残碑，虽说原碑被裁去一部分，所幸的是牲口槽用碑背面凿成，正面当作了槽底，尚残存部分碑文，残存碑额显示，此碑为明代《重修碑口庙记》。碑文记载："始皇东游求仙过此，观山势……奇观处逐，遂重修庙像，勒石树蛟龙大碑，后因而□□□（碑）口庙。"由于秦始皇东巡经过此山口并在此宿营，有人便在此树蛟龙大碑，后又建庙塑像，庙因得名碑口庙。

附:

重修文山秦庙记（元代县尹 任德修）

盖闻名山大川备载祀典，历朝封禅各有所常。凡为邦者，不可不慎。文登之为邑其来尚矣，旧名不夜县，以其日出自东方照临所先取寅宾旸谷之义。东距成山夐入于海百余里，实海右之要冲，东牟之大镇也。昔秦始皇东巡狩以日主真君封，仍召集文人登此山，后人追慕立祠于其上，因之名邑。以秋季月九日奉祀焉，历代重修，仅有石刻，磨灭剥落，苔蚀藓渍，殆不可考，旁求文篆，目曰"秦庙"，继以岁月绵邈，形势巍峨，人迹罕及，风雨侵陵，堕废几甚，不胜瞻仰，但樵童牧竖，往往奔赴以为游戏之所。至正丁亥，守令东莱任君德修来尹①是邑。以勤政抚字群黎，以秉善更张庶务。莅政之初，躬谒祠下，顾其凋敝，慨然起经营之志。越二年，庚寅政通人和，乃谓监县脱不花、判簿周居付、慕（幕）宾刘巍曰："是邑虽僻在边隅，地不过百里，民不逾千室，高山大川文人名士不为少矣，典章文物历历可考，矧山川形胜焉可轻忽？今兹蘋水芹香，开天貌立，百废俱举，政余乘暇，当谋此役，将如之何？"庶情金允。于是，首捐圭俸②，庀工葳役③，加以邑之富庶悉输钱币左右其事，经始落成，曾不逾月。郡人教授筠斋孙先生洎毕县尹公谅④、监郡塔不花仲高相谓曰："仍旧更新盖亦有之，厥功告成，何其神速。夫邑以山为名，山以神为灵，不为不重。兹庙荒凉岁久，今守令任公叶（同'协'，协调）诸僚佐各出俸金专役工吏，不伤财，不劳民，重修庙貌，轮换一新，薨栋翚飞，檐牙高啄，屹起海濒山峤之间，壮观一方，过者无不起敬，功德岂小补哉？愿寿诸石以示将来。子嘏为我文之予方忝谕是邑，义不敢辞，姑摭其实以纪善治之万一云。"

至正十年岁次庚寅九月 郡人毕公谅等立

儒学教谕斟郡朱荣瑞撰 典史渤海刘巍篆 前儒谕朱炳书

---

① 尹，做文登县尹。元代每县置县尹一人，与达鲁花赤（即监督官，元朝地方政府均设此职，为地方最高长官，须由蒙古人担任）共掌全县政令。

② 圭俸，俸禄，薪资。

③ 庀工葳役，准备材料，开工整修。庀（pǐ），准备、具备。

④ 毕公谅，文登县尹，文登人，任德修前任。洎，到，及。洎（jì）。

第六章 昌阳县史前文明

研究显示，一万年至五千年前，地球处在末冰期结束后湿润期，今山东地域的气候与现在的江南差不多，温暖湿润，降雨多发，黄河携带大量泥沙倾泻而下，位于太行山东麓今郑州以东广大地域一片水乡泽国，包括今山东的北部和南部都在这个范围之内，今山东境内只有蒙沂山区和胶东丘陵为凸出沼泽的高地，成了事实上的孤岛，发展出了大汶口新石器时代文化，被称为东夷人，也是胶东"嵎夷（隅夷）"之称的来由。

昌阳之地位胶东丘陵东南部，历史悠久，文化底蕴深厚，可谓凡间圣土、人杰地灵，不仅周秦遗踪有多处，这里很早就成为先人们聚居以及举行仪式的神圣乐土，而且史前文明遗迹，也就是原始社会人类活动遗址在这里也是频频被发现。

这里的原始社会人类活动遗址揭示了昌阳地域最早远在近 7000 年前就已经有了人类活动。在此发现的鹿角，说明那时候这里气候温润，草木茂盛；发现的猪骨（非野猪），说明那时的人们已经开始了家畜的驯养，已经出现了畜牧业的萌芽。

虽说早期的石器比较笨重，工艺粗糙，但是，从陶器蘑菇形、鸟首形的造型和叶脉纹、绳纹等纹饰来看，那时的人们已经懂得观察自然界，开始生物仿真创作及用生活品来满足生活美感的追求愿望。

据威海市第三次文物普查结果数据显示，古昌阳县（包括今威海市环翠区、文登区、荣成市）范围内，现在已经发现的史前文化遗址（包括已经消失的）有 53 处[1]之多，下面选择古昌阳城周围及两汉昌阳县域之内其他地方较为重要的几处做简要介绍。

---

[1]威海市文物管理办公室：《追寻历史——威海市第三次文物普查成果巡礼》，青岛：青岛出版社，2012 年，第 327 ~ 358 页。

一、姜家庄原始社会遗址

昌阳城西北二公里有姜家庄原始社会遗址（今山东省威海文登区宋村镇姜家庄村），位于村北二百米的地方。1978 年发现，遗址北紧挨文登 —— 泽头旧公路，西有一条通向姜家庄的南北大路穿过遗址。原来面积有 20000 平方米，由于采矿、修大口井和搬土积肥，对遗址周边产生了严重破坏，现仅剩东西长约 120 米，南北宽约 80 米，总面积约 9600 平方米，文化堆积厚约 1 米，为灰褐色土，内含红烧土、牡蛎壳、陶片和石器。采集的器物石器有斧、锤、磨棒、砺石、刀铲及凿等。石斧和石锤较多，多为琢制，磨制器物较少。陶器陶质粗劣，多为手制，主要是夹砂红陶，不见黑陶，鼎足多有泥突，把手多为蘑菇状和鸟头状。采集的陶片能够辨认的器形有钵、鼎、罐、壶以及把手、支架等，骨器有鹿角、骨锥等。

其文化特征主要是石器形制笨重、工艺粗糙，多为琢制，只有刃具的刃部加磨。陶器多为夹沙、夹云母红色陶，黑、灰色陶较少，质地粗糙、松软，纹饰有绳纹、划纹、乳钉纹、叶脉纹；鼎多罐形和钵形，鼎足多为柱锥形，高而细，鼎罐钵多带有两个对称的把，形状有蘑菇形、鸟首形。墓葬，随葬器物较少，早期多为单身葬，晚期有男女合葬。

属新石器时代大汶口文化类型遗址，距今约 6500—4500 年，是古昌阳城附近发现的年代最为久远的古人类活动遗迹。姜家庄原始社会遗址，被命名为"姜家庄遗址"。

二、大宋家原始社会遗址

昌阳城西十三公里有大宋家原始社会遗址（今山东省威海文登区泽头镇大宋家村），位于村北 100 米处的台地上。1982 年发现。遗址东西长约 200 米，南北宽约 130 米，总面积 26000 平方米，文化堆积厚约 1 米，保存完好。地表暴露有红烧土遗迹，采集的遗物有石器和陶器等。石器有楔、斧、锤、球、砺石等；陶器有鼎、罐、盆、钵、瓮等的残片及纺轮、支座、鼎足等。多为夹沙红陶，灰黑陶轮制器物也有少量出现，纹饰有乳丁纹、刻花纹、附加堆纹，属新石器时期邱家文化类型,距今约5500—4800年。大宋家原始社会遗址,1987年公布为省级重点文物保护单位。

三、沙里店原始社会遗址

位于昌阳城北偏东十五公里有沙里店村遗址(今山东省威海文登区文登营镇沙里店村),位于村北200米的丘陵上。发现于1974年。遗址东西长500米,南北宽500米,总面积约250000平方米,文化堆积层厚约2米,是目前胶东地区发现的最大古人类遗址。采集的遗物有石器、陶器等,石器有斧、矛等,陶器有鼎、罐、盆口沿残片及鼎足等,器物纹饰有附加堆纹、弦纹等,黑、灰陶较多。

属原始社会新石器时期龙山文化类型,距今约4800—4000年。1977年,沙里店古遗址被省政府批准为山东省级重点文物保护单位。

四、石羊原始社会遗址

石羊古文化遗址位于昌阳城南不足一公里(今山东省威海文登区石羊村)西北100米的台地上。1955年发现。台地原来高出地面2米多,遗址东西长350米,南北宽200米,总面积约70000平方米,文化堆积厚约1米,内含红烧土、陶片、石器和灰坑。上层为黑陶,下层为红陶,出土遗物有石器、陶器和骨器等。石器有斧、楔、锤、凿、铲、磷、臼等,陶器有鼎足、罐口、纺轮等,骨器有角器、刀等。大型石器刃部为磨制,其余部分为琢制;陶片以黑陶为主,红陶少见。

遗址出土一件捣粮食用的石棰、石臼,发现了残存的谷物、猪骨、鹿骨、鹿角,还发现了海蛎壳,说明这时候人们食物的主要来源已经由鱼类、贝藻类开始变为谷类、肉类,人们已经实现了从渔猎为主的生产方式向农业、畜牧业为主,渔猎为辅生产方式的转变。

属新石器龙山文化类型,距今大约4500—4000年。被命名为"石羊遗址"。遗址中原有许多汉代墓葬,其中6座较大,后大部被挖毁。

《中国历史地图集》标明该遗址是烟台以东的第一处原始文化遗址。并注明遗址中有许多汉代墓葬（刘宪墓即其一）。

图 6-1 石羊新石器遗址出土的骨刀等

　　著者推断石羊原始部落有可能是从三公里外的姜家庄遗址迁徙而来的。理由如下：首先，从遗址年代来看，姜家庄遗址距今大约 6500—4500 年，石羊遗址距今大约 4500—4000 年，两处遗址的年代存在着前后延续的关系。第二，两地陶器烧制的年代也显示出两者有着承续关系。姜家庄遗址出土的陶器多为夹沙、夹云母红色陶，黑、灰色陶较少而石羊遗址的陶器上层为黑陶，下层为红陶。烧制红陶器温度较低，出现年代也较早；烧制黑色与灰色陶器温度较高，出现的年代也就较晚。姜家庄遗址出土的陶器多为红色陶、黑色与灰色陶器较少，说明那时的姜家庄原始人以红色陶器为主，也许才刚刚学会了黑色、灰色陶器的烧制。石羊遗址下层出土的是红色陶器，说明从姜家庄遗址迁徙而来的早期石羊原始人主要还是沿用在老家姜家庄那套烧制红色陶器的技术；而上层出土的黑色陶器，说明石羊原始人在生活与生产的实践中逐渐掌握了在老家姜家庄刚刚学会的黑色与灰色陶器烧制技艺，并开始成为烧制日用品的主流技艺。

　　迁徙至此的理由很简单，就是石羊所处的地理环境要优于姜家庄。这里是个小冲积平原，地势平坦，土地肥沃，且南面紧临大海，是狩猎的理想之地，也是开展农耕生产、畜牧养殖首选之地，同时，也方便出海捕捞海产品，比如，捕鱼、网虾、捞蛤蛎等，他们因此南迁 2 公里，从远离海边的山上来到滨海之地。

五、旸里店遗址

昌阳城西北二十五公里昆嵛山北麓有旸里店遗址（今山东省威海文登区界石镇旸里店村），位于村北 350 米旸谷山顶，也称"旸谷山遗址"。旸谷山北为昆嵛山东支脉，山体高大陡峭，植被以松树和杂树灌木为主，山南为谷地。旸里店村南主要交通干道为东南 —— 西北向的 205 省道。旸谷山上为茂密的松树林，山南为以种植苹果为主的果园。

四十多年前曾在此挖出一把远古石斧。二十世纪七十年代末，在旸里店村的苹果园，村果业队里三个看园的老人在山顶上搭棚子的时候，发现地下埋着石板，将石板打开后，便挖出了一把石斧。石斧的形状跟香蕉形状类似，呈圆柱状，中间有一定的弧度，只不过一头粗一点，一头细一点。粗的一端中间有个孔，细的一端有看来并不锋利的斧刃。

2012 年威海市文物部门组织全市专业力量对在此发现的 4 座石棺墓及附近区域进行考古发掘时，在小北山山顶 100 多平方米的区域内，共发现石棺墓 14座，在小北山东北方向一座名为石崮山的山顶上发现石棺墓一座。

墓的大部分石棺呈东西走向排放，仅有 8 号墓内的石棺呈南北走向排放，石棺都是用比较薄的石板拼成，因受到树木根系及沙土的挤压，石棺两侧的石板均向内倾斜。墓口距地表 22 厘米，墓室长 130 厘米，深 28 厘米。墓底为自然石板，四面、顶部为人工打制成本地产薄石板。石板大小不一，宽 27 厘米，长 32～49 厘米不等，厚为 3～5 厘米不等。在石墓东北角发现陶器残片和木炭粒。陶器为黑色轮制，壁较薄，可见底部三个器足，其他不可辨，器形不可考。木炭粒共 20 颗，大小不一，用途不明。

据文物专家推测，古人下葬时可能呈屈膝侧卧状，也可能是从别处迁葬来的遗骨。

经过清理，文物工作者共在两个山头的 15 座石棺墓中发现了 40 余件文物，既有红陶和黑陶制作的罐、壶、鼎、豆、纺轮，也有石凿等石器。所有出土的这些文物器型都比较短小，通常直径都在 10 厘米左右，都属于冥器，是专门制作的随葬品，而非实用器。所有出土的这些陶质文物中，大部分已经破碎，只有一件陶罐是完整无损的。这个从小北山 7 号墓出土的陶罐器型很小，罐口和罐身有不太圆润的地方，但整体感觉仍比较精致。

从出土的陶器来看，既有红陶制品，也有黑陶制品，从出土的陶器器型来看，石棺墓群应属于距今约 5000 年至 4500 年的大汶口文化晚期的遗存，并有向龙山文化过渡阶段的特征。除了陶器，发掘现场还出土了石凿，虽然比较小巧，但打磨得比较细致，也比较锋利。

图 6-2 旸谷山古墓出土的黑陶壶

《文登县志》又载："旸谷在县西六十里，尧命羲仲宾日处。"旸谷这个古老的地方就在界于今文登、牟平之间，堪称胶东半岛屋脊的昆嵛山东麓。泰礴顶是昆嵛山主峰，东麓有个风景幽静、土肥水美、背风向阳、气候宜人的山谷，名曰旸谷。这里是古交通要道，因而设驿站、店铺，所以称旸里店。在其西面观日出，太阳正是从那里升起。

旸谷即汤谷，指的是同一个地方，就是日出之地。旸谷为什么又作汤谷呢？温泉民间俗称"汤"，旸谷中有"汤"，因此也称汤谷。"旸谷"之名由来已久。"小北山"是旸里店村民对坐落在村北侧一座小山的称呼，这座山有一个文雅的名字"旸谷山"，意为太阳升起的地方。

站在小北山的山顶上往西望去，可以看到两座山峰之间夹着一个窄窄的谷口，当地人称之为"旸里口"。以前，这里是西县前往文登城的必经之路，官道就从旸里店村前经过。沿着村前的道路往东，道路两侧有旸里店村、旸里村、旸里后村 3 个以"旸里"为名的村子。这些名字都传自古代，由来已久。

北京大学考古文博学院教授李水城认为，旸里店墓地的发掘在区域上有填补空白的作用。与其他地区石棺墓的零星发现不同，旸里店墓地表现出具有地域特色的习俗，对研究山东半岛与辽东半岛、朝鲜半岛以及日本的文化交流具有重要意义。山东大学东方考古研究中心栾丰实教授认为，旸里店墓地将胶东的石棺葬传统往前推进了一千多年，其独特的埋葬环境应具有特殊含义。

六、太阳祭拜的圣地

昌阳地是崇尚太阳传统文化的源头，太阳神祭拜的圣地，也是四时节气文化的肇始地。历史上关于"日出旸谷""羲仲宾日"的传说以及"成山头祭日"都发生在古昌阳县境内。

日出旸谷

旸谷，亦作"阳谷""汤谷"，是传说太阳升起的地方。《山海经·海外东经》说："（黑齿国）下有汤谷。汤谷上有扶桑，十日所浴。"又传说汤谷上有高大的树，叫作扶木，背负着太阳的金乌就栖息在扶木上。那时候，十个太阳轮流升天，一个刚回到树上，一个从树上飞起来，从不间断和错乱。后来乱了秩序，十日竞出，酿成灾难，遂引出"羿射十日"的传说。

《尚书·尧典》：（尧帝）"分命羲仲，宅嵎夷，曰旸谷。寅宾日出，平秩东作。"[①]意思是尧派遣羲仲住在嵎夷这个地方观察日出，制定四季，以平均合理的时序指导春季农业耕作。

《山海经》和《尚书》提到的"旸谷"，或者叫"嵎夷"，《中华大字典》"旸谷"条下诠注：嵎夷，海隅之地名。今天胶东半岛的东端，正是三面环海的海隅之地。《齐乘》以为嵎夷在宁海州，即今之牟平、文登一带。文登古属宁海州所辖。光绪版《文登县志》载："唐虞文登为嵎夷。"宋代学者薛季宣在《薛士龙书古文训》中说："嵎夷，海隅诸夷，今登州（宋代文登县属登州府东牟郡）。"士龙，是薛季宣的字，号艮斋，官至常州知府。永嘉（今浙江温州）人。

---

① 王世舜、王翠叶：译注《尚书》，北京：中华书局，2012年，第7页。

专家据此考察得出结论：具体地点当为昆嵛山之东麓，那里背风向阳、风景幽雅的山谷就是旸谷。

羲仲宾日

雍正版《文登县志·卷一》载："旸谷，在县西北六十里，尧命羲仲宾日处。"①《文登市志·村庄》："旸里：明初，徐姓来居。相传此处为'尧命羲仲宾日处'，即旸谷。"②

《尚书》《山海经》关于"嵎夷""旸谷"等史料的记载都证实了这里曾是"尧命羲仲宾日"的圣地（此为说法之一，还有日照说等）。

今天山东威海文登区境内的"旸里""旸谷山"等古地名依稀有着东方宾日文化在这里起源的史影。根据现在在旸谷山发现的各种遗迹遗物情况证明，该遗址为新石器时代龙山文化遗址，证实了早在4000年前这一地带就有人类居住，与羲仲宾日的时代相吻合。传说羲仲来到东夷一带的旸谷观察日出，从而总结出四季的发生规律，并拟定最早的历法，设礼仪祭祀太阳，这就是被后人称之为"羲仲宾日"的传说。

在人类即将跨入文明社会之际，尧帝命羲仲长期住在嵎夷的旸谷之地，迎接太阳出来，从而最早测定出春分、夏至、秋分、冬至等节气，制定了中国最早的历法。可以说，昌阳地域是中国最早历法的产生地，最早历法的制定体现了先民们的探索创造精神。

尧命羲仲宾日处，是中国天文历法的观测起源之地，伴随着三旸村名的流传使人们怀念起上古时代的人们在极端落后的条件下创造了至今仍在使用的农时历法。

根据旸谷山考古发掘实物来看，旸谷山是"羲仲宾日"之地有着极大的可能性。2013年11月23日，文登召开了"文登旸谷山考古发现论证会"，国内权威专家一致认为，旸谷山石棺墓群属于大汶口文化晚期至龙山文化早期遗存（距今5000—4400年），在时代上与尧、舜、禹传说时代大致相合。

---

①文登地方史志编委:《文登市志》，北京:中国城市出版社，1996年，第792页。
②文登地方史志编委:《文登市志》，北京:中国城市出版社，1996年，第54页。

成山头祭日

成山头，又称"天尽头"，在今山东威海荣成成山镇成山山脉最东端，因地处大陆最东端，是最早看到日出的地方，所以，古人在此建日主祠，成为祭日圣地。相传秦始皇曾在此鞭石造桥，想渡过大海，后人又称为神山。

成山地区的人们对太阳的祭祀表达了对日神的虔诚和对生活的祈愿。这种祭祀仪式最远恐怕要追溯到原始社会，正式成为国家行为，则从秦汉肇始，此后延续两千多年并深深地根植于人们的观念之中，形成一种信仰追求，同时，这种活动也增强了人们崇尚美好、奋进向上的力量，对民族文化、历史文化、传统文化的传承与发展产生着重要影响力。

祭拜太阳，就是对太阳神的崇拜，因为太阳对于古代中国以农业和牧业为主的国家来说，就是生产生活的源头。太阳的活动左右着农业是否风调雨顺，这又决定着国计民生。所以古代有作为的帝王，有责任心的帝王都对太阳极度尊崇。秦始皇登基以后为了治理好国家，即来此祭拜太阳神，曾两次到成山头祭日，这里至今还留有全国唯一的一座秦始皇庙。

汉武帝曾经三次登上成山礼日。武帝登上成山头，被"成山头日出"这一奇丽的自然景观所折服，遂下令在成山头修筑拜日台、扩建日主祠、以感上苍的恩泽，并作"赤雁歌"。对此，《汉书》有记载：（汉武帝）"太始三年，行幸东海，获赤雁作《赤雁歌》"。[1]

史前文明折射出昌阳先民们不乏创新的前卫理念与昌阳之地独特的地理优势；到了周秦时期，这方热土更是演绎出了一幕幕令世人瞩目的历史大剧，留下了一串至今让人流连难忘的故事。

2016年，成山祭日入选获批第四批山东省级非物质文化遗产代表性项目名录。

---

[1] 班固：《汉书》，北京：中华书局，1962年，第206页。

第七章 后昌阳时代——今日宋村

一、今日宋村与昌阳古城渊源考

属文至此，古东莱郡昌阳城的相关故事已经较为明晰了。不过，昌阳城毕竟距离现在相去甚远，为2224年以前的城堡，且，后来被废除，未能一直延续至今，与今日之宋村并无延续关联；即便从被废之日算起，至今也已愈1754年。对被废后的昌阳城，也就是"后昌阳时代"的昌阳城，大家还不甚了解，在此，有必要对被废后的昌阳城做一番简要考据。所用凭据与资料，主要依据光绪版《文登县志》《文登市志》等方志的相关记载。

晋惠帝元康八年恢复昌阳县，县治设于长广（今莱阳或今海阳），县治异地仍称昌阳。昌阳故城属长广郡新恢复的昌阳县。

南北朝时期，南朝刘宋时因袭晋制，昌阳故城属长广郡新恢复的昌阳县。今县（指光绪时文登县——著者注，本段下同），"刘宋昌阳县地、牟平县地。昌阳县治在莱阳，牟平县治在福山，盖晋省东牟入牟平县。文登之南境属昌阳，北境属牟平也。"[1]"文登之南境"自然包括昌阳故城在内。北朝后魏（也称北魏）时，从昌阳县分出部分辖地置观阳县，昌阳故城属长广郡观阳县。今县，"后魏观阳县地、牟平县地。观阳县治在今海阳县。《魏书·地形志》：'观阳有昌城'，即汉之昌阳城……盖后魏复析昌阳置观阳县，东极于海。故今县之南境为观阳县地，牟平县治仍在福山……县之北境属牟平明矣。"（《文登县志》）"今县之南境"也即包括昌阳故城。"高齐天保七年，析牟平、观阳地置文登县（即今县治。文登置县有北齐'天保七年'与'天统四年'两说，学界一般认定天统四年——著者注），属光州长广郡，周因之。"所置之文登县由牟平、

---

①李祖年：《文登县志》，台湾：成文出版社，光绪廿三年，卷一上，第2页。

观阳两县析出的部分辖地拼合而成，这是文登县的开端，属光州长广郡，北周因之。自此，昌阳故城便囊入文登县辖域。

隋代，昌阳故城属东莱郡文登县。隋时的文登县地域广大，今烟台、海阳以东直到东海边都属文登县辖区。"《隋书·地理志》：文登县后齐置，有石桥，有文登山、斥山、之罘山（今作'芝罘'）。按：隋承齐周之旧，东尽成山，西有腄县、东牟、观阳之地，疆域甚广。故唐初析置廓定、清阳、观阳诸县，皆故文登地也。"（《文登县志》）隋代是文登县辖区面积最大的时期，与秦代的腄县相当。唐代，昌阳故城属河南道登州府文登县，五代沿袭。"《新唐书·地理志》：武德四年，于县置登州，以东莱郡之观阳隶之，六年析置清阳、廓定二县。按：唐初于县置登州，亦曰文登郡。"（《文登县志》）后唐庄宗同光元年，皇帝李存勖为避祖父"国昌"名讳，改称昌阳县为"莱阳县"，县治：莱阳城。

宋代，昌阳故城属京东东路登州府东牟郡文登县。金代，昌阳故城属山东东路宁海州文登县。元代，昌阳故城属直隶都省山东宁海州文登县；初年，昌阳故城西二里之地，始有宋家、韩家、杨家三庄，天顺时，三庄合一，宋姓日盛，始称"宋村"。这时及以前很多年，昌阳故城已是"水冲土裂、无数瓦砾"，一片破败，早已居民稀疏。周边也没有其他村庄。直到明代初年，刘姓自文城来昌阳城之南里许建村居住，因此处临汉昌阳墓地，有石羊两只，故村名叫石羊。清末，西侧林家庄并入。明成化年间，城东村建村始祖王萃自北凉水湾来昌阳古城东门外立村，名叫城东。后来，有一支王姓移居昌阳故城里，被村人称为"城里王"。明正德时，刘姓自驾山来昌阳古城后寺土台上建村，村名台上。明末，王姓、孙姓分别在昌阳故城东山埠上建村。相传汉代昌阳县曾在此设大、小营寨，所以两村分别取名大寨、小寨，大寨曾名东寨，后改今名。明代，昌阳故城属山东布政司登州府宁海州文登县。清代，宋村、石羊、台上等昌阳故城周边诸村都属山东省登州府文登县甘泉都，昌阳故城自然包括在内。

关于"都里"制度，《文登县志》这样记载："唐宋以县领乡，今可考者县之东北为唐之白马乡，正北为宋之白鹿乡。'都'之名起于元，元碑所载如'第三都'之高村，'二十一都'之汪疃，可证也。'里'之名则始于明。"[①] 可知，

---

①李祖年：《文登县志》，台湾：成文出版社，光绪廿三年，卷三上，第1页。

"都"这个行政名称从元代就已经有了，明清沿袭了元代。不过，元代的"都"是以数码顺序来区分的，而明清则是用实地名称。

进入近现代社会之后，中华民国三年（1914年），文登县属山东胶东道，1925年改属东海道，昌阳故城在其内。1930年，全县设5区13个乡镇，始设宋村镇，属第四区，镇驻地在宋村。之后，昌阳故城则与宋村同归属。1936年，宋村镇属山东省第七行政区文登县第四区。1940年6月，宋村镇属胶东区文登抗日民主政府。1941年12月，分牟平东部、文登西部，置文西县，宋村属文西县套河区。1945年，改文西县为昆嵛县。1950年，东海专区改为文登专区，昆嵛县名改为序数，宋村属文登专区昆嵛县第四区宋村镇。1951年，宋村属于昆嵛县四区宋村乡，1955年改为宋村区。此时，已历2161年风风雨雨的昌阳故城，只能看到城西南的"寨角子"和西北的"城角子"，遗存的部分土城墙尚存，故城方形的轮廓还可以看得清楚，被作为"遗址"出现在文物普查录中。1956年，进行了第一次全国文物普查，昌阳故城始被载入"遗址"，并列为省级文物保护单位。1958年8月，宋村成立卫星人民公社。是年，第二次文物普查时，地面已经见不到昌阳故城的任何痕迹了。从此，昌阳故城淡出了人们的视线。1959年改为宋村人民公社。1983年11月，文登县属山东烟台市。1984年3月，撤社改为宋村镇。1987年6月15日，文登改属威海市，包括辖地宋村镇。1988年10月24日，文登改为省级辖市，由威海代管。2014年3月18日，文登撤市设区，宋村镇属威海市文登区，昌阳城遗址属之。

如今，昌阳故城虽说地面已经看不到任何痕迹，在历史的激烈演变中已经成为一个历史的符号，但是，这个符号有热度、具色彩，富含感染力，是今日宋村厚重的底色与抹不去的胎记。

二、宋村镇：在传承中碧波扬帆

宋村镇，汉时，曾经是东部边陲繁华都市昌阳县县治所在地，西晋初昌阳大地陷入人口和经济发展的低谷期，昌阳县被撤除。直到300多年后的南北朝时期北齐天统四年设置文登，古昌阳大地才渐现新的生机，再次迎来经济复苏。中华人民共和国的成立，新的社会制度更给古老的昌阳大地带来了发展的契机，特别是改革开放以来，新的生产关系的确立，更加激发了生活在昌阳这片大地之上的劳动者前所未有的生产激情与智慧，古老的昌阳大地焕发出新的面貌，镇域经济取得了令人瞩目的骄人成绩，宋村镇在传承中碧波扬帆。那么，昌阳大地从经济低谷走到了今日的经济强镇，经历了一段怎样艰难曲折而又漫长的嬗变历程？

今日之宋村镇，物产丰富，经济发达。全镇总面积 138 平方公里，耕地面积 65833 亩，山峦面积 18405 亩，滩涂面积 3600 亩，海岸线长 18 公里，人口 5.7 万人，辖 53 个行政村。宋村镇先后被授予全国小城镇建设示范镇、山东省经济百强镇、山东省精神文明建设示范镇等荣誉称号。2001 年被省政府批准为山东省中心镇。2006 年被评为全国环境优美镇。宋村镇似一颗璀璨的明珠，镶嵌在黄海之滨。

如今的宋村镇农业主要盛产小麦、玉米、花生、蔬菜、果品等，是胶东花生、果品、蔬菜生产基地。形成以蔬菜生产为龙头，林果、畜牧、水产为主体的优质高效农业新格局。其中，蔬菜生产更是成为胶东地区最大的专业镇和集散地。特产姚米、桑蛎是历代朝廷贡品。工业已形成以建筑建材、纺织、木制品、冷冻冷藏、电子、食品、机械等行业为主的工业体系。主导产品为棉纺、化纤、塔吊、水泥、高档木制家具、微型变压器、起重设备等。

宋村镇政府驻宋村，交通便利，基础设施完善，促进外经外贸突飞猛进。青（岛）威（海）汽车专用线、石（岛）青（岛）环海公路、荣（成）——乌（乌鲁木齐）高速公路、寺（前）——五（垒岛）公路贯穿境内，是文登区南部主要的交通枢纽。海陆空交通更是十分便利。距威海港 50 公里，石岛港 60 公里，埠口港 10 公里；距威海机场 20 公里，烟台机场 80 公里，青岛机场 170 公里；距桃威铁路文登站台 15 公里。客货运输可通过上述航线直达国内外大中城市。

图 7-1 今日宋村镇区

镇区基础设施配套完善，水、电、暖、路、通信等一应俱全。全国模范敬老院——宋村敬老院坐落于镇卫生站身后；还有省级规范化中学——宋村中学，其他如影剧院、公园、体育中心等娱乐休闲设施一应俱全。

外商投资工业已具规模，现拥有三资企业 30 家，利用外资达 5000 多万美元。年出口交货值达 10 亿元，成为全国小城镇建设示范镇和招商引资先进镇。镇驻地现有山东家家悦集团、山东荣华食品集团、山东环山集团三大农业龙头企业，重点建设肉鸡养殖小区和生猪养殖小区，形成产、加、销一条龙产业体系，结合观光休闲农业建设，增加养殖效益。目前，在回龙山民俗生态旅游观光区内规划土地 500 亩，进行果园养鸡。

宋村镇政府与山东家家悦集团联合投资 3 亿元，建起胶东地区最大、具有国际标准化水平的家家悦农副产品交易中心，总建筑面积达 5.5 万平方米，果蔬、水产等农渔产品的年交易量可达 20 万吨，加工中心年加工能力达 10 个亿之多。

今日之宋村，已经与两千多年以前封建制度下那个东陲繁华都城不可同日而语，社会主义制度下，特别是处于改革开放大潮标杆地位的宋村镇，历届党委政府不负历史重托，励精图治，经济建设、精神文明两手抓，古老昌阳大地呈现出新的、青春的、充满无限活力的姿态与面貌，充分发挥依山临海的地理特点与地域优势，再创历史佳绩，迎来再度繁荣昌盛，不仅跻身"山东省经济百强镇"的行列，还荣膺"全国小城镇建设示范镇"的盛誉。

附录

昌阳城与"后昌阳"沿革年表

史前文明

昌阳城遗址周边发现的原始社会人类聚居遗址包括三个不同时期、不同类型的文化：昌阳城西北二公里的"姜家庄遗址"，属于新石器时期大汶口文化类型遗址，距今约 6500—4500 年；昌阳城西十三公里的"大宋家遗址"，属新石器时期邱家文化类型，距今约 5500—4800 年；而处于昌阳城南里许台地上的"石羊遗址"则属于新石器时期龙山文化类型遗址，距今大约 4500—4000年。

尧舜禹时期

旸谷羲仲宾日，今日之胶东，尧舜时期属"嵎夷"或称"莱夷"地，昌阳地属之。

夏商时期

天下分九州，昌阳地为古青州莱子国属地。商代以前，莱国统治中心在昌乐、临朐县附近。东部可以到达黄县的沿海地区，或更东（胶东莱国，有"莱国""莱子国"与"东莱国"多个名称，史学界历来有一国迁徙说与两国说之别）。

昌阳地母猪（木渚）河入海口（今文登宋村姚山头村南）海域这一时期水深达 40 多米。

周代

西周时期。周武王灭商以后，封功臣姜尚于营丘，置齐国。姜太公刚刚受封于齐国，建都营丘，位于今临淄齐都镇。因为距离莱都较近，莱国屡次进犯营丘。春秋时期，莱国君在今荣成建有不夜城。在齐国强大之后打败了莱国。因此，莱侯迫不得已迁都黄县（今龙口市黄城集），称东莱。东莱国领域是否到达昌阳地（今威海辖区），史无定论，威海已故权威地方史研究学者刘德煜先生认为"可以推定东莱国起码有一个'士'在这里（今威海）行使权力"。
（《威海历史沿革》）

另外，晋人伏琛《齐地记》关于不夜城名称来历"古有日夜出，见于东莱"，
故"莱子立此城，以不夜为名"记载中之"东莱"是否指东莱国呢？答案是否
定的。因为"莱子"本是莱国国君称号，东莱国之君怎敢冒用他人名称呢？反之，
如果"莱子"指的是莱国国君，又何言"东莱"？所以，这段记载文字自相矛盾，
不能自圆其说，不足凭据。

文登（威海）俗语"西部莱子"蕴含的地理信息思辨与分析。古代流传下
来的俗语蕴含着原始的信息。比如俗语"孙膑的腿 —— 就愈了"证实历史上
确有孙膑其人。孙膑，战国时齐国著名军事家，因被同窗庞涓骗到魏国施以膑
刑（剜去膝盖骨）而瘫痪，故有此说。"就愈"，方言，定型、不可改变之意。
但是，在历史学界孙膑是否确有其人曾经自隋代开始争议了1700多年，直到
1972年山东银雀山汉墓出土了《孙膑兵法》竹简，才结束了学界这个千年争端。
文登（包括整个威海辖域，下同）人习惯用"西部莱子"（或"西边莱子"）
或直言"莱子"指称"说腔的"（说腔，文登及威海人对方言之外语音腔调的
叫法）西乡人。这里面的"莱子"，　显然含有以土著自居与对"莱子"讥诮
的调侃情绪。可以肯定的是，俗语所称的"莱子"或"西部莱子"，不是指"莱
阳人"。因为历史上莱阳只是一县，范围太小，况且那时与莱阳并存的西部县
尚有黄县、即墨等，何因不称"黄子""即墨子"，而单单称"莱子"？而且"莱阳"
一名，是后唐时才由昌阳县改称而来的，时间又过晚；更不可能是指其他带有
"莱"字名称，比如"莱西"等地域内之人。此称应该是更早的古时候今文登（含
威海）一带的胶东东部人用以指称占据胶东西部大部分地域的"莱国"之人，
"莱子"之称源于莱国的别称"莱子国"，从古代一直沿用至今（后世又对此
称外延不断加以扩大，今天已变成泛指）。如果这个推论成立，就佐证了胶东
曾经或许只存在一个莱国的历史，抑或东莱国疆域也未到达今威海、文登一带，
因为假如历史上胶东东部也有一个莱国，或者属于其辖下，自己本身也是"莱
子"人的文登（威海）先民一定会忌讳这个轻蔑的称呼，不会使用它并用来贬
称他人。仅从这一角度来看，曾经的莱国或许只有一个；也说明此称来历久远。
还要明确的是方言这种称呼正确叫法应是"西部莱子""西边莱子"或"莱子"
而不是"西部来的""西边来的"。

前567年，齐灵公派将军晏弱率重兵征莱，灭掉了东莱国。昌阳为齐国辖地。

秦代

前221年，王贲、蒙恬等将领攻打齐国，齐国不战而降，秦同一天下。齐地置临淄（有史学家考证以为秦临淄郡即齐郡）、琅琊二郡，嗣后，又分琅琊置胶东郡。昌阳地时为昌乡，先属琅琊郡，后归胶东郡，属腄县。今威海环翠区临港新权村出土带有铭文的秦权，证明秦法已经律及东陲。

西汉时期

高祖时期（前206—前195年），初置昌乡县，属胶东郡。县治：昌乡城（即后之昌阳城）。

高祖六年（前201年），封庶长子刘肥为齐王，始置不夜县，属胶东郡。县治：不夜城。

景帝前元四年（前153年），置胶东国，刘彻（即汉武帝）被封胶东王，首府：即墨城（今山东平度古岘镇朱毛村一带）。昌乡县属之。县治：昌乡城（即后之昌阳城）。

景帝前元五年（前152年），分置东莱郡（治先黄后掖），不夜县属之，县治：不夜城。昌乡县仍属胶东国。县治：昌乡城（即后之昌阳城）。

景帝前元七年（前150年），刘彻（汉武帝）被册立为太子，胶东国除，恢复胶东郡，昌乡县属之。县治：昌乡城（后改为昌阳城）。

景帝中元二年（前148年），复置胶东国，封刘彻异母弟刘寄为胶东王。昌乡县复属胶东国。县治：昌乡城（后改为昌阳城）。

武帝元封元年（前110年），置昌乡盐官，属胶东国昌乡县。县治：昌乡城（后改为昌阳城）。

宣帝本始四年（前77年），山阳太守张敞自请治渤海、胶东盗，张敞拜胶东王相，胶东盗被平息。

成帝建始二年（前31年），刘宪被封昌乡侯，昌乡更名"昌阳"，昌乡县易名"昌阳侯国"，始属东莱郡。首府：昌乡城始改称"昌阳城"。

成帝河平元年（前28年），第四代胶东王刘音薨逝，嫡长子刘授继承王位为第五代胶东王。

哀帝元寿二年（前 1 年），刘宪爵免，"昌阳侯国"除，恢复县，始称昌阳县，属东莱郡。县治：昌阳城。

新莽时期

始建国元年（9 年），第六代胶东王刘殷被降"扶崇公"，刘殷弟徐乡侯刘快（有记为"炔"，《汉书》注者以为"炔"为"快"之误）起兵讨莽，攻即墨城。刘殷闭城门，自系狱，吏民抗拒刘快。刘快不克，走死长广。

昌阳改称"夙敬亭"，属东莱郡。县治：夙敬亭。

更始帝时期

更始元年（23 年），汉兵诛王莽，恢复旧称昌阳县，属东莱郡。县治：昌阳城。

东汉时期

光武帝建武五年（29 年），不夜县并入，属东莱郡。县治：昌阳城。

明帝永平二年（59 年），割东莱之昌阳、卢乡（汉高祖四年，前 203 年置，治今山东平度市灰埠镇城子村）、东牟等六县归属琅琊国。昌阳县治：昌阳城。

汉献帝建安五年（200 年）分东莱、北海始置长广郡，治今山东莱西市境。昌阳县属之。县治：昌阳城。

曹魏时期

魏时，昌阳县属长广郡。县治：昌阳城。

此间，东牟人王营聚众三千余家胁迫昌阳县作乱。据光绪版《文登县志》推测，昌阳城或许那时即已被毁坏，直至清末，昌阳城仍是"水冲土裂，无数瓦砾"，一片破败景象。魏末长广郡废。

西晋时期

武帝泰始元年（265 年），昌阳县被废除，辖地并入长广县。昌阳城县治同时被终止。

昌阳县从此在历史上消失了 33 年，即《文登县志》所言"晋初无此县"（见该志"古迹·昌阳城")。

咸宁三年（277年）复置长广郡，治所不其（今青岛崂山县北）。

惠帝元康八年（298年），分长广县部分辖地复置昌阳县。县治（首次迁址）设于长广郡（复置）昌阳县境（治今莱阳市照旺庄镇前发坊村或今海阳市庶村南），仍称昌阳城。旧昌阳城（今宋村城东村西）属长广郡（复置）昌阳县。此后直至北齐间，昆嵛山以东未再设县治。

此后，古籍中涉及的"昌阳县""昌阳城"，除"古迹"内容外，全与原昌阳无关。（此后，直至1930年始设"宋村镇"，原昌阳地皆以"昌阳故城"称之）

南北朝时期

南朝

刘宋时

昌阳故城属长广郡（复置）昌阳县。

北朝

北魏（后魏）时期

（复置）昌阳县（治今莱阳市照旺庄镇前发坊村或今海阳市庶村南）分置观阳县，东极于海。县治：发城（今山东海阳市发城村）。昌阳故城属长广郡观阳县。

长广郡移治胶东城（今山东平度）。

北齐时期

天统四年，析牟平、观阳地始设县，取境内文登山为名，称文登县，属光州长广郡，辖域与东汉昌阳县基本重合。县治：文登（文登城）。昌阳故城属光州长广郡文登县。北周因之。

长广郡再移治黄县（今山东龙口市），隋开皇初废。

隋代

因袭北齐、北周旧制，为东莱郡文登县（辖牟平）。此间文登县地域广大，同秦代腄县辖区相当，福山、海阳一线以东直到东海边全为其辖区（或许晋惠帝元康八年复置于今海阳市庶村南之昌阳城大业间再迁今莱阳照旺庄镇前发坊村）。昌阳故城属之。

唐代

高祖武德四年（621年），于文登县置登州府，也叫文登郡。昌阳故城属河南道登州府（文登郡）文登县。

高祖武德六年（623年），析文登县置清阳、廓定二县。贞观元年（627年），登州府与清阳、廓定二县被撤销，辖地并入文登县，属莱州。昌阳故城属莱州府文登县。

高宗永徽元年（650年），遭遇水患，昌阳县治三次迁址于长广（莱阳今址），仍称昌阳县。县治：仍称昌阳城。昌阳故城属莱州府文登县。

武周如意元年（692年），重置登州，州治牟平（今牟平城）。唐中宗神龙三年（707年），登州治所由牟平迁今蓬莱，文登县属之。昌阳故城属登州府文登县。

五代时期

后唐

庄宗同光元年（923年）皇帝李存勖为避祖父"国昌"名讳，改称昌阳为"莱阳"。县治：改称莱阳城。复置之昌阳县（治今莱阳或始今海阳，后今莱阳）历经西晋、东晋、南北朝、隋、唐及五代六个朝代，存在了625年（如果先徙今海阳成立，则其中包括今海阳庶村之昌阳307—318年）。

因袭唐代，昌阳故城属河南道登州府（文登郡）文登县。

宋代

昌阳故城属京东东路登州府东牟郡文登县。

金代

昌阳故城属山东东路宁海州文登县。

元代

昌阳故城属直隶都省山东宁海州文登县。

初年,昌阳故城西始有宋家、韩家、杨家三庄,天顺时,三庄合一,宋姓日盛,始称"宋村"。

明代

昌阳故城属山东布政司登州府宁海州文登县。

清代

清初,昌阳故城属山东省宁海州登州府文登县甘泉都;雍正十三年,裁成山卫设荣成县,威海卫、靖海卫并入文登县。

清末,昌阳故城属山东省登州府文登县甘泉都一里,《文登县志》记载此时昌阳城"水冲土裂,无数瓦砾";昌阳侯庙(民间称"康王庙",位于宋村集)尚存三楹,中坐王侯像。

近现代

1914 年

文登县属山东胶东道。1925 年改属东海道。昌阳故城属山东胶东道(东海道)文登县。

1930 年

文登县改为 5 区 28 镇 123 乡,原甘泉区(1924 年,改都为区)改为 8 镇 37 乡,始设宋村镇,镇驻地宋村,属第四区。昌阳故城属文登县第四区宋村镇。之后,昌阳故城则与宋村同归属。

1936 年

宋村镇属山东省第七行政区文登县第四区。昌阳故城属之。

1940 年

中国共产党领导的文登县抗日民主政府成立,属胶东区东海专区。昌阳故城属胶东区东海专区文登县宋村镇。

1941 年

析文登县西部、牟平县东部置文西县,昌阳故城属文西县套河区宋村镇。

1945 年，改文西县为昆嵛县。

1950 年

东海专区改为文登专区。昆嵛县区名改为序数。昌阳故城属文登专区昆嵛县第四区宋村镇。

1955 年 9 月

将全县各区以序号改为地名。昌阳故城属文登专区昆嵛县宋村区。此时，已历 2161 年风风雨雨的昌阳故城，只能看到故城西南的"寨角子"和西北的"城角子"，遗存的部分土城墙尚存，故城方形的轮廓还可以看得清楚。

1956 年

文登、昆嵛两县合并仍称文登县，同时，文登专区并入莱阳专区。昌阳城遗址①属莱阳专区文登县宋村区宋村乡。

1958 年 8 月

莱阳专区改为烟台专区，文登县属之。宋村设立卫星公社，昌阳城遗址属烟台专区文登县宋村卫星公社。是年，第二次文物普查时，地面已经见不到昌阳故城的任何痕迹了。从此，昌阳故城淡出了人们的视线。

1959 年

改为文登县宋村人民公社。昌阳城遗址属烟台专区文登县宋村人民公社。

1984 年 3 月

撤社，设宋村镇。昌阳城遗址属烟台市文登县宋村镇。

1987 年 6 月 15 日

威海市成立地级市，文登县改属威海市。昌阳城遗址属威海市文登县宋村镇。

1988 年

文登县改为省辖县级市，由威海市代管。昌阳城遗址属威海市文登市宋村镇。

2014 年 3 月 18 日至今

文登撤市设区，宋村镇属威海市文登区。昌阳城遗址属威海市文登区宋村镇至今。

---

① 1956 年，进行了第一次全国文物普查，始有"遗址"提法。

石羊西汉晚期木椁墓主与昌阳侯考

姚留国 李彦红 姚志娟

1955 年，山东文登石羊村发现一座双顶墩式西汉晚期"一棺三椁"墓，当时，由于省专家赶到调查时大墓已被挖毁，墓主为谁成了一桩谜案。

大墓之北里许古昌山（今回龙山）之阳，即今文登宋村镇驻地，为著名的西汉东莱郡昌阳古城遗址。《汉书·地理志》记载，"东莱郡，高帝置。属青州……县十七"①。其中，设于今威海境内的有三县："育犁"（今乳山育黎）、"昌阳"（今文登宋村）、"不夜"（今荣成不夜）。"昌阳"条下注明"有盐官。莽曰夙敬亭"。

其实，昌阳不仅是西汉初设在今威海境内的一个县，后来还曾一度成为"侯国"。然而，由于《汉书·地理志》只记载了昌阳为汉初所设之县，对后来成为侯国的历史失载，而专记侯国世系的《汉书·王子侯表》对此又语焉不详。致使西汉时东莱郡昌阳是否曾为侯国封地，历来众说纷纭，莫衷一是。

著者拟根据目前所能查到的一些史籍的相关记载和近年来史学界对这一问题的研究成果，结合对石羊西汉大墓出土文物的考证，对东莱郡昌阳县何时成为侯国封地、昌阳侯是谁及其与石羊西汉大墓有着怎样的关联等问题进行初步探讨，以期揭示历史真相。

一、史籍中有关昌阳侯、昌阳侯国记载的辨析

西汉东莱郡昌阳县的设置，《汉书》等史籍记载明确，从来没有异议。但昌阳后来成为侯国，各种史籍却说法不一。光绪《文登县志》"祠庙"记载，"《汉书·诸侯王表》（应为《汉书·王子侯表》——著者注）：'成帝永始四年，封泗水侯庆王子霸为昌阳侯，二十一年免。'考永始四年至孺子婴居慑三年为二十一年，明年即新莽初始元年。是时，王莽篡汉，翦除宗室，故刘霸免爵，

①班固《汉书》，北京：中华书局，1962 年版，第 1585 页。

降为庶人……霸无所居，或寄居于此"。^①该志还记载：昌阳侯刘霸"有德于人，后人立庙祀之……"此"昌阳侯庙在城（指文登城一著者注）西南三十里宋村集，无碑记，旧误为康王庙，盖因康王城而讹传……宋村之东即汉之昌阳县"。而且，至清末此侯庙还在，光绪《文登县志》记载当时尚能看到的侯庙情形是："庙三楹，中坐王侯像，冕旒黼黻，二宫女执升龙扇立侍，实为王侯仪制。"^②

《文登县志》的记载排除了民间有关宋村古庙为康王庙的讹传，这当然是正确的，但却忽略了西汉有两个昌阳的史实，即当时除东莱郡有个昌阳，距东莱郡千里之外的临淮郡也有个昌阳。《汉书·地理志》还明确记载，临淮郡昌阳为"侯国"。而《文登县志》的这段记载实际上是把本来与东莱郡无关的临淮郡昌阳侯"泗水戾王子霸"，误做了东莱郡昌阳侯。

《汉书》关于泗水国、临淮郡和临淮郡昌阳侯国的记载是翔实而确切的。《汉书·地理志》载："泗水国，故东海郡，武帝元鼎四年别为泗水国。莽曰'水顺'……县三：凌，莽曰'生凌'。泗阳，莽曰'淮平亭'。于，莽曰'于屏'。"^③泗水国在今江苏泗阳、淮安一带。泗水戾王叫刘骏，是第五代泗水王，为汉景帝六世孙，在位31年。

《汉书·地理志》又载："临淮郡，武帝元狩六年置。莽曰淮平……县二十九：……昌阳，侯国。"^④《汉书·王子侯表》载："昌阳侯霸，泗水戾王子，永始四年五月戊申封，二十一年免。"临淮郡，治徐，在今江苏泗洪县南，其下辖的昌阳侯国的位置，据上海复旦大学副教授、西汉侯国历史研究学者马孟龙博士在其《西汉侯国地理》一书中考证，在今天江苏省睢宁县境内。

西汉时的泗水国与临淮郡毗邻，距离东莱郡昌阳遥远。远在今江苏地界的泗水戾王，其子刘霸的封地不可能远在东莱郡属地。因为西汉自武帝开始实行的"推恩令"规定，诸侯王除由嫡长子继承王位外，其他诸子都只能在王国范围内分到封地，作为侯国。这在《汉书》中记载是很明确的。所以，泗水戾王

---

①光绪《文登县志》，台湾：成文出版社，光绪廿三年版，卷四上，第11页。
②光绪《文登县志》，台湾：成文出版社，光绪廿三年版，卷四上，第12页。
③班固《汉书》，中华书局，1962年版，第305页。
④班固《汉书》，中华书局，1962年版，第293页。

子刘霸的封地应在原泗水国范围之内或靠近泗水之地，比如临淮郡。不可能远离其父的封国而封到千里之外的东莱郡昌阳。也就是说，"泗水戾王子霸"不可能是东莱郡昌阳侯。

西晋初年，东莱郡昌阳县迁址今莱阳境内，所以莱阳志对本源地昌阳也格外关注。民国版《莱阳县志》就对把文登昌阳侯庙当作刘霸庙的看法表示了怀疑与困惑："昌阳侯，《方舆纪要》云：昌阳故城，汉置县，成帝封泗水戾王子霸为侯邑。考《汉书》昌阳侯国属临淮郡，非东莱郡属之昌阳县也。《文登志》以昌阳城俗讹康王城，遂以旧称康王庙为昌阳侯庙之讹为刘霸免爵降为庶人，霸无所归，或寄居于此。然以昌阳侯庙为昌阳侯国治文登之证，兼证汉昌阳城之在文登，或文登乃汉昌阳侯国由临淮郡徙治，抑或汉昌阳侯国置于文登遥属临淮，所未明矣。"[1]

由上可知，除《文登县志》外，其他史料记载，都以为《汉书》记载的泗水戾王子刘霸所受封的昌阳侯国并非在东莱郡的昌阳县地。

二、《西汉政区地理》与昌阳侯、昌阳侯国

那么，西汉东莱郡昌阳侯究竟姓甚名谁？其侯国为何时所封？

直到《汉书》之后近二千年的1987年，上海复旦大学教授、著名历史地理研究专家周振鹤先生《西汉政区地理》一书的问世，人们的困惑才有了较为明确的答案。周教授考证认为：汉代东莱郡昌阳县，或原为"昌乡"，"因置侯国"而"改'乡'为'阳'"。"昌阳侯国，即胶东顷王子宪昌乡侯之封地。"[2]

周教授在此后出版的《汉书地理志汇释》一书中"东莱郡"下"昌阳"条目这样推断昌阳侯以及昌阳侯国汉代以后史书失载的缘由：昌阳为"胶东顷王子宪国，成帝封。《王子侯表》作昌乡侯。即以昌乡置侯国，而改名昌阳……此侯国地望历来无人提及，盖因昌阳县下失注侯国，而又无人注意到地名中'阳''乡'之转换关系的缘故。有盐官，莽曰夙敬亭……治今山东文登市南。"[3]

①民国《莱阳县志》，台湾：成文出版社，民国二十四年，第355页。
②周振鹤《西汉政区地理》，北京：人民出版社，1987年版，第238页、第242页。
③周振鹤《汉书地理志汇释》，合肥：安徽教育出版社，2006年版，第236页。

正是由于《汉书•地理志》对东莱郡昌阳失注"侯国"，加之昌阳名称的变更，以及《汉书•王子侯表》只记载胶东顷王子封为东莱郡昌乡侯，未提封国后名称的变更，所以导致了人们困惑了近两千年。其实，在汉代，某地成为封国后改变名称的并不少见，例如，鲁王子宁阳侯国，其封地原来也叫"宁乡"，后来才改为"宁阳"的。

这样，西汉东莱郡昌阳侯刘宪，胶东王子、景帝六世孙的显赫身份就明晰了。《汉书•王子侯表》记载："昌乡侯宪，胶东顷王子。建始二年（前31年）正月封，三十年，元寿二年（前1年），坐使家丞封上印绶，免。"①

要说清楚昌阳侯刘宪的身世，就要从"胶东王"的设置说起。秦朝统一，在齐地置临淄、琅琊二郡，嗣后，又分琅琊置胶东郡。汉承秦制，仍置胶东郡，昌阳县，时称"昌乡县"，属之。景帝时分置东莱郡，四年（前153年），年仅四岁的刘彻被册立为胶东王，因年龄太小未赴任。七岁被册立为太子，胶东国除。中元二年（前148年）复置胶东国，封刘彻的弟弟刘寄为胶东王。刘寄就是刘宪的五世高祖，汉景帝的第十二子，是皇后王娡的亲妹妹王儿姁所生。刘寄成为实质上的第一代胶东王，开启了家族胶东王国的辉煌历史，从公元前148年至9年王莽篡汉最后一代胶东王被废，历六代，共157年。

胶东王世系表

代序	名字	在位时间	谥号
第1代	刘寄	前148年—前120年	康
第2代	刘贤	前120年—前106年	哀
第3代	刘通平	前106年—前82年	戴
第4代	刘音	前82年—前28年	顷
第5代	刘授	前28年—前14年	恭
第6代	刘殷	前14年—王莽时	

刘宪的父亲刘音为第四代胶东王，在位54年，谥号"顷"，史称"胶东顷王"，

---

① 班固《汉书》，北京：中华书局，1962年版，第505页。

生有十一子。嫡长子刘授于成帝河平元年(前28年)继承王位做了第五代胶东王，是为"恭王"。其余十子，先有四子于元帝永光三年（前41年）分别被封侯。王子刘回被封于北海郡羊石，王子刘理被封于北海郡石乡，王子刘根被封于北海郡新城，王子刘歙被封于北海郡上乡。十年后，即成帝建始二年（前31年），尚余之六子，同年被续封。《汉书·王子侯表》这样记载六人当时封侯情况："昌乡侯宪，胶东顷王子，建始二年（前31年）正月封，三十年，元寿二年（前1年），坐使家丞封上印绶，免。顺阳侯共，胶东顷王子，正月封，三十九年免。乐阳侯获，胶东顷王子，正月封，三十九年免。平城厘侯邑，胶东顷王子，正月封，节侯珍嗣，侯理嗣，免。密乡顷侯林，胶东顷王子，正月封，孝侯钦嗣，侯敞嗣，免。乐都炀侯诉，胶东顷王子，正月封，缪侯临嗣，侯延年嗣，免。"[1]

成帝建始二年正月，刘宪被封胶东国昌乡，"昌乡"同时更名"昌阳"，成为昌阳侯；昌乡县成为昌阳侯国。如同鲁王子宁阳侯国以"宁乡"地封之例。按照"王国不辖侯国"惯例，就在这一年，昌阳始归属东莱郡辖下。

与刘宪同时受封的王子刘共被封琅琊郡顺阳侯，封侯三十九年后被免爵。王子刘获被封东莱郡乐阳侯，封侯三十九年后被免爵。王子刘邑被封北海郡平城侯，儿孙世袭，三代侯爵。王子刘林被封北海郡密乡侯，儿孙世袭，三代侯爵。王子刘诉被封北海郡乐都侯，儿孙世袭，三代侯爵。

刘宪被封昌阳侯在位三十年，于哀帝元寿二年，也就是哀帝驾崩的那一年被免除爵位。

刘宪被免爵后是仍留在昌阳，还是去了别处；逝于哪一年，葬于何处，以及有无子孙，史书上没有留下任何记载，后世不得而知。

需要说明的是，《汉书·地理志》失注侯国，东莱郡昌阳不是特例，其他如，东莱郡的徐乡（侯国）、牟平（侯国）等同样失注。其实，古代的治史者早已注意到《汉书》的这一问题，唐代颜师古在其为《汉书》作注时就说："侯所食邑……其有不书者，史之失也。或但言某人嗣及直书薨，不见年月，皆阙文也。"

---

① 班固《汉书》，北京：中华书局，1962年版，第505页～506页。

据周振鹤教授关于《汉书》中的"昌乡侯"即东莱郡"昌阳侯"的考证可知，西汉成帝时期，并存着一东一西两个昌阳侯国——东莱郡昌阳（乡）侯国和临淮郡昌阳侯国。东莱郡昌阳侯国在今山东文登宋村，昌阳（乡）侯刘宪，胶东顷王子，成帝建始二年（前31年）正月封，哀帝元寿二年（前1年）免，在位三十年。临淮郡昌阳侯国在今江苏省睢宁县境内，昌阳侯刘霸，泗水戾王子，成帝永始四年（前13年）五月封，孺子婴初始元年（8年）免，在位二十一年。

三、关于石羊西汉晚期木椁墓为昌阳侯刘宪墓的推断

1955年，昌阳城南里许的石羊村挖毁了一座双顶墩式西汉木椁墓，当时探明封土下并排共有五座同样的大墓。挖毁的是正中间的一墓和其南邻的一墓。两墓都是一棺三椁，正中间的那座墓较大，外椁与二重椁之间分为前后两室；南邻的一墓略小，二重椁外只有一室。高规格的葬制和所出土的精致漆器和彩画陶壶使当时到现场做调查的山东文物管理所的专家都感觉意外："这种类型的墓葬和出土漆器，在山东还是第一次发现，就是陶器上面的题字，在山东也属初见。而其彩画、题字的格式，也和他省出土的有些不同。"[1]由于调查时大墓已被毁坏，没有发现任何能反映墓主身份和姓名信息的随葬品，到现场调查的山东文物管理处蒋宝庚和殷汝章两位专家给出的结论是：该墓葬属于西汉晚期。

根据当年的结论结合近年昌阳侯国的研究成果来看，被挖毁的西汉墓应该与昌阳侯国有关。特别是中间那座较大的墓出土了包括漆案、漆羽觞、漆奁、漆三格盒、漆虎形器、漆盘、漆碗、漆杖等在内很多精美漆器和12件彩画陶壶等高档酒器，据此推断，墓主很有可能是昌阳侯刘宪。

做出如此推断有这样几点依据：一是人物身份符合。此墓为西汉晚期一棺三椁墓，并且棺椁"统以楸木做成"，有资格享受如此高规格葬制的墓主符合刘宪昌阳侯的身份。二是位置合理。大墓距离昌阳城一里左右，昌阳侯有可能安葬于此。三是墓葬时间与刘宪做昌阳侯的时间相吻合。当时到现场做调查的

---

①蒋宝庚，殷汝章《山东文登县的汉木椁墓和漆器》，《考古学报》，1957年第1期，第130页。

考古专家对墓葬时间做出这样的判断："两个墓葬的时代，据遗物和文字书体推证，大抵属于西汉晚期。"①这个时间判断与刘宪在西汉成帝建始二年（前31年）被封侯、哀帝元寿二年（前1年）被免爵，到最后去世，在时间上是吻合的。四是墓中还发现了八个近似近代神主牌位的木牌，这是很不寻常的。当时到现场做考古调查的专家撰写的报告称"最奇的是棺四周放着八个牌位（棺两端各1，两侧各3），素木未漆，上有墨书文字，形状和近代牌位差不多。一般掘墓者都言之凿凿，调查时在堆积的破碎木板里细找未获"②，上面可能会有墓主的身份和姓名信息。

据著者推断，这八个木牌或有可能是刘宪的先祖八代帝王的神主牌位，即从其太祖汉高帝刘邦到其父第四代胶东王刘音，四帝四王，正好八代。他们是：高帝刘邦——惠帝刘盈——文帝刘恒——景帝刘启——一代胶东王刘寄——二代胶东王刘贤——三代胶东王刘通平——四代胶东王刘音。牌位"素木未漆"，可能系遵刘宪遗言而临时赶制的。

随葬先祖牌位，刘宪墓是迄今为止全国发现的古墓葬唯一一例。之所以这样做，可能是刘宪家人对爵位被免逝者在天之灵的一种慰藉。爵位被免，侯印被收缴，被降为庶民，刘宪及家人受到沉重打击。刘宪下葬的时候没有侯印随葬，只得临时赶制了八位先祖的牌位，让他们在阴间陪伴这位被朝廷抛弃的子孙。

表明墓主身份的侯印未见出土，最大的可能性是与刘宪被免爵有关；当然，也不排除大墓被挖毁时丢失的可能，虽说这种可能性极小。

文登地处汉代东部边陲，远离帝都，"西汉晚期"在此僻远之地有资格享用"一棺三椁"高规格墓葬的人，极有可能就是昌阳侯刘宪。这应是最合理的解释。

昌阳城始建于西汉初年，直至西晋时昌阳县西迁今莱阳的近五百年间，今文登宋村的古昌阳城，除了有段短暂时期曾成为侯国外，一直是昌阳县治所在地。

---

① 蒋宝庚，殷汝章《山东文登县的汉木椁墓和漆器》，《考古学报》，1957年第1期，第130页。

② 蒋宝庚，殷汝章《山东文登县的汉木椁墓和漆器》，《考古学报》，1957年，第1期，第128页。

通过上述分析，我们可以作出如下结论：

东莱郡昌阳曾经是汉景帝六世孙、第四代胶东王刘音之子刘宪的封地，为侯国。由于《汉书》"地理志"对昌阳侯国的失注和"王子侯表"使用"昌乡"旧称，两者发生抵牾，致使东莱郡昌阳侯和昌阳侯国销匿了近两千年。如今，昌阳侯刘宪及其显赫家世终于大白于天下。

随着昌阳侯刘宪的现身，六十二年前被挖毁的石羊双顶墩式西汉晚期木椁墓的系列悬疑也有了合理的解释：为何在远离帝都的东陲文登会出现如此高规格的墓葬，特别是"这种类型的墓葬和出土漆器，在山东还是第一次发现，就是陶器上面的题字，在山东也属初见"。[1]这一切，都足以证明，这座高规格大墓的主人就是昌阳侯刘宪。

（此文原载威海遗产保护委员会主办季刊《威海记忆》2017 年 3 期；陕西《咸阳师范学院学报》2019 年 3 期；2019 年 1 月 5 日山东省政协机关报《联合日报》）

康王城考

战国初期，发生了两件大事，一是"三家分晋"，一是"田齐代姜"。这里主要考证田齐代姜事件中被废黜之后齐康公姜贷的去向，对废康公所居康王城的所在进行探究。

《史记·齐太公世家》记载：宣公五十一年卒，子康公贷立。田会反廪丘。康公二年，韩、魏、赵始列为诸侯。十九年，田常曾孙田和始为诸侯，迁康公海滨。二十六年，康公卒，吕氏遂绝其祀。田齐代姜就此成为事实，田氏卒有齐国。

《史记·田敬仲完世家》载：（康公）"贷立十四年，淫于酒、妇人，不听政。太公（田和）乃迁康公于海上，食一城，以奉其先祀。"

康公十四年（前 391 年），齐康公姜贷（也称吕贷）被宰相田和以"沉溺酒色不理政事"为由废黜，放逐于一海岛上，"食一城，以奉其先祀"，仅仅

---

[1]蒋宝庚，殷汝章《山东文登县的汉木椁墓和漆器》，《考古学报》，1957 年，第 1 期，第 130 页。

只有一个城的食邑，后来也被收回，吃饭都成问题的齐康公只好在山坡上挖洞为灶。田和自立为国君，是为齐太公。被废的齐康王姜贷在康王城居住十二年，于康公二十六年（公元前 379 年）卒。

关于被废齐康公姜贷的流放地史书没有明确记载，方志与民间有各种推测与传说，大致有这样几个地方，一就是靠近齐国国都临淄之地，即今山东淄博市张店城区著名炒米山风景区西北部的康王山（又称围子山，太平岭），据称康王山得名就是因为山上有康公墓。光绪版《登州府志》"福山县"条记载："齐康公成（城），周安王十一年，齐田和迁其君康公于海上，食一城，一牢。《旧志》云：在文登县南三十五里，宋村东，城内有天地坛遗址。《宁海志》云：东十里有莒城村，谓康公思莒而名其城。按：《城冢记》云：城在牟平城东十里，又二十里为清阳城。所谓牟平即汉县，今古县社，清阳即今福山城。齐康公墓在之罘（芝罘）山，则此城当在福山无疑。

"齐康公城位置说法纷纭：《城冢记》《肇域志》皆云城在牟平城东十里，其错在以后来牟平县为地理坐标，而非以汉县牟平。"

另，清光绪十三年（1887）《重修无染禅院记》碑文记载：无染禅寺，古刹也。在昆嵛山阳，岩壑幽深，林岚茜密。或曰：其地距乡村辽远，居之者六根清净，得大解脱，故名。……寺东北有齐王坟，相传齐康公被田氏放逐东海岛，死后葬于此地，坟上还有一棵不老松傲然屹立。

上面所列举几处康王城（包括康王墓）究竟哪一说比较接近历史真实呢？我们不能贸然下结论，需要有坚实的历史证据加以缜密的考证。我们可以根据《史记》所记载"迁康公于海上"的地理地貌特征排除那些与记载悖谬的疑似地点。据此，首先可以排除的应是淄博市张店城区康王山，因为这里既不为海岛，又紧临国都，繁华富饶，不会被选择做流放贬谪罪人之地。昆嵛山无染寺东北的齐王坟也可以排除，虽说这里远离国都，亦非繁饶之地，但却不是海岛。这样就只剩下《登州府志》记载的胶东地另外三处了，就是今威海文登宋村昌阳故城、今牟平（今烟台市牟平区，史称宁海）莒城村与今烟台市福山。

府志所说的这三处，我们还可以将前两处排除掉。理由是文登宋村昌阳故城虽说历史上也临海，但是，早在 1955 年昌阳故城南的"康王冢"挖毁之时就被省里到现场调查的专家否定了，当时专家给大墓下的结论是："康王指的周代齐康公，与社稷坛说法都不正确。……据遗物和文字书体推证，大抵属于西汉晚期。"（蒋宝庚 殷汝章：《山东文登县的汉木椁墓和漆器》），今天我们明确所谓"康王冢"实为西汉末昌阳侯刘宪墓，显然，昌阳城自然就与康王无涉。今牟平莒城村，《牟平地名志》认为牟平南北莒城是莒国被楚国所灭，莒人纷逃至齐国，被齐人所欺，无奈逃难来到胶东建城定居，取名莒城，此为其一。其二，牟平莒城村历史上既不临海也不为海岛，可以断定非康公流放地。

这样，就只剩下《登州府志》所载《城冢记》《肇域志》所说的"在牟平城东十里"之城了。这种说法有没有道理呢？应该说，这里是理由最为充足的一说。理由如下：府志所说的"牟平城东十里"之"牟平"不是指今牟平，而是指今烟台古现村，古现古称古峴，汉代为牟平县治。按照府志所说康王城在古现东十里，"又二十里为清阳城"，清阳城即今福山，也就是说康王城位于古现之东临近福山，而这个位置正好就处于海滨（大姑夹河下游入海口），而且，这里就有一个古海岛——公鸡岛（夹河东岸，今演变为宫家岛居民小区），正与《史记》记载"迁康公于海上"的地理地貌特征相符。《乳山市志》的记载与此高度一致：齐康公十九年（公元前386年），相国田和变姜齐为田齐，"将齐康公迁海滨（今烟台芝罘区西郊）。公元前379年，康公病逝，子孙将其葬于夹河下游公鸡岛，后迁葬芝罘岛山顶（今烟台芝罘岛老爷山顶），俗称康王墓，至今尚存。"这段记载所提到的"夹河""公鸡岛"两个地名就在在今烟台市福山区境内，正好临近福山故城。

而且，这个位置还与乳山姜姓族谱关于先祖迁来此地的记载一致。乳山市大孤山镇的万户村与徐家镇的峒岭村都是建于先秦的传统姜姓村，他们皆称为姜子牙远孙姜相伯后裔。《乳山市志·村庄》记载，万户村"秦始皇三十七年，姜姓由夹河下游公鸡岛（今烟台市区西）迁通天岭定居。初名山庄。南宋初年更名鲁宋里，元中统年间又更名万户。"又记载，峒岭村"秦始皇二十六年，姜姓由夹河下游公鸡岛（今烟台市区西）迁通天岭隐居，始皇三十七年，择此定居，念先祖隐居通天岭历史，取名峒岭。"通天岭，今称寨山，两村姜姓人认为他们的先祖本为齐国国王，故称所居之地为通天岭，后演变为通岭、峒岭。

以上资料可以简要归纳为：《登州府志》记载康王城临近烟台福山城；《乳山市志》记载齐康公迁海滨（今烟台芝罘区西郊），康公病逝，子孙将其葬于夹河下游公鸡岛，后迁葬芝罘岛山顶（今烟台芝罘岛老爷山顶）；乳山姜姓族谱记载其先祖由夹河下游公鸡岛（今烟台市区西）迁通天岭定居。三条历史资料都把康王城位置指向同一地点——烟台市福山，相同两个地标——夹河、公鸡岛。这不是巧合，而恰恰反映了真实历史。

夹河，也称大姑（沽）夹河，史称大姑（沽）河，俗名外夹河，位于今山东烟台福山区福山城东南。上源有两支，东支名外夹河，亦称大姑（沽）河，是福山的主要河流。《汉书·地理志》称其为"丹水"，《中国历史地图系》亦标识为"丹水"。西支称内夹河，位于福山中、东部，旧称清阳河。《汉书·地理志》称"声洋"河，新旧唐书皆作"清阳"，唐初设"清阳县"于境，县治"清阳城"（即今福山区府），后改为"两水镇"（两水所指即内、外夹河）。"清阳"变音为"清洋"，明《一统志》称"清洋河"，沿用至今。

公鸡岛，今称宫家岛，位于今烟台市福山区境内，夹河东岸，为一古海岛，以其地势高敞，形似岛屿，故名。岛上村有宫、夏两姓，原称"宫夏岛"，后改今称。

据此来看，齐康公姜贷被废黜后流放夹河下游公鸡岛是可信的，不仅与《史记》"迁康公于海上"的地理特征完全相吻合，而且这里又是齐东海滨蛮荒之地，远离国都与其他诸侯国，对田和来说，也就断绝了康公联络别国东山再起的条件与企图，完全符合事件逻辑。康公逝后葬于芝罘岛（老爷顶），芝罘岛上康王坟也是真实的。乳山万户、岣岭姜姓为康公姜贷之后无疑。

不过，事情到此还没有结束，《乳山市志》的记载止于齐康公去世的公元前379年，对于其后世子孙再未提及。而万户与岣岭两村族谱记载始于秦始皇二十六年（公元前221年）之后姜姓人迁居情况，之前情况也未提到，双方记载间隔158年。这是为什么？应该说，这种情况的出现并不影响对万户、岣岭姜姓人为齐康公姜贷后裔的判断，双方记载同时提到的地理坐标"夹河""公鸡岛"成为联结点。其中间隔158年的原因可能是由于齐康公后人对于先祖被废这段历史讳而不提所致。根据《乳山市志》与乳山姜姓人族谱记载（万户、岣岭两村族谱记载时间稍有差别，但时间点一致）可以推知，齐康公姜贷被流放夹河下游公鸡岛，之后数代一直在此生活，直到165年（公元前221年）之后，其子孙才从公鸡岛南迁通天岭，11年之后，康公后世孙姜相伯闻知秦始皇驾崩，偕两子永泰、永通从通天岭再徙万户与岣岭分地而居。

参考文献

1. 司马迁：《史记》，北京：中华书局，1982 年.

2. 班固：《汉书》，北京：中华书局，1962 年.

3. 王世舜、王翠叶译注：《尚书》，北京：中华书局，2012 年.

4. 司马光：《资治通鉴》，北京：中华书局，2007 年.

5. 乐史：《太平寰宇记》，北京：中华书局，1999 年.

6. 祁承业：《东观汉记》研究，呼和浩特：内蒙古大学出版社，2010 年.

7. 陈寿：《三国志》，上海：上海古籍出版社，1996 年.

8. 李吉甫：《元和郡县图志》，北京：中华书局，1983 年.

9. 魏征等：《隋书》，北京：中华书局，1997 年.

10. 周振鹤：《西汉政区地理》，北京：人民出版社，1987 年.

11. 周振鹤：《汉书地理志汇释》，合肥：安徽教育出版社，2006 年.

12. 蒋宝庚、殷汝章：《山东文登县的汉木椁墓和漆器》，《考古学报》，北京：科学出版社，1957 年，第 1 期.

13. 威海地方史志编委会：《威海市志》，北京：方志出版社，2017 年.

14. 威海地方史志编委会：《威海地名志》，济南：山东省地图出版社，1995 年.

15. 文登地方史志编委会：《文登市志》，北京：中国城市出版社，1996 年.

16. 文登地方史志编委会：《文登县志（光绪版）》，台湾：成文出版社，1898 年.

17. 王一夔等编撰：《文登县志（卷一）》，雍正三年刻本.

18. 蔡培、欧文修、林汝谟等编撰：《文登县志（卷一）》，道光庚子新镌.

19. 梁秉琨：《莱阳县志》，台湾：成文出版社，1935 年.

20. 宋宪章：《牟平县志》，台湾：成文出版社，1936 年.

21. 方汝翼等：《登州府志（增修）》，香港：香港凤凰出版社，1882 年.

22. 林浦修、周翕鑛：《即墨县志》，台湾：成文出版社，1976年．

23. 平度地方史志编委会：《平度县志》，济南：山东省出版管理处，1987年．

24. 荆甫斋、刘志耘：《海阳县志》，济南：山东省新闻出版管理局，1988年．

25. 刘远华：《荣成县志》，济南：齐鲁书社，1990年．

26. 无名氏：《靖海卫志》，台湾：成文出版社，1968年．

27. 张志熙：《东平县志》，台湾：成文出版社，1968年．

28. 于钦：《齐承》，明嘉靖刻本．

29. 伏琛：《三齐略记》，明吴氏丛书堂抄本．

30. 叶圭绥：《续山东考古录》，光绪十一年刻本．

31. 鲍照：《芜城赋》，上海：上海古籍出版社，1979年．

32. 威海市文物管理办公室：《追寻历史——威海市第三次文物普查成果巡礼》，青岛：青岛出版社，2012年．

33. 乳山地方史志编委会：《乳山市志》，济南：齐鲁书社，1998年．

34. 王令波、乔中石：《临淄新见战国两汉封泥展图录》，杭州：《汉初齐国无郡论》西泠印社，2018年．

35. 刘创新：《临淄新出汉封泥集》，杭州：西泠印社，2005年．

36. 游逸飞：《汉初齐国无郡论》，《历史地理》，2016年，第一期．

37. 孙祖伟：《古封泥集成》，上海：上海书店出版社，1994年．

38. 周晓陆、路东之：《秦封泥集》，西安：三秦出版社，2011年．

39. 瞿中溶：《集古官印考》，同治十三年刻本．

40. 耿天勤：《郑玄志》，济南：山东人民出版社，2009年．

41. 张海龙、张爱云：《山东淄博市临淄区齐国故城出土汉代封泥》，《考古》，2006年，第9期．

42. 周来邰：《昌邑县志》，台湾：成文出版社，1976年．

43. 临洮县志编委会：《临洮县志》，兰州：甘肃人民出版社，2001年．

44. 尹继美：《黄县志》，同治十二年．

45. 马孟龙：《西汉侯国地理》，上海：上海古籍出版社，2013年．

46. 葛剑雄：《西汉人口地理》，北京：人民出版社，1986年．

47. 李开元：《秦谜，重新发现秦始皇》，北京：中信出版集团，2017年．

写在后面的话

　　本书是著者 30 余年昌阳研究成果的结晶。1986 年，著者从周格中学调入宋村镇政府驻地宋村中学。在这里，经常听人说起汉代昌阳城。对此，著者很是好奇，也极感兴趣，于是，开始了 30 余年的寻觅昌阳城及昌阳侯国、昌阳侯遥远而艰辛之路。那时，昌阳城遗址尚未开发，还是一片农田，其西南端距离石泽公路不足 50 米的地方有一座小石桥，桥下沟渠遗迹基本可辨，沟渠为东北—西南流向。虽说桥下干涸无水，但是，小石桥往南（下游）沟渠遗迹明显，往北（上游）虽说沟渠遗迹不大明显，然而，遗存于沟渠土坝上成排粗大的柳树依然标示着沟渠曾经的体量与沧桑。

　　但是，遗憾的是地面见不到昌阳城任何一丁点儿痕迹。不久，力象集团开始扩建，从北部（今昌阳山庄西端）开挖厂房地基施工沟，从地下翻出的土里时常夹有破砖碎瓦。那时的著者就如着了魔一样，几乎是每天中午休息时间都要去那里顺着施工沟走一趟，捡拾那些从地下翻上来的砖瓦、陶片，也小有收获，那些陶瓦片有的带有花纹，外面可见到明显的绳纹，里面可见到泥条盘塑的痕迹；还有纺轮，有器物底座，等等。

　　除此之外，著者还从多种渠道利用各种手段搜集有关昌阳城的文字资料，先后摘抄、剪报收集到的文字达到数万字之多。朋友姚玉松经常去文登相关部门查找村史料，著者曾经不止一次委托他查找昌阳城的资料。他先后替我从《威海地名志》等志书摘抄了"昌阳县""昌阳故城址""九顶埠墓群""宋村石羊汉墓群""不夜县"等文字资料。但是，收集到的这些资料基本相同，都是只谈到了昌阳城的大致位置、所在的年代及在遗址捡拾到的一些遗物，没有一份资料涉及昌阳城曾经发生的故事，而对此著者愈发渴求。但是，著者翻遍了所能找到的史书、方志及其他典籍，仍旧是一无所获。

　　功夫不负有心人。奇迹终于在 2016 年发生了，这一年，为了撰写秃尾巴老李的民间传说故事，著者开始在互联网上查找昌阳城与盐相关的故事，首先找到了中国著名历史地理研究专家、上海复旦大学教授周振鹤先生关于东莱郡昌阳盐官为今山东境内西汉所设11处盐官之一的论述，从周教授的考证可以断定历史上的昌阳肯定不一般。著者为自己这一突破性发现感到欢欣鼓舞，感到震撼。于是，顺着这一思路顺藤摸瓜，接连从网上寻找并下载了周振鹤教授的多部著作，其中包括《西汉政区地理》《汉书地理志汇释》《西汉县城特殊职能探讨》《西汉地方行政制度的典型实例》等著述，后来又下载和研读了上海复旦大学副教授、马孟龙博士的《西汉侯国地理》等著作，学者郑永高的《从〈史记〉〈汉书〉看刘氏宗室的历史命运》等著述，了解西汉时期朝廷对王侯的相关法令与王侯的生活状态。这些专家的著作都在相关内容，譬如西汉"东莱郡"，谈到了西汉昌阳城，谈到西汉王侯的历史，谈到昌阳侯。这些著作都是对相关内容进行全面论证的数十万字的大部头著述，我全部通读好多遍，生怕某章节由于自己忽视而发生遗漏，对于重点章节都做了摘录。

针对专家们的论证把我自己对昌阳的研究结合在一起进行深入探索，确凿论证，得出结论。

从那时候开始，著者扩展了研究范围，把寻找昌阳城拓展为研究昌阳县与昌阳侯国、昌阳侯。这里首先需要厘清昌阳城与昌阳县、昌阳侯国、昌阳侯之间的关系，还要厘清汉代县城有哪些功能，有哪些机构，有什么官员；侯国与一般县有什么区别；侯爵与县令、县丞有怎样的不同，等等。为了还原汉代昌阳的情景，著者甚至仔细阅读研究《汉书》《资治通鉴》中有关气候、灾情的记载，如"沟洫志""五行志"等相关篇章，推断出昌阳侯国那一时期的气候特点与当地发生的灾情。

其间，为了对昌阳城及周边汉墓进行实地考察或获取相关照片，著者独自或女儿、女婿开车陪同专程多次去往昌阳古城遗址周边的宋村、石羊、城东诸村。2017年春天，著者的女儿、女婿听说著者要去宋村拍摄昌阳城汉墓照片、走访当地老人了解情况，特意开车陪着跑了好几趟宋村。夏天，为了了解石羊"康王墓"的相关情况及1955年被挖毁经过，著者独自去过几次石羊，街头询问、店铺打听，终于了解到了村里那些对大墓知底老人的住处，然后，挨家挨户登门拜访，从村北步行到村南，自村西步行去村东，从村里家中寻找到村外他们儿子的养殖大棚，整个村庄来来回回说不清走了多少来回。在给这些老人拍摄合影留照片的时候，更是跑遍了全村。他们都是年过八旬的耄耋老人，腿脚不灵便，这个人磕磕绊绊好不容易走到了集合地点，等了一会儿，不见有人来，又离开了；那个人刚刚来到了，见到有人走掉了，也跟着离开了。特别是林均明老人老伴瘫痪在床，离不开人，要出门，就要先把老伴抱到三轮车上，然后，给老伴盖好被子推出大门，锁上门，这才能够上路。为了拍摄这张合影照，这些老人的家门我自己也记不清跑了几趟，最后，好不容易把其中的3个老人勉强凑在了一起拍了张照片。

本书的撰写得到许多人的帮忙，在此对这些帮忙者表示深切感激。山东省博物馆热情的于秋伟主任，应邀发来了石羊大墓部分出土文物的照片。淄博市临淄九宫阁齐国文字博物馆长王令波先生接到著者索求自己博物馆藏品"昌阳丞印"和"昌乡"封泥的照片要求后，第二天即把照片发来。

为了查找昌阳城在西迁今海阳的那段历史，除了查阅《海阳县志》之外，著者还想方设法了解昌阳西迁遗址所在地今海阳市庶村的那段历史情况，为此，著者特意与海阳市庶村书记李超宙先生取得了联系。李书记听说了著者的意思十分热情，当即加上了我的微信，找出了《海阳市镇村简志》，把其中"庶村概况"的有关昌阳城的文字拍了照片发给我。

我还曾得到其他许多朋友及知情人的大力协助，他们或帮忙联系知情人，或提供历史资料，在此特别感谢宋村村刘术生，城东村王炳序、王炳连、王炳初，石羊村林均明、邱仁堂，郭家店村郭永欣等老先生及宋村镇政府于明、宋村中学王海卫、威海中信银行王培盛、威海环翠区古北社区侯成军诸位。

2017年上半年书稿初成即得到文登新闻中心专题部主任丛培发先生的关注并提出宝贵意见和建议，后，文登史志办主任许德忠先生及文登博物馆馆长洪涛先生都对书稿予以高度评价并提出修改意见，在此对这几位表示深深的谢忱。

有关古昌阳的考证结果先后被省内外多家媒体披露，相关论文也被多家媒体刊载。

《西汉重镇——昌阳城》《汉景帝六世孙——刘宪》《"康王冢"为昌阳侯刘宪墓考论》等数篇昌阳城研究文章于2016年底开始先后刊载于《文登大众》；

《石羊西汉晚期木椁墓主与昌阳侯考》刊载于威海市遗产委员会承办刊物《威海记忆》2017年第三季度版；

《石羊西汉晚期木椁墓主与昌阳侯考》刊载于陕西《咸阳师范学院学报》

2019年3期；

《西汉东莱郡昌阳侯国、昌阳侯考》刊载于2019年1月5日山东省政协机关报《联合日报》；

《石羊西汉晚期木椁墓主与昌阳侯考》刊载于临沂市文物所承办刊物《临沂文博》2018年第四季度版；

另外，文登电视台也在2017年3月14日《记忆文登》栏目就昌阳城概况做了一期访谈节目。《文登大众》两名记者林涛和丛桦采编的大型纪实报道《母猪河纪行》，也在《昌阳古城》专题中对这一成果进行了报道。

尽管如此，毕竟可供参考的昌阳研究资料较为匮乏，加以著者见识与学识不足，是书不足之处在所难免，敬请方家批评指正，亦热冀有兴于此的专家学者及爱好者就此与著者进行心得交流与学术切磋。

作者于威海

2019年